UN

ESSAI D'EMPIRE FRANÇAIS DANS L'INDE

AU DIX-HUITIÈME SIÈCLE

———

DUPLEIX

L'auteur et les éditeurs déclarent reserver leurs droits de traduction et de reproduction à l'étranger.

Ce volume a été déposé au ministère de l'intérieur (section de la librairie) en juin 1881.

UN ESSAI D'EMPIRE FRANÇAIS DANS L'INDE

AU DIX-HUITIÈME SIÈCLE

DUPLEIX

D'APRÈS

SA CORRESPONDANCE INÉDITE

PAR

TIBULLE HAMONT

OUVRAGE ACCOMPAGNÉ DE CARTES.

PARIS

E. PLON ET Cⁱᵉ, IMPRIMEURS-ÉDITEURS

RUE GARANCIÈRE, 10

1881

Tous droits réservés

AVANT-PROPOS

Si tout le monde en France est familier avec les exploits des Fernand Cortez, des Pizarre, et connaît dans tous les détails l'histoire de la prise de possession du Mexique et du Pérou par les Espagnols, en revanche on n'a que de vagues notions sur la conquête de l'Inde par les Français au dix-huitième siècle; on a oublié les figures des Bussy et des Dupleix, les deux plus grands acteurs dans cette œuvre surprenante et dramatique, véritable épopée; tout au plus sait-on que Dupleix avait du génie. On ignore ses projets et ses moyens. On ne se doute guère que, pour arriver à la domination de l'Inde, il inventa et mit en application un système politique vaste et sûr, que les Anglais ont copié servilement et qui leur a permis de subjuguer cette agglomération de peuples musulmans et bouddhistes vivant entre l'Himalaya et le cap Comorin.

Cette figure de Dupleix m'avait attiré; je l'entrevis en lisant les *Français dans l'Inde*, le remarquable ouvrage de M. Malleson, qui un des premiers a rendu justice à cet homme d'État. Je résolus bientôt d'écrire la vie de Dupleix, et je me mis à la recherche des documents.

Je lus les *Mémoires* pour et contre Dupleix, je recueillis ainsi des lettres précieuses. Puis je trouvai des pièces assez curieuses dans la collection relative aux colonies de l'Inde, léguée à la Bibliothèque nationale par feu M. Ariel, archiviste à Pondichéry; elles avaient trait à la querelle de La Bourdonnais et de Dupleix. Mais tout cela était insuffisant.

Aux archives du ministère de la Marine, il devait y avoir, à mon sens, des documents d'une importance capitale, puisque Dupleix, en tant que gouverneur de Pondichéry, avait eu pour chef immédiat le ministre de ce département. Rien n'était plus logique que ce raisonnement, mais rien n'était plus faux. Je le vis bien quand, après de longues et stériles démarches de ma part, un mien ami, M. Soye, député de l'Aisne, eut obtenu pour moi de l'amiral Jaureguiberry l'autorisation de pénétrer dans ce dépôt, alors — c'était en 1878 — fermé au public. Après deux mois de travail[1], lorsque j'eus dépouillé les papiers relatifs à Dupleix et à son œuvre, je m'aperçus que parmi ceux-ci il y en avait fort peu d'inédits, et, à mon grand étonnement, je constatai que la plus grande partie de ces lettres avaient été publiées dans les *Mémoires* pour et contre Dupleix. Il fallait chercher ailleurs. Où pouvait être la correspondance du conquérant de l'Inde ?

D'Argenson devait avoir reçu des lettres de ce dernier ou tout au moins de quelqu'un de l'entourage. Ses papiers sont à la bibiliothèque de l'Arsenal ; je m'y adressai, mais là encore la tâche n'était pas facile, puisqu'il n'y a pas de catalogue des manuscrits ; et je ne sais trop ce qui serait advenu sans la complaisance de M. Lorédan Larchey, qui me communiqua une pièce d'un haut intérêt. C'était le récit de la

---

[1] Je veux remercier d'une façon toute particulière M. de Resbèque, des Archives de la marine, l'homme aimable à qui je dois tant.

conquête du Dékan, écrit d'une plume alerte à d'Argenson par Kerjean, le neveu de Dupleix et le second de Bussy. Cela comblait une grosse lacune ; mais je n'avais pas assez de documents pour oser entreprendre d'écrire l'histoire de Dupleix.

Sur ces entrefaites, la fortune me donna connaissance de l'acte de décès d'un descendant de Dupleix, allié à la famille de Valori, qui a donné tant de loyaux serviteurs à la couronne, et arrêté à Versailles pendant la Terreur. Il avait été guillotiné dans cette ville ; ses biens avaient été confisqués, ses papiers mis sous le séquestre. La lecture de cette pièce fut pour moi un trait de lumière. Je courus à Versailles, et j'appris que les archives de la préfecture contenaient presque toute la correspondance intime, militaire et politique de Dupleix ; ces lettres si curieuses restaient là, ignorées, depuis la Révolution !

Leur importance n'avait pas échappé à M. Bertrandy Lacabane, l'érudit archiviste de la préfecture ; il écrivait dans un remarquable rapport, qui, quoiqu'il donne les renseignements les plus précieux sur les documents enfermés dans ce dépôt si riche[1], n'est pas imprimé, au grand dommage de la science historique : « Nous devons nous estimer heureux d'avoir conservé, entre autres choses, une série de registres, formant les articles 3746 à 3757, comprenant ensemble 1197 feuillets en 2394 pages in-folio. Cette série est composée des minutes de la correspondance de Dupleix, pendant la période qui va de 1750 à 1754. Elle ne saurait être dépourvue d'intérêt au point de vue de l'histoire des établissements français dans l'Inde. »

J'avais enfin dans les mains les documents suffisants pour reconstituer presque dans son entier la figure du conquérant de l'Inde. Outre les lettres de La Bourdonnais, de Duvelaer, trouvées au ministère de la Marine, la lettre de Kerjean à d'Argenson, et la foule de pièces éparses dans les *mémoires*, j'avais à ma disposition ces lettres, dont M. Bertrandy Lacabane avait si bien compris l'importance ! C'étaient, inscrites au catalogue :

1750. — « Karikal et autres lieux du sud de la côte

Il faut esperer que l'administration fera publier un jour ce rapport.

« de Coromandel, depuis le 24 mars 1750, jusques et y
« compris le 20 octobre 1750 », copie des lettres
adressées de Pondichéry par Dupleix à MM. d'Autheuil, Le Riche, Ployer, de Bausset, de Larche, de la
Touche, Law, Lawrence, Pradeau, de Bussy, Puymorin, Kerjean.

1751. — Copie de lettres adressées, de Pondichéry
et de la Taupe, du 16 avril au 16 septembre 1751, par
Dupleix à MM. de la Tour, Dautheuil, les officiers de
l'armée, Brenier, Law, Isa, Dussaussay, Patté, du
Rocher, Destimonville, Dumesnil, Goupil, Hoyt,
Tornton, La Volonté, de Gauville, de Selvé, Véry,
Le Riche.

1751-1752. — « Voyage de Golconde et Aurengabat.
« Lettres de l'armée, commencées le 16 janvier 1751,
« jusqu'au 24 mai 1752. » — Copie de lettres adressées
de Pondichéry, pendant la période susindiquée, par
Dupleix, à MM. de Bussy, de Kerjean, le Père Théodore, Agy-Abdoula, Mousaferkan, Vincent.

1751-1753. — « Lettres pour l'Europe, commencées
« le 15 octobre 1751 jusqu'au 21 octobre 1753 »,
adressées par Dupleix à madame de Montaran,
MM. Dousset-Castanier, Choquet, de Saint-George,
Brignon, Pèlerin, Prévôt de la Touche, de Montendre,
de Massin, de Bonneval, Boissière, Pépin de Bellisle,

de la Garde, de la Lande, madame Joly, MM. Joly, Gardancourt, le P. René de Charante, les syndics et directeurs généraux (de la Compagnie des Indes), de Montaran, de Machault, les directeurs de la Compagnie d'Angleterre, Martin de Selve, Polizy, Gayrosse, l'abbé Staffort, la Vigne-Buisson, Quentin de Lac-Métrie, Gilbert-Deschainay, de Verney, Baudran, Chailhat, Morellet, Danycan, Bouillé, duc de Gesvres, duc de Noailles, duc de Béthune, de Silhouette, de Lavalette, Dupleix (son neveu), Godeheu, Nicole, Faydeau-Dumesnil, Michel, Saintard, Gilly, Gardamons, de Rabouine, Binet, duc de Richelieu, comte de Thoumone, madame de Baquencourt : quelques-unes de ces lettres sont chiffrées avec la traduction interlinéaire.

1752. — « Registre des lettres écrites aux armées « commandées par MM. Law et Brenier, à commencer « du 1ᵉʳ janvier 1752 jusques et compris le 16 juin « 1752 », adressées par Dupleix à MM. Brenier, Law, Patté, Destimonville, Véry, Dumesnil, Durocher, Saint-Philippe, Hoyt, Milon, Plousquellec, Saint-Bernard, La Volonté, le sergent de Valgonde, Du Rocher de la Périgne, Murray, Dautheuil, Beauvais, Lambert, l'officier commandant à Valgonde, Le Comte. Beaucoup de ces lettres sont chiffrées avec la traduction interlinéaire.

1752. — Copie de lettres adressées, du 20 mai au

3 octobre 1752, de Pondichéry, par Dupleix, à MM. Milon, Hoyt, La Volonté, Médère, Le Comte, Saint-Philippe, Véry, Patté, Brenier, Le Gris ou Le Gros, de Saint-Germain, Bauvais, madame Médeisat, MM. de Kerjean, Dauteuil, de la Beaume, Pacaud, Dusaussay, de Glatignac, Willesme, Le Normand, Dormieux, de Mazière, de Maissin.

1752-1753. — Copie de lettres adressées de Pondichéry, du 1er mai 1752 au 10 janvier 1753, par Dupleix, à MM. le gouverneur de Madras, Sauders, Dumesnil, Cokell, Visdelou, le gouverneur du fort Saint-David, le commandant des troupes anglaises, Lawrence, Starke, Andrew Ross, d'Alton, Dermieux, Campbell.

1753. — Minute d'une lettre adressée de Pondichéry, le 16 janvier ou février 1753, par Dupleix, aux syndics et directeurs généraux de la Compagnie des Indes.

1752-1754. — « Livre des lettres écrites à l'armée « de Golconde et Aurengabat, commencé en 1752, le « 30 mai », et fini au 10 mars 1754. Copie de lettres adressées pendant la période susindiquée, de Pondichéry, par Dupleix, à MM. de Bussy, Dugrez, Jean-Baptiste Goupil, Vafadirkan, le R. P. Montjustin, Marière, Durocher, de Valton, Marion, de Mainville, Romikan, Villéon, de Boisseran, Beylié, le chevalier de Parthenay, de Ligny, Gadeville, les officiers de l'armée française sous les ordres de M. de Bussy, de Jainville, de Visse-de-loup, Deguerty, Maujin, de Mézière, Dioné, le marquis de Conflans; beaucoup de ces lettres sont chiffrées avec la traduction interlinéaire.

1752-1754. — « Lettres pour Kareika et autres lieux « du sud de la côte, à commencer du 27 aoust 1752 « jusques et compris le 31 juillet 1754 », adressées par Dupleix à MM. Le Riche, Bonsach, R. P. Costas, Hooremann, gouverneur de Négapatam, R. P. Tremblay, Barthélemy, Hoyt, Sivers, Thibault, l'évêque d'Halicarnasse, Roth, Beauvais, Vermont, Brouwer, de Marcenay, Zieguenbalg, Rezepatt, Vaulke.

1753-1754. — « Registre des lettres écrites de Mazu- « lipatam, commençant le 1er janvier 1753, jusqu'au « 27 juillet 1754 », et adressées par Dupleix à MM. de Maracin, Périgny, Duplan, de la Selle, Duez, de Fontenay, Panon, du Laurens, de Bussy, Berthelin, Marion, Vermont, madame veuve Rinck, R. P. Augustin, de Ligny, Le Fagueix, chevalier de Boisseran, Trémisot, Milon, Dormieux, Dillens, madame Denis, chevalier de Parthenay. Les quelques passages chiffrés qui se trouvent dans ces lettres ne sont pas traduits.

1754. — Livre de comptes, probablement de Dupleix, établi par doit et avoir pour l'année 1754. — Répertoire alphabétique des noms de personnes contenus dans ledit livre. — Liste de seize personnes, dont les noms ne se trouvent pas dans le répertoire, dont cette liste sur feuille volante pourrait être le complément.

1763-1764. — Procès-verbal de récolement et d'apposition et de levée des scellés sur les meubles et objets, mobiliers de Joseph-François Dupleix, marquis, commandeur de Saint-Louis, comte de Ferrière, ancien gouverneur de la ville et du fort de Pondichéry, dans l'Inde orientale, mort le 11 novembre 1763, dans son hôtel, rue Neuve-des-Capucines, paroisse de la Madeleine de la Ville-l'Évêque, fait à la requête de Claude-Thérèse de Châtenay de Lanty, sa veuve, en qualité de créancière de la succession, et comme tutrice naturelle d'Adélaïde-Louise-Jeanne-Joséphine, leur fille. Les vacations sont au nombre de trois cent quarante-une, et les oppositions des créanciers sont au nombre de trois cent cinquante-six.

Les plans des siéges ont été dressés d'après les plans de La Bourdonnais pour Madras, de Dupleix pour Pondichéry, de Lawrence pour Trichinapaly, qui étaient au dépôt des cartes de la marine.

On peut donc désormais établir un jugement sur les actes du gouverneur général des Indes et affirmer que Dupleix, tant calomnié autrefois, a été un martyr et un des plus grands hommes d'État du dix-huitième siècle, dans le cerveau duquel les projets pour la conquête des Indes ne flottèrent pas à l'état d'utopies et de visions, mais furent une œuvre complète, conçue par la supériorité du génie, calculée par un penseur, mûrie par un grand politique, exécutée par le plus brillant des hommes d'action.

DUPLEIX

UN

ESSAI D'EMPIRE FRANÇAIS DANS L'INDE

AU DIX-HUITIÈME SIÈCLE

CHAPITRE PREMIER

LA JEUNESSE ET LES PROJETS DE CONQUÊTE.

Jeunesse et éducation de Dupleix. — Son caractère. — On l'embarque pour les Indes. — Il entre au service de la Compagnie. — Il fait fortune. — Dupleix gouverneur de Chandernagor. — Il relève la colonie. — Mariage de Dupleix. — Portrait de sa femme. — Dupleix gouverneur de Pondichéry. — Situation des deux compagnies, anglaise et française. — Décadence de l'empire mogol. — Dupleix conçoit le projet de dominer l'Inde. — Ses moyens d'action. — La guerre entre la France et l'Angleterre. — Dupleix reste sans défense. — Il sauve Pondichéry.

Joseph-François Dupleix naquit le 1er janvier 1697, dans le Hainaut français, à Landrecies, une forteresse plutôt qu'une ville, qui commande la vallée de la Sambre, cette prairie coupée de haies, couverte d'arbres, semblable de loin à une forêt. Le commerce et l'argent étaient les préoccupations dominantes du père de Dupleix, fermier général à l'esprit étroit, d'un caractère maussade, d'une parcimonie qui n'avait d'égale qu'un despotisme atrabilaire, pesant lourdement sur les siens. L'idéal de ce financier têtu, ce fut de faire de son fils un négociant parfait. Il résolut donc de créer chez l'enfant un caractère et des inclinations commerciales. Avec son dédain pour l'âme, il juge cela facile. Il ne montre à son fils que ce qui peut favoriser les goûts qu'il désire voir éclore, il écarte avec soin les sensations capables d'amener des penchants contraires. Il met tout en œuvre pour étouffer les élans d'enthousiasme, de passion, de générosité ; il lui représente enfin toutes les choses de la vie sous un jour positif. Chose étrange ! tout en prenant une physionomie un peu maladive, l'esprit de l'enfant ne s'atrophia point sous cette contrainte, mais se révolta.

L'adolescent ressentait l'attraction des grandes choses; il se passionnait pour les sciences, la poésie, l'art. Il connaissait déjà les longues méditations solitaires. Il s'enfuyait dans la campagne avec un livre ou s'enfermait avec un violon et se laissait emporter par les chimères d'un sentiment poétique exalté. Quand il retombait sur la terre, lassé de ses rêves, affamé du besoin de se prendre corps à corps avec quelque chose de palpable, il se jetait avec fureur dans la réalité des mathématiques et dans l'étude de la fortification. Il devenait de plus en plus distrait et taciturne. Tout cela mettait le père en fureur. « Passe encore pour les mathématiques, disait-il, mais la fortification et le reste ! » surtout le reste. Il ne voyait dans son fils qu'un fieffé prodigue et un fou. Pour rompre ces goûts qu'il détestait, le fermier général ne trouva rien de mieux que d'embarquer, en 1715, son fils sur un navire de la Compagnie des Indes orientales.

Le jeune homme fit alors plusieurs voyages aux Indes et en Amérique; cette vie nouvelle lui fut salutaire; il était délivré de l'oppression. Il acquit de fortes notions sur le commerce et la marine, et au retour, par sa science, il étonna et charma tout le monde, jusqu'à son père. Le bonhomme, qui au fond l'aimait à sa manière, sollicita « pour le prodigue » et obtint en 1720 de la Compagnie des Indes, dont il était un des gros actionnaires, le poste de membre du conseil supérieur et de commissaire des guerres. Titre pompeux avec des émoluments modestes ! Quoiqu'on fût au plus fort du paroxysme de la fièvre du jeu que Law, avec son système, avait allumée en France, le père de Dupleix, tout enthousiasmé qu'il était de son fils, équipait celui-ci avec une économie toute spartiate, refusant de lui acheter des chemises de toile fine, « pareille prodigalité étant tout à fait hors de saison à la mer ».

Au moment de l'arrivée de Dupleix à Pondichéry, Lenoir était gouverneur de cette ville. C'était un vieux négociant, bon, affable, plein de sagacité, fort au courant des affaires de l'Inde. Avec son expérience des hommes, il jugea vite l'intelligence et la force d'âme de la recrue que le hasard lui envoyait. Il se prend d'affection pour Dupleix, il le fait travailler, il lui remet les registres du conseil supérieur, lui donnant ainsi le moyen le plus sûr d'arriver rapidement à la connaissance des opérations de la Compagnie; il l'aide enfin de ses conseils, de son expérience pour la solution des questions obscures, si bien qu'au bout de quelques mois, il confie à son élève le soin d'écrire les dépêches que le conseil adressait en France et aux potentats indiens. C'était une tâche délicate, mais c'était aussi l'initiation à tous les secrets diplomatiques et commerciaux de la Compagnie.

Le jeune commissaire des guerres put alors toucher du doigt le fort et le faible de nos établissements, constater le peu d'importance du trafic, et reconnaître la faiblesse du principe commercial suivi par la Compagnie. Le système de celle-ci, c'était de négliger absolument l'importation des marchandises européennes dans l'Inde et d'exporter annuellement en France quelques cargaisons, payées avec les fonds expédiés de la métropole.

Le résultat de cette erreur, c'était la pénurie du numéraire, c'étaient nos comptoirs, uniquement alimentés par des arrivages lents et incertains, aux prises avec les embarras les plus graves. Les fonctionnaires de la Compagnie, avec des appointements mesquins, la plupart sans fortune, ne pouvaient aider le trésor de leurs avances. Comment changer cela? par une métamorphose du système? Il fallait alors ruiner le monopole et convaincre le conseil de Paris, œuvre bien lente et si risquée! Avec sa promptitude à tirer parti de tout, Dupleix tourna la difficulté. Les règlements ne défendaient pas aux employés de pourvoir aux besoins des marchés de l'intérieur; on avait le droit d'y conduire les produits de l'Europe, en faisant ainsi affluer les roupies dans nos comptoirs. Pour Dupleix, cette découverte était la fortune. En homme d'action, il tenta l'entreprise, et avec tant de succès, que son père consulté, voyant clairement l'affaire, s'associa à la spéculation, qui devint la source d'immenses bénéfices.

Des réformes faites dans le personnel par le conseil des directeurs, agioteurs bornés et ignorants, écartèrent pendant quatre années Dupleix de l'administration. Il profita de ce loisir forcé pour étudier la constitution politique de l'empire mogol. Dupleix, dans sa solitude, songeait déjà à la conquête de l'Inde et attendait avec confiance le poste où il pourrait montrer ses aptitudes ; le 30 septembre 1730, on lui confia le gouvernement de Chandernagor.

Cette ville était dans un état de désolation et de ruine. « Ce que l'on attend de moi, écrit Dupleix, c'est le rétablissement d'une colonie manquant de tout et d'où l'indolence, le relâchement de la discipline, la pauvreté, ont à jamais banni le commerce. » C'était une lourde charge pour le zèle du jeune gouverneur. Pour relever la colonie, le plus sûr moyen, c'était de vulgariser cette idée si simple du commerce particulier qui avait si bien réussi à Pondichéry. Dupleix voulait faire de Chandernagor le centre d'une double circulation commerciale, d'où partiraient les marchandises destinées aux marchés de l'Indoustan, du Japon, de la Chine, de la Perse, de l'Arabie, où arriveraient en échange l'or et l'argent des Asiatiques.

Dupleix ouvrit tout d'abord des communications avec l'intérieur, attira les marchands indigènes, et pour donner l'exemple, achetant des navires, commença le premier le trafic avec les places du pays. Comme l'entreprise tournait bien, il eut nombre d'imitateurs. Mais pour Dupleix, ce n'était point assez ; il voulait que le mouvement allât régulièrement en croissant toujours, et il reconnaissait que le manque de capitaux était le plus gros obstacle à la généralisation du commerce particulier.

Dupleix mit alors sa fortune au service de l'intérêt général. Il fit de sa maison un véritable établissement de crédit, et par des avances il encouragea les associations et toutes les initiatives. Sous cette main puissante, la prospérité de la colonie s'accrut rapidement. Au lieu des quatre ou cinq bateaux qui pourrissaient le long de la rive, dix ans après l'arrivée de Dupleix soixante-douze navires avaient pour port d'attache Chandernagor : ils transportaient les marchandises du Bengale à Surate, Yeddo, Moka, Bassora et jusqu'en Chine. Dupleix avait réalisé son œuvre. Notre comptoir pourvoyait aux besoins des principales villes du continent; nos produits allaient jusqu'au Thibet. Chandernagor s'était considérablement agrandi; on avait construit dix mille maisons. Les caisses regorgeaient d'or.

« Au mois d'avril de l'année 1741, Dupleix épousa la veuve d'un M. Vincent, l'un des conseillers de la Compagnie. Les écrivains du temps ont beaucoup parlé de cette dame, qu'ils représentent comme dévorée de la passion de l'intrigue et d'un amour désordonné pour le faste. Elle était née dans les Indes et y avait été élevée. Son père, un Français, du nom d'Albert, avait passé sa vie dans ce pays et était entré par son mariage dans la maison de Castro, famille portugaise, qui depuis plusieurs générations occupait une grande position dans ces contrées lointaines.

« L'enfant née de cette union n'eut rien de cet abâtardissement maladif si généralement propre aux enfants des colons européens, qu'on ne soustrait pas au climat de l'Inde. Madame Dupleix était une femme d'un caractère supérieur, douée de la plus complète abnégation d'elle-même, et qui se montra aussi empressée à partager la mauvaise fortune de son mari qu'elle fut heureuse et fière de ses succès. A la grâce, aux charmes fascinateurs de l'Indienne, elle joignait les plus hautes qualités de l'intelligence et du cœur. Possédant à fond les dialectes de l'Inde, elle mit son bonheur à rendre à son mari, dans les moments critiques de ses relations avec les princes indiens, de ces services tout de confiance dont personne autre ne pouvait mieux s'acquitter qu'elle. » (Cartwright.)

La renaissance de Chandernagor avait frappé l'opinion en France et dans l'Inde. Aussi en 1741, après la démission de Dumas, les directeurs appelèrent-ils Dupleix au gouvernement de Pondichéry. C'était le poste le plus élevé dans la hiérarchie coloniale. Le gouverneur était une sorte de vice-roi, exécutant sous sa responsabilité les instructions du conseil des directeurs, nommés par les actionnaires, tout en gardant des pouvoirs très-étendus pour la conservation des forteresses et établissements de la colonie. Il avait le commandement des forces militaires. Il présidait un conseil de cinq membres, qui nommait aux emplois. « Toute l'administration reposait entre leurs mains. La justice était rendue et les lois appliquées au nom du roi. Les conseillers et le gouverneur étaient les employés de la Compagnie, qui pouvait les remplacer sans en référer au souverain. » Le roi confirmait les pouvoirs du gouverneur; il lui donnait pour ainsi dire l'investiture. On avait organisé les autres comptoirs de la Compagnie sur le modèle de Pondichéry. Chandernagor, Mahé, Calicut, Karikal avaient leur gouverneur et leur conseil respectifs, mais entièrement subordonnés au pouvoir de Pondichéry. Il était de règle d'établir les mêmes institutions dans tout nouvel établissement fondé ou conquis.

Dupleix est donc enfin dans un poste où il pourra déployer tous ses talents d'homme d'État, et il y entre au moment où les circonstances réclament l'action d'un politique.

La Compagnie des Indes avait été fondée sous le ministère de Colbert, qui lui avait concédé des priviléges étendus et le monopole du commerce avec l'Inde pendant cinquante ans. La Compagnie était affranchie de toute redevance, et le gouvernement, qui lui promettait l'appui de ses vaisseaux et de ses troupes, s'engageait à rembourser les pertes qu'elle pourrait éprouver dans le cours des dix premières années. Elle était constituée au capital de quinze cent mille livres tournois. Louis XIV, pour encourager les souscriptions de la noblesse, déclarait, dans son édit d'août 1664, qu'un homme de noble naissance ne dérogeait pas en faisant le trafic avec l'Inde. Les débuts de l'entreprise furent brillants et bien en rapport avec le génie de la race française. Caron et Martin, qui se succédèrent dans les difficiles fonctions de gouverneur, montrèrent de remarquables talents militaires et politiques.

On créa des comptoirs à Surate et à Mazulipatam. On jeta les fondements d'une ville, que les indigènes appelèrent Phoolchery, nom qui par corruption devint Pondichéry. On fit la guerre aux Hollandais, nos concurrents dans la Péninsule ; on eut des succès ; on conquit sur la Compagnie rivale Trinquemale et Saint-Tomé. Puis vinrent les revers. La France perdit ses conquêtes. Pondichéry, assiégé par une forte armée hollandaise, tomba au pouvoir de l'ennemi, après une vigoureuse défense de la faible garnison. La paix de Ryswyk nous rendit cette ville, qui devint la résidence du gouverneur.

Malgré la prospérité de Pondichéry, les affaires commerciales de la Compagnie périclitèrent au point que deux ans avant l'expiration de son privilége, elle ne pouvait même plus expédier un navire aux Indes et se voyait forcée de transférer son monopole à des marchands de Saint-Malo. Les opérations de Law lui rendirent une activité factice ; à la chute du système, elle resta debout, grâce à l'appui du gouvernement, qui lui concédait le monopole des tabacs et des loteries.

Quoique la Compagnie fût, de par ses statuts, une corporation essentiellement commerciale, elle avait été parfois contrainte de s'aventurer sur le terrain de la politique et de prendre parti dans les guerres des princes indiens. C'était là le sujet de vives querelles entre le gouvernement de Pondichéry et le conseil des directeurs, car on peut constater déjà l'existence de deux tendances opposées dans l'administration de la Compagnie. Les gouverneurs, directement mêlés aux affaires de l'Inde, étaient perpétuellement tentés de profiter des occasions qui s'offraient d'agrandir le pouvoir de la société qu'ils géraient. Composé en majorité d'hommes qui avaient fait leur fortune et acquis leurs idées dans des affaires d'agiotage, le conseil, au contraire, apportait dans la direction des choses d'un monde qui lui était absolument inconnu les préoccupations les plus mesquines, les vues les plus étroites. Il refusait de s'occuper de tout ce qui n'était pas d'un ordre purement commercial. Il n'y avait dans cette assemblée aucune énergie, aucune intelligence ; la lâcheté et l'avarice y régnaient seules. On eût offert aux directeurs l'empire de l'Inde, qu'ils auraient refusé avec indignation, s'ils avaient soupçonné qu'il faudrait pendant quelques années abandonner l'espoir des dividendes qui devenaient de plus en plus problématiques pourtant. Et cette assemblée était souveraine ! Elle n'avait aucun contre-poids ; la cour se souciait peu des établissements d'outre-mer. L'opinion était inerte. Les questions coloniales laissaient tout le monde froid.

Les Anglais, eux aussi, avaient fondé une association destinée à assurer un trafic régulier entre la Grande-Bretagne et l'Inde. Ils avaient créé des factoreries à Bombay, à Madras, au fort Saint-David, à Mazulipatam et à Visagapatam. Dédaignant la politique, ils ne s'occupaient en aucune façon des guerres et des révolutions dont l'Inde était le théâtre ; tout ce qui ne touchait pas directement à leur négoce les laissait indifférents. Entre les deux Compagnies respectives, les rapports étaient difficiles et empreints d'aigreur. On se jalousait. « Le Carnate n'était pas assez vaste pour que la concurrence que s'y faisaient les Français et les Anglais n'amenât pas de continuelles collisions. Les ouvriers tisseurs de l'un étaient encouragés par l'autre à lui livrer l'étoffe tissée à l'aide de l'argent du rival, et chacun s'arrangeait pour pousser traîtreusement les petits souverains du pays à ruiner l'autre par l'extorsion de taxes écrasantes et soudaines. Une pareille situation et un pareil esprit de part et d'autre n'admettaient pas de compromis possible, et le commerce de l'Inde ne pouvant répondre à la fois aux exigences des deux rivaux, une lutte acharnée était inévitable dans un temps donné. »

Sans que personne pût s'en douter, les deux Compagnies étaient à la veille de subir une transformation complète. Elles tendaient à devenir des puissances politiques. C'était la conséquence obligée de leur constitution même et du caractère des deux nations. Quoique d'une superficie bien faible, quoique entachés de vasselage envers le nabab du Carnate, le territoire et la ville de Pondichéry constituaient en fait un domaine offrant quelque analogie avec un État. Il en était de même à Madras. Enfin et pour comble de similitude, les deux Compagnies avaient à leur solde quelques centaines d'Européens et quelques centaines d'indigènes. Comme qualité, ces troupes étaient d'une infériorité remarquable. Mais elles n'en constituaient pas moins un embryon d'armée. En somme, les deux Compagnies possédaient des institutions qui les conduisaient à négliger le commerce pour la politique. La Société française était déjà légèrement engagée dans cette voie. Le principe d'intervention appliqué par Dumas, le dernier gouverneur, nous avait valu la conquête de Mahé et de Karikal ; des rapports étaient noués avec quelques potentats indiens. La France avait déjà un pied dans les affaires de l'Inde.

Mais de là à exercer un protectorat dans la Péninsule, il y avait un abîme. Personne au reste n'en avait même l'idée, parmi les fonctionnaires de la Compagnie, qui n'étaient en somme que des employés de commerce, et dont la préoccupation capitale était de surveiller les tisseurs et d'empêcher les fraudes.

Le royaume du Grand Mogol, fondé au seizième siècle par Bahour et ses hordes musulmanes, avait été un des plus riches, des plus étendus, des plus puissants de l'univers. Le souverain de Delhi régnait sur l'Inde entière. De l'Himalaya au cap Comorin, de l'Indus au Brahmapoutra, tout lui obéissait. Point de pays qui comptât autant d'habitants, autant d'édifices d'une architecture surprenante et magnifique, autant de soldats prêts à défendre un trône dont la majesté éblouissait jusqu'aux Européens. Les richesses de cet empire étaient légendaires. Cette puissance épouvantait encore.

Dans l'imagination des indigènes et des Européens, cet empire apparaissait sous la forme d'un guerrier redoutable, bardé de fer, étincelant d'or, drapé dans la pourpre et dans la soie. Si une main hardie avait déchiré les oripeaux et délacé l'armure, on n'eût plus vu, à la place du théâtral appareil, que les os d'un squelette tombant en poussière, à demi effondré sous la dent des rats qui en rongeaient les dernières attaches.

L'histoire de la chute des héritiers de Charlemagne offre une analogie complète avec celle de la décadence des empereurs mogols. C'est la même décomposition politique, la même faiblesse chez les détenteurs du sceptre, le même besoin de séparation qui se manifeste chez tant de races rivées ensemble par la force. Comme les empereurs fainéants, les souverains de Delhi, dont la main débile ne pouvait supporter le poids d'un sabre, plongés dans les plaisirs du harem, préoccupés uniquement des caprices d'une favorite, des grimaces de leurs bouffons, stupéfiés par le haschich ou le bétel, ne gouvernaient plus et laissaient respirer ces peuples d'origine différente que la conquête n'avait broyés qu'à demi et n'avait pu mélanger. Ces nations, maintenues jusque-là dans une union obtenue par le fer et le sang, sentant le lien se distendre, s'écartaient peu à peu de l'orbite de l'empire pour vivre de leur vie propre.

Les soubabs et les nababs, c'est-à-dire les gouverneurs pour le Grand Mogol des régions et des provinces, avaient été les auteurs les plus actifs de cette désorganisation du royaume. Simples employés chargés de percevoir les impôts, fonctionnaires institués pour communiquer à leur département le mouvement reçu de Delhi, tel avait été au début leur rang dans la hiérarchie administrative créée par Bahour. L'apathie des successeurs d'Aureng-Zeb avait favorisé les usurpations de pouvoir de tous ces légats. On s'était habitué à les choisir originaires des pays qu'on leur donnait à régir, à les laisser toute la vie dans leurs gouvernements, et peu à peu le tribut avait remplacé l'impôt. La féodalité, une féodalité asiatique, s'était établie au lieu et place de la centralisation des Mogols.

Les nababs et les soubabs sont donc presque devenus rois. A force d'énergie ou d'intrigue, chacun s'est taillé un domaine, chacun désire le transmettre à ses descendants. Toute ouverture de succession est le commencement d'un drame où le poison et le poignard donnent et retirent tour à tour le trône. Pas un potentat n'est sûr du lendemain. Les provinces sont ravagées, en proie aux guerres des prétendants, guerres interminables où le bon droit, si toutefois il y en eut, n'a pas souvent gain de cause, guerres où les *paravanas* de l'empereur de Delhi, décrets toujours obtenus à force d'argent et d'intrigues, n'exercent qu'une influence secondaire, puisque le divan les accorde au plus fort. Les contrées auxquelles la politique des musulmans vainqueurs avait laissé un semblant d'autonomie sous leurs rajahs bouddhistes, proclamaient leur indépendance. Des chefs de brigands devenaient princes. Il n'y a plus en face du trône de Delhi que des vassaux remuants, ambitieux, impatients de secouer la suzeraineté nominale de l'empereur. Et pour cela tout leur est bon, même l'appui des barbares. Les invasions, ce signe de la décrépitude des empires, viennent ajouter leurs horreurs au tragique de la situation. Les Mahrattes, nombreux et féroces, hardis cavaliers, audacieux comme les Normands, sillonnent l'Inde, rapides comme l'aquilon, dévastant les villes, ravageant les campagnes, vendant leur appui au plus offrant, faisant et défaisant les nababs, traîtres sans vergogne. Ils étaient entrés dans les faubourgs de Delhi; le Grand Mogol avait tremblé au son de leurs timbales et payait tribut aux principaux chefs de leurs clans.

On pouvait considérer comme ouverte la succession au trône du Grand Mogol. Qui hériterait des débris de ce pouvoir si redouté naguère? Assisterait-on à un morcellement de l'Inde au profit des nababs, ou bien le Peishwa, le plus puissant des chefs mahrattes, succéderait-il au Mogol? Dupleix, qui connaissait à fond la situation, qui avait analysé les causes et les effets, qui savait quelle supériorité la race européenne avait sur la race hindoue, vit qu'il était possible à un troisième compétiteur de réussir, et que l'héritier obligé du trône de Delhi, c'était l'Européen, c'est-à-dire la France si elle voulait. C'était par l'ascendant moral qu'on pouvait arriver à la domination des peuplades indiennes. Point de doute là-dessus, l'empire appartiendrait à la nation qui éblouirait le plus les indigènes. Tout dépendait donc de l'issue de la guerre qui allait s'engager entre l'Angleterre et la France. Dupleix, qui la croyait inévitable, en faisait la base de tous ses plans. Victorieux dans cette lutte, il avait l'Inde à ses pieds. Il fallait donc se préparer à ce duel et ne rien négliger de ce qui pouvait assurer la défaite des Anglais. Leur abaissement obtenu, la fondation d'un royaume franco-hindou n'était plus pour lui qu'une œuvre de politique assez facile à réaliser avec du temps, de l'argent, de la volonté, un peu de fer.

Ce ne fut pas chez lui seulement une intuition. Il a déjà conçu un plan vaste, compliqué, mais où il n'y aura plus tard, dans l'action, que bien peu de chose à changer. Il voyait clairement le but et les moyens d'y atteindre. La faiblesse de l'empire mogol lui donne l'occasion d'intervenir à son gré dans les affaires de l'Inde, et par cela même le moyen de se substituer aux musulmans dans la domination du pays. Les armées hindoues ne lui causent aucune frayeur. Il est sûr de dissiper ces immenses multitudes avec un petit corps de soldats français, dirigés par la tactique de l'Occident.

Il se charge de persuader aux princes indigènes qu'il est de leur intérêt d'accepter le secours de nos troupes contre la turbulence de leurs sujets ou les invasions de l'étranger. Quel est le potentat indien qui hésiterait à mendier notre appui, lorsqu'il connaîtrait la puissance de nos armes? Trouvant dans une telle alliance toutes les garanties qui donnent aux trônes la stabilité et la sécurité, il s'engagerait sans peine à pourvoir à la solde et à l'entretien de la force auxiliaire. Grâce à la mauvaise administration des gouvernements indigènes, la solde de ces troupes demeurerait toujours en arrière. La dette envers la Compagnie grandirait donc en même temps. Il serait facile d'obtenir du prince des concessions de territoire en payement, ou la mission de percevoir les impôts avec une délégation de la toute-puissance. D'allié du nabab, on en deviendrait alors le protecteur; on en ferait ce qu'on voudrait avec la menace de lui retirer l'appui de nos baïonnettes. Le souverain de tant de millions d'hommes ne serait plus qu'un mannequin dans nos mains. Peu importait que le nabab eût un pouvoir légitime ou non; on le traiterait selon les besoins, comme un prince indépendant ou comme un fonctionnaire de la cour de Delhi. L'essentiel, c'était de se servir du fantoche, au titre pompeux, comme d'un porte-voix pour dicter nos volontés à l'Inde.

L'Angleterre ne reculerait pas devant la guerre pour empêcher l'exécution d'un projet qui tendait à la chasser d'un continent où elle s'était établie, où elle voulait rester. Au fond, cette perspective d'un duel avec la Grande-Bretagne n'inquiète Dupleix que médiocrement; cela rentre dans ses calculs. Ce qui lui importe, c'est d'être prêt le premier, et comme lui seul connaît l'impuissance du Mogol, comme lui seul a des plans de conquête définis, sait où il va et ce qu'il veut, il a barre sur l'Angleterre et doit garder la supériorité de la vitesse acquise. La Grande-Bretagne ne peut comprendre les desseins de Dupleix que le jour où la mise à exécution les aura révélés. Et alors il lui faudra rassembler ses forces, suivre une politique calquée sur celle de l'adversaire, chercher des alliés, négocier, trouver un prétendant, et tout cela devant Dupleix solidement appuyé sur un trône hindou, parlant par la bouche d'un souverain puissant, imposant ses lois en victorieux à un pays adorateur de la force. A cette heure-là, le gouverneur de Pondichéry aurait le droit de se comparer à un général, dont l'armée rangée en bataille surprend un ennemi en flagrant délit de formation. Il n'y avait dès lors rien de chimérique à espérer la victoire. Mais l'œuvre de préparation était multiple et longue. Il fallait d'abord réorganiser l'administration de la Compagnie, remettre de l'ordre dans les finances, fortifier Pondichéry, créer une armée. La seconde partie de la tâche était la plus délicate. Comment combiner l'action diplomatique à suivre avec les princes indigènes? Comment arriver à nouer des rapports avec ces nababs entourés d'un faste éblouissant, aussi hauts que les monts, adulés, inaccessibles, pleins de mépris pour les Européens, marchands à l'humble costume, poussière humaine sur laquelle ces potentats laissaient tomber un regard dédaigneux du haut de leurs palanquins, escortés de gardes et d'esclaves aux habits chatoyants d'or et de pierreries?

Avec sa connaissance du caractère hindou, Dupleix
comprit que la première condition pour réussir, c'était
de se présenter dans les négociations, non pas comme
un marchand, mais comme un officier du Grand Mogol,
en un mot comme l'égal de ces orgueilleux feudataires.
Pour entrer dans le divan, Dupleix va donc se revêtir
des insignes du pouvoir hindou, et par bonheur il n'a
qu'à les ramasser dans les archives de la Compagnie.
L'empereur de Delhi avait naguère octroyé le titre de
nabab à l'intelligent Dumas, qui avait habilement posé
des bases pour les interventions futures. Ce titre, que le
paravana déclarait transmissible aux successeurs de
Dumas, Dupleix le reprend avec toutes les prérogatives
qui y sont attachées, et il affecte de s'en parer avec une
ostentation et un luxe qui frappent l'esprit des indigènes,
tout en excitant quelques railleries parmi les Français.
Il se fait rendre à Pondichéry les honneurs qu'à Arcate
on décernait au nabab, et pour en imposer davantage
aux Hindous, pour se montrer dans tout l'appareil d'un
prince asiatique, il entreprend un voyage au Bengale pour s'y faire reconnaître comme nabab de Chandernagor. Après les fêtes, qui furent magnifiques,
Dupleix, dans l'espoir de flatter les mahométans, la race
dominante, va à Hougli, entouré d'un nombreux et
éblouissant cortége, faire visite au gouverneur musulman, qui, reconnaissant la supériorité de rang du nabab
de Pondichéry, lui rend l'hommage du vassal. On fit
une cérémonie pompeuse où rien ne fut épargné pour
captiver l'imagination de ces peuples, qui ne croient à
la puissance que lorsque celle-ci les éblouit par l'éclat
de l'or et de l'acier. L'impression des Hindous fut pro-

fonde quand ils virent l'officier du Mogol se prosterner devant Dupleix, qui recevait ces marques de respect avec une dignité grave. Désormais, à leurs yeux, les Français et leur chef n'étaient plus des barbares, des infidèles, mais des amis et des égaux. Ce sentiment allait pénétrer peu à peu dans toute l'Inde. Il n'y avait plus qu'à laisser au temps le soin de développer et de fortifier ce courant d'opinions.

A son retour, Dupleix s'occupait des réformes à apporter dans l'administration de la Compagnie. Il s'empressait de réduire les dépenses, il surveillait les fonctionnaires. La question militaire excitait surtout le zèle du gouverneur. Il veut instruire son embryon d'armée et lui inculquer l'esprit de discipline et de devoir; il s'efforce de créer des cadres solides; il étudie les moyens d'assurer le recrutement des cipayes. Il cherche à relever le moral des troupes expédiées d'Europe. Restaient les fortifications. Pondichéry ne pouvait résister à une attaque des Anglais. Elle était à la vérité protégée du côté de la terre par une enceinte bastionnée à la Vauban; mais les murs n'étaient pas partout en bon état. En outre, du côté de la mer, la ville était entièrement ouverte. La citadelle, quoique faisant face à la mer, n'avait qu'un rôle secondaire dans la défense. Une flotte ennemie pouvait, tout en bombardant la ville, donner, par un feu vigoureux, assez d'occupation à la forteresse pour que les chaloupes réussissent à débarquer tout un corps de troupes sur la plage, presque au cœur de la cité. Rien, pas même un fossé, n'arrêterait l'élan des compagnies de débarquement. Traversant la ville, elles prenaient les remparts à revers, réduisant ainsi la garnison à une capitulation inévitable. Il était donc nécessaire de fermer la place par un large fossé, un bon mur ; œuvre assez longue et coûteuse, l'espace à boucher se développant sur plus de deux mille mètres. Dupleix n'avait pas d'ingénieur avec lui. Les coffres de la Compagnie étaient vides. Il ne se décourageait pas. Se ressouvenant de ses études sur la fortification, il traçait lui-même le plan des travaux, il en surveillait la construction ; il puisait dans sa bourse pour y aider ; en un mot, il était à la fois l'ingénieur, l'entrepreneur et le banquier.

Dupleix en était là de son œuvre. Il avait acquitté presque toutes les dettes que la Compagnie avait contractées à la suite de la guerre de Mahé. Tout marchait donc à souhait, et ces premiers succès dans le travail de préparation d'ordinaire si difficile, l'enivraient d'espoir. Insensible au climat qui amollissait tant de courages, suppléant à tout par un travail acharné, il redoublait d'activité et de feu, lorsqu'il recevait, le 18 septembre 1743, des directeurs de Paris, — hommes timorés, qui voulaient toujours changer de chevaux au milieu du gué, — une dépêche décourageante : « L'intention de M. le contrôleur général est que la Compagnie commence par acquitter ses dettes et par restreindre ensuite son commerce, suivant ce qu'il lui restera de fonds. Les dépenses lui ont paru exorbitantes ; c'est sur quoi le ministre a donné à la Compagnie les ordres les plus précis ; elle en confie l'exécution à votre zèle et à votre prudence. Elle regardera ce service comme le plus grand et le plus important pour elle que tous ceux qu'on lui a rendus jusqu'à présent. Il y a quelques articles préliminaires qui sont la base de tout :

« Réduire absolument toutes les dépenses de l'Inde à moins de moitié. Suspendre toutes les dépenses des bâtiments et fortifications. »

Et comme pour mettre plus en relief l'absurdité de ce projet de désarmement, on lui annonçait comme presque inévitable l'éventualité d'une guerre entre la France et l'Angleterre. Dupleix éprouva un désappointement amer. Suspendre les travaux de fortification! la Compagnie y pensait-elle? Mais l'adoption d'un pareil projet, c'était notre ruine! Il fallait abandonner les plans de conquête. Et le prix d'un tel sacrifice, ce n'était même pas la paix. Les Anglais nous feraient-ils moins la guerre, parce que nous serions plus faibles? Ainsi Pondichéry capitulerait? nous serions chassés de l'Inde? A ces pensées, Dupleix entrait en fureur. Serait-il le complice d'une pareille politique? Non! il n'obéirait pas. Et de cette dépêche il ne mettrait à exécution que ce qui avait trait à la réduction des dépenses. Quant aux travaux de fortification, il les pousserait avec plus d'activité que jamais. Il avançait au trésor de la Compagnie cinq cent mille livres, dont il employait une partie aux constructions de défense, l'autre à fournir des cargaisons à deux vaisseaux qu'il expédiait en Europe, avec des lettres où il rendait compte de sa conduite et où il demandait des secours en armes, en munitions, en vivres et en hommes. Dans l'hypothèse d'une guerre avec l'Angleterre, la colonie ne pouvait rester désarmée. Il était de toute nécessité de la mettre en état de prendre l'offensive au début, — la défensive n'ayant jamais sauvé ni les places, ni les peuples,

— et pour cela il fallait des troupes et une escadre. Il montrait toute la situation aux directeurs et les adjurait de ne prendre conseil que de l'énergie.

Dupleix attendait avec impatience la réponse à ses supplications. Soumises aux caprices des flots, aux lenteurs de la distance, les instructions du conseil de Paris arrivaient enfin. Elles ressemblaient à une raillerie. On lui annonçait l'ouverture des hostilités entre la France et la Grande-Bretagne; on lui expliquait les motifs de la guerre, qui avait pour cause la succession d'Autriche, et on lui déclarait que les secours qu'il avait si instamment réclamés ne paraissaient point à la Compagnie être d'une urgence absolue pour le maintien de notre puissance coloniale dans l'Inde, qu'on pouvait arriver au même résultat en signant, avec le gouverneur des établissements anglais, un traité qui assurerait la neutralité des deux compagnies et leur permettrait de continuer leur commerce au milieu de la conflagration universelle; qu'au reste, comme il fallait tout prévoir, on donnait en même temps l'ordre à La Bourdonnais de se porter avec son escadre dans les eaux de Pondichéry.

Il fallait une certaine dose de naïveté pour écrire de pareils ordres. L'antagonisme de race et d'intérêts, dissimulé au début sous la forme d'une concurrence commerciale entre les deux compagnies, était devenu, à mesure que les comptoirs se transformaient en forteresses, de l'hostilité à peine déguisée. Le Carnate n'offrait plus un champ assez vaste à l'activité des Français et des Anglais, qui y étouffaient. Les deux nations s'y livraient à une guerre de chicanes et de perfidies

Dans ces conditions, le premier coup de fusil tiré en Allemagne mettrait le Carnate en feu. Comment l'empêcher? Par l'intérêt commercial? Mais pour chaque compagnie, l'intérêt, c'était la destruction de la rivale. Restait l'envoi de La Bourdonnais devant Pondichéry. C'était la seule idée pratique contenue dans les dépêches des directeurs. Mais Dupleix ne savait rien des mouvements du chef d'escadre, dont on lui promettait vaguement le secours. Viendrait-il seulement?

Dupleix ne peut comprendre un tel oubli des règles les plus élémentaires de gouvernement, et s'irrite devant l'aveuglement des directeurs. Il ne croit pas à la possibilité de conclure le traité qu'on lui impose. Il sait que les Anglais sont prêts, qu'une escadre, sous les ordres du commodore Barnett, qui croisait dans les mers de Chine, rappelé à l'annonce de la guerre, cingle déjà vers Madras, et que l'ennemi a comme objectif immédiat l'attaque de Pondichéry. Cependant les ordres du conseil de Paris étaient formels. Et puis que faire? Il se résigna donc, non sans déchirement. Il écrivit à M. Morse, gouverneur de Madras au nom de l'Angleterre, pour lui représenter tous les arguments qui militaient en faveur d'une convention de neutralité; il allait jusqu'aux supplications. Morse répondait avec hauteur qu'il ne pouvait entamer aucune négociation, et qu'il avait reçu de la couronne l'ordre de traiter la compagnie française en ennemie. Presque en même temps, Dupleix apprenait qu'il ne devait pas compter sur l'escadre de La Bourdonnais; devant des instructions reçues de Paris, La Bourdonnais venait de renvoyer ses vaisseaux. C'était l'abandon. Pondichéry avait une garnison de quatre cent trente-six soldats européens et des remparts inachevés ; dans la rade, un seul navire d'un faible tonnage. « Le blé était d'une rareté étonnante. On avait été contraint de jeter à la mer une grande quantité de farine prise à l'Orient, tant elle était mauvaise. De là, manque de pain et nécessité du rationnement. » Dupleix, dont l'intelligence n'est jamais plus lucide que dans le péril, trouva le moyen de sortir d'une situation qui eût fait pâlir plus d'un homme d'État.

Sur la côte de Coromandel, on croyait encore à la puissance des princes hindous, et le plus redoutable de tous ces potentats, c'était Anaverdikan. Il gouvernait la nababie du Carnate, cette langue de terre qui, sur un espace de cent cinquante milles, borde la mer à l'orient de la péninsule. Il tenait donc enclavés dans ses possessions les territoires de Madras et de Pondichéry. Il n'était pas impossible de faire intervenir en notre faveur ce haut personnage. Brave, énergique, intelligent, d'un caractère presque chevaleresque pour un Asiatique, il n'était pas parvenu au trône par l'assassinat, mais s'était imposé par ses exploits. Il avait été élevé à la nababie, en 1743, après la dernière invasion mahratte, qui avait ravagé le Carnate et laissé derrière elle la ruine et la révolution. Le palais d'Arcate, la capitale de la province, avait été ensanglanté par une série de meurtres. La nabab d'alors, Sufder-Ali, l'ami des Français, avait été poignardé ; son parent, Chanda-Saïb, « né sans fortune, mais plein de capacité, avec une énergie et une ambition sans bornes », et qui devait plus tard jouer un rôle important à côté de Dupleix, avait été pris dans Trichinapaly par les Mahrattes, après un long siège. Nizam-el-Molouk, soubab du Décan, contrée circonscrite entre la Nerbuda et la Chichena, était venu, comme suzerain du Carnate, réprimer les révoltes de la noblesse de cette province. En partant, il avait remis le pouvoir à Anaverdikan, dont il connaissait l'énergie et la fidélité.

C'était cet homme que Dupleix voulait gagner à la cause française. Le caractère d'Anaverdikan se prêtait à un tel projet. Le nabab nous aimait; il nous était attaché par les liens de la reconnaissance. La famille de Sufder-Ali, presque entièrement disparue, mais pour qui il avait gardé un culte, avait été l'obligée de la France. Lors de l'invasion mahratte, fuyant devant ces hardis cavaliers, elle était venue se réfugier à l'abri des remparts de Pondichéry. Dumas, prêt à courir les risques d'une guerre, plutôt que de commettre une lâcheté et une faute, était resté sourd aux menaces des Mahrattes et avait fièrement refusé de livrer les hôtes de la France. Avec une nature comme celle d'Anaverdikan, en évoquant ces souvenirs, on avait presque cause gagnée. Dupleix, dans ses lettres, rappelait tous ces services, puis il insistait sur les dispositions pacifiques des Français, uniquement occupés de commerce. Il en donnait comme preuve sa démarche près de Morse. N'avait-il pas demandé aux Anglais la paix? Ceux-ci n'avaient-ils pas repoussé toutes ses sollicitations? Cette nation, qui ne respirait que la guerre, voulait chasser de l'Inde un peuple paisible, ami des nababs, et dont le gouverneur était lui-même un officier et un vassal du Grand Mogol. N'était-ce pas une insulte à tous les feudataires du trône de Delhi ?

Ce qu'il y avait de force et de raison dans cet appel impressionna vivement Anaverdikan, qui au fond désirait maintenir la tranquillité dans sa nababie. « Il notifia donc à Morse qu'il ne permettrait aucune attaque des Anglais contre les possessions françaises de la côte de Coromandel ; qu'au reste, il userait de la même autorité pour empêcher toute agression des Français contre Madras. » Le conseil de la Compagnie d'Angleterre, aussi borné que le nôtre, tremblant devant le nabab, se soumit. Pondichéry était sauvé, mais au prix de notre prestige devant les Hindous.

Pour Dupleix, cette intervention n'était qu'un répit, qu'un moyen de gagner du temps. Il espérait malgré tout décider le ministère et le conseil à lui envoyer des secours. Il adressait à Paris appel sur appel : « Nous ne pouvons nous empêcher, écrivait-il le 11 janvier 1746, de vous laisser voir notre douleur et notre étonnement de la conduite de la Compagnie à l'égard de ses colonies de l'Inde. Si le cri de notre conscience ne nous rassurait, nous pourrions croire que nous sommes des proscrits. Se peut-il que, depuis deux ans que la guerre est déclarée, la Compagnie n'ait même pas songé à envoyer un navire ? » Et quelques mois plus tard : « Si nous ne recevons dans le cours de cette année aucun secours sérieux, la Compagnie peut compter les établissements de l'Inde comme perdus. Est-il possible qu'une seule année fasse perdre le fruit de vingt-cinq ? » Il avait fait partir pour l'île de France, sur son unique vaisseau, un officier chargé d'exposer à La Bourdonnais la situation de la colonie et de réclamer de l'aide. Et pourtant rien ne venait; sur la mer, aucune voile française. On apercevait seulement les huniers des navires anglais qui croisaient au large. L'angoisse de l'attente, l'horreur de l'incertitude, triomphaient enfin de la force physique de Dupleix. Il tombait malade et en proie à la prostration, à l'heure où le roi, à Versailles, lui octroyait des lettres de noblesse et la croix de Saint-Louis; il demandait à être relevé de son poste, quand, le 23 avril 1746, la nouvelle que l'escadre de La Bourdonnais faisait voile vers Pondichéry, lui arrivait brusquement. Dupleix oubliait son mal, quittait le lit et se remettait au travail avec fureur, afin de préparer le ravitaillement de ces vaisseaux si longtemps attendus.

CHAPITRE II

DUPLEIX ET LA BOURDONNAIS.

La Bourdonnais gouverneur de l'île de France. — Il crée une flotte pour aller au secours de Pondichéry. — Il est assailli par une tempête et obligé de se réparer à Madagascar. — Bataille navale à Negapatam. — La victoire est indécise. — Les Anglais se replient. — Union de La Bourdonnais et de Dupleix. — Leur portrait. — Dupleix veut détruire l'escadre anglaise. — Irrésolution de La Bourdonnais. — Ses sentiments d'aigreur et de jalousie contre le gouverneur. — Il prend Madras. — Il refuse l'obéissance au gouverneur et consent à recevoir une rançon pour Madras. — Il résiste aux ordres du conseil. — Il prend l'attitude d'un révolté. — Il colore sa conduite de prétextes d'honneur. — Ses vrais sentiments. — Dupleix réduit à dissimuler. — La Bourdonnais s'adoucit à la lecture d'instructions nouvelles reçues de France. — Une tempête disperse sa flotte. — Il négocie une transaction avec le conseil. — Il quitte l'Inde, laissant Dupleix sans défense.

La Bourdonnais est une des personnalités les plus curieuses de cette histoire; c'est un type accompli du marin et de l'aventurier. Né à Saint-Malo en 1699, il s'embarqua dès l'âge de dix ans. A vingt ans, il était lieutenant sur un vaisseau de la Compagnie. Des actions énergiques le firent bientôt connaître. Le sang-froid, l'intrépidité, la décision qu'il montra dans la prise de Mahé, dont on lui donna le nom, le mirent hors de pair. Il était alors gouverneur de l'île de France, colonie qu'il avait créée après de prodigieux efforts. Depuis six ans, il n'avait eu qu'une pensée : organiser une flotte, afin de donner à la France la suprématie dans la mer de l'Inde. Pour mettre les navires à flot, il dépensa des miracles d'énergie et de volonté. Il lui fallut lutter contre l'apathie de Fleury, contre la nature elle-même. Il passa par toutes les fluctuations de l'espérance et du désespoir. Un moment il eut dans la main ces vaisseaux, instruments de la gloire qu'il rêvait ; un ordre du ministère les dispersa. Et cependant Dupleix réclamait du secours, les établissements de l'Inde allaient tomber, et avec eux cette renommée pour laquelle La Bourdonnais vivait uniquement. Non ! il ne verrait pas ce naufrage ! Il improviserait plutôt une flotte ! Il s'imposa la tâche d'armer une escadre, avec les maigres ressources de son île, sans ateliers, sans matériel ; il retint les navires qui arrivaient d'Europe à moitié désemparés par une longue traversée, et pour leur fournir des mâts et des vergues, il mit en exploitation les forêts. « Il se fit ingénieur, voilier, instructeur, artilleur, charpentier, et de ses propres mains fabriqua les modèles de tous les objets nécessaires. Sous sa surveillance, des hommes apprirent à tisser les voiles, d'autres fabriquèrent des affûts de canon et mirent les navires en état de les recevoir. Les matelots furent exercés à la manœuvre, au service des pièces, au tir à la cible. Comme leur nombre était insuffisant, il recruta un certain nombre de nègres pour les incorporer dans ses équipages. » Les vivres lui manquaient ; il fit des miracles et se les procura. Il avait réussi à équiper ainsi cinq navires, quand on lui annonça pour le mois d'octobre 1745 l'arrivée de cinq autres bâtiments partis de Lorient. Ravitailler cette escadre avec les ressources de l'île était impossible. A grand'peine La Bourdonnais tira des vivres de Madagascar. Il eut à triompher d'embarras sans nombre, causés par la timidité des capitaines, qui arguaient de leur responsabilité et refusaient de débarquer leur chargement, et prit enfin la mer avec une flotte relativement nombreuse, mais dont l'artillerie était d'un calibre bien faible pour lutter avec les pièces des entre-ponts anglais. La flotte portait 3,342 hommes.

Deux mois encore, et l'on touchait à Pondichéry. La Bourdonnais croyait avoir tout surmonté et se laissait aller à l'espérance. Il n'en avait pas fini avec les cruautés du sort. Sous la latitude de Madagascar, un typhon l'assaille et disperse ses navires, pourtant amarrés. Ceux-ci ne rallièrent la côte que trois jours plus tard. Désemparés, ils s'abritèrent dans la baie d'Antongil, garantie contre la violence des vagues par une île qui en ferme l'entrée. Le vaisseau amiral était démâté de tous ses mâts. Le *Neptune* avait coulé. Tous les autres avaient des avaries graves. Que faire en ce désastre? On ne pouvait retourner à l'île de France. La terre où l'on avait abordé était déserte, marécageuse, pestilentielle.

Mais La Bourdonnais sentait toujours dans son cœur bouillonner l'énergie. On était immobilisé; eh bien! on se réparerait sur place; ce serait long, et voilà tout. Tout de suite il se mettait à l'action. La côte était d'un abordage très-difficile. La Bourdonnais fit construire un quai. La forêt où l'on allait chercher les bois nécessaires au gréement et aux charpentes était à trois kilomètres, et la presque totalité de cet espace formait un marais; il improvisa une route. Les ateliers s'élevaient et fonctionnaient comme par enchantement. En quarante-huit jours, l'escadre était réparée ; mais on avait payé un terrible tribut au climat : 95 Européens, 38 nègres étaient morts.

Le 1ᵉʳ juin, La Bourdonnais fit voile vers le but tant désiré. Il apprit à Mahé que l'escadre anglaise croisait sous le commandement de Peyton, successeur de Barnett, devant Negapatam. Le 6 juillet, les deux flottes étaient en vue. Les Français cherchèrent à prendre l'avantage du vent, qui leur permettait le combat à l'abordage; les Anglais s'efforcèrent de le conserver, pour garder la supériorité que leur donnait la portée de leur artillerie de gros calibre. A quatre heures, Peyton avait pu prendre une position qui lui permettait d'ouvrir à bonne distance le feu sur les Français. L'effet de cette canonnade était terrible. En peu de temps, les vaisseaux français étaient écrasés sous les boulets de 24 de l'ennemi. Ils perdaient leurs mâts. Le feu de nos pièces de 8 et de 12 faisait peu de mal aux navires britanniques.

On allait à une défaite, quand La Bourdonnais, pour donner du répit à ses capitaines, lançait son navire, l'*Achille,* de soixante-dix canons, au milieu de la flotte anglaise, et seul supportait plus d'une demi-heure l'effort de tous les vaisseaux. La nuit mit fin au combat.

On se retrouva le lendemain dans la même situation que la veille. L'inquiétude de La Bourdonnais grandissait, quand tout à coup il vit les navires de Peyton virer de bord, prendre leur ordre de route et disparaître dans la direction du sud, laissant le passage libre à La Bourdonnais. Ce vainqueur prenant la fuite, c'était le salut de notre escadre, qui n'avait plus de munitions que pour un combat et de vivres que pour vingt-quatre heures. La Bourdonnais, quoi qu'il en dit dans ses Mémoires, ne pensa point à poursuivre Peyton, trop heureux d'en être délivré, et « redoutant, comme il le dit dans une lettre à Dupleix, la situation affreuse où il se trouverait, si malheureusement il tombait sous le vent de la place ». Il arriva à Pondichéry le lendemain.

La joie de Dupleix fut immense et sans mélange ; l'envie était un sentiment inconnu à cette âme. Quand, au débarquement, il reçut La Bourdonnais dans ses bras, la reconnaissance et l'admiration agitèrent seules son cœur. A la vue de ces troupes, de ce chef éprouvé, qui descendaient des vaisseaux, il se sentait délivré de toutes ses inquiétudes. Enfin, Pondichéry était sauvé. On allait pouvoir relever le drapeau du pays, vaincre l'Angleterre et conquérir par cette victoire le prestige dont il fallait s'envelopper pour éblouir les populations de la péninsule et les dominer.

L'union de deux hommes comme lui et La Bourdonnais, que de choses ne devait-elle pas amener ! « Vous avez appris les malheurs qui m'ont accablé, disait Dupleix à La Bourdonnais ; la Providence ne m'a point abandonné. J'ai eu la satisfaction de mettre Pondichéry à l'abri de toute insulte. L'espérance ne m'a jamais quitté, et j'espère que, grâce à Dieu et à votre concours, la nation sera bientôt dans une situation tout autre que celle où je me suis trouvé depuis dix-huit mois. Vous pouvez compter sur toute assistance de ma part. L'honneur du succès vous appartiendra, monsieur l'amiral, et je me tiendrai pour satisfait d'y contribuer par des moyens qui devront leur valeur à vous-même. »

Ces marques de sympathie, cette abnégation, cet enthousiasme pour l'idée commune touchaient La Bourdonnais, qui répondait dans un élan spontané : « Nous devons nous regarder comme également intéressés au progrès des événements et agir de concert. Pour ma part, monsieur, je me dévoue entièrement à vous, et je vous jure une parfaite confiance. » C'étaient là de beaux sentiments, qui ne devaient point durer. Le contact journalier allait les éteindre. Entre ces deux hommes, l'accord était impossible. Le caractère de La Bourdonnais constituait un empêchement absolu à toute entente.

La légende créée autour de ce nom persiste encore, et La Bourdonnais, quand l'imagination l'évoque, se montre sous les traits d'un soldat à la fois intrépide, doux, bienfaisant, les lauriers au front, avec l'air de mélancolie sentimentale que Bernardin de Saint-Pierre lui a imprimé. On l'a jugé jusqu'ici avec la même indulgence que ses contemporains. On ignorait sa conduite. On était ému par les infortunes, par la longueur de la captivité du marin à la Bastille. On était pris par l'adresse avec laquelle il exploite ses services dans ses Mémoires. Il apparaissait comme un héros entouré de l'auréole du martyr.

En réalité, La Bourdonnais n'est digne d'inspirer ni la pitié ni l'enthousiasme. La personnalité du gouverneur de l'île de France eut du brillant, elle n'eut pas de grandeur. Sur cette figure irrégulière et mobile, au nez busqué, dans ce front légèrement déprimé, d'une grâce féline, plissé par ces rides que creuse la passion, dans ce regard vif et dur, dans cette bouche tirée vers les coins par le rictus du dédain éternel, s'il y a un reflet d'énergie, de volonté, il y a aussi une teinte d'envie et d'astuce. Il y a plus du vautour que de l'homme.

Du héros, La Bourdonnais a la bravoure ; il n'en offre pas les grandes vertus : la patience, le désintéressement, l'abnégation de soi-même pour le triomphe d'une idée commune. Il est trop orgueilleux, trop entêté, trop égoïste ; ce n'est pas un caractère, c'est un tempérament fougueux, passionné jusqu'au délire. C'est un étrange amalgame de bassesse et de force, de dons magnifiques et de vulgarité d'âme. Son esprit est assez puissant pour concevoir de grandes entreprises ; il a la ténacité et la vigueur nécessaires pour les exécuter ; mais, devant quelque misérable question d'amour-propre, il se cabrera, il fera tout échouer ; car la notion du devoir, peu développée chez lui, s'éteint entièrement quand la colère l'excite et lui met à la bouche les jurons du plus grossier des matelots. Il ne peut souffrir aucune renommée à côté de la sienne. Ce qu'il désire, c'est qu'on dise, quand il passe : « Le voilà, celui qui a tout conçu, tout conduit, tout fait. » Et comme il veut, toujours et partout, dominer pour assurer sa suprématie, plein d'arrière-pensées, il a recours à toutes les ruses, à tous les expédients, que son esprit si actif et si pénétrant lui fournit sans cesse. Et le don qu'il a « de tirer parti des éléments les plus maigres lui sert plus tard, dans la controverse, à grouper les faits avec l'art le plus perfide et le plus dangereux ».

Bon manœuvrier, tacticien excellent, marin audacieux, nul n'est plus apte que lui à conduire une escadre, à la faire triompher dans le combat. Au bruit du canon, son cœur s'affermit ; il oublie ses petitesses et ne pense qu'à la victoire. Dans la fumée de la poudre, il garde le sang-froid. Il a des talents d'organisateur. Est-ce donc un amiral ? C'est bien plutôt un corsaire ; car, pour agir, il faut qu'il soit seul, avec le pouvoir absolu, loin du regard de toute autorité. Ce qu'il lui faut, c'est l'isolement dans une île, où il peut tout régenter à sa guise ; c'est le commandement d'un équipage hardi et aventureux comme lui, séduit, selon son expression même, par l'audace d'un grand *coup* à faire ; c'est enfin le pont d'un navire muni de lettres de marque et armé pour la course ; alors il sera magnifique de décision et de puissance, puisqu'il n'aura plus à redouter de rival, puisqu'il n'aura plus à se plier sous les lois d'une hiérarchie insupportable à son orgueil.

Tout différent est Dupleix. Il est grand avec simplicité, sans peine, par la force de sa nature même. C'est un disciple de Zénon, qui reste élégant dans son stoïcisme et le cache sous l'affabilité. Dans la vie privée, il est simple et facile. Il goûte le charme du foyer et ressent pour sa femme un amour profond ; elle fut véritablement la moitié de lui-même ; il l'associa à ses plans, elle partagea tous ses travaux, toutes ses ambitions. Il est père à la façon de Henri IV, et comme le Béarnais, il est bien capable de faire faire à ses enfants le tour du salon, à cheval sur son dos.

Méditatif et légèrement taciturne, par goût il aime le silence ; et pourtant, quand il veut parler, la conversation avec lui offre un véritable charme. Il séduit immédiatement par la perspicacité et la simplicité de son esprit, par l'abondance de ses idées, la vigueur et la concision de sa parole, l'influence presque magnétique de sa physionomie et de son regard ; on est saisi de l'expression de puissance intellectuelle et de grandeur morale qui s'accuse dans ses traits. La tête est vraiment belle ; le front est haut, large et vaste. Les yeux noirs, grands, doux, veloutés, sont admirables d'expression et d'éclat, d'énergie et de pénétration, de vivacité et de profondeur. La bouche est droite, point sensuelle. Les maxillaires inférieurs sont larges, le cou fort. Il laisse l'impression d'un dominateur.

Il eut le don des conceptions claires et précises. Elles naissaient spontanément dans ce cerveau, pour qui la difficulté n'était qu'un stimulant. L'action lui était aussi facile. Il ne s'y montrait ni hésitant ni troublé, et s'embarrassait peu des chemins à suivre pour arriver au but, tout prêt à en construire un au besoin s'il n'y en avait pas. Il est né avec l'instinct de l'administrateur, du général, du diplomate, et avec l'âme d'un artiste. Son esprit a gardé l'empreinte des passions de la jeunesse. Il a toujours le même besoin d'allier le rêve à la réalité, le même goût de musique et de poésie. Quand les soucis l'assiègent, il saisit sa harpe, il compose des symphonies, et au son des accords harmonieux, il oublie ses inquiétudes.

Dans la vie privée, c'est un passionné ; en politique, c'est un calculateur, qui ne se décide pas par sentiment, qui ignore l'affection ou la haine, qui n'obéit qu'à l'intérêt de l'État. Il ne voit dans la conquête de l'Inde qu'une série de combinaisons politiques, de perfidies diplomatiques et d'attaques à exécuter froidement contre certaines positions dont la chute entraîne le succès final. C'est, en un mot, pour lui quelque chose d'analogue à une partie d'échecs conduite avec fermeté, sans s'occuper des pièces du jeu, c'est-à-dire des hommes. Il ne recule pas devant la duplicité et la perfidie dans les négociations. Il ne se préoccupe pas des moyens ; il ne songe qu'à triompher. Il professe la tolérance en matière de religion, allant même en public jusqu'à l'indifférence absolue pour tous les cultes. On lui a reproché un amour exagéré pour le faste et l'ostentation ; ce n'était pourtant pas un fait de caractère, mais bien une attitude toute politique. Les ennemis de Dupleix l'ont encore accusé de poltronnerie devant les balles. La vérité est qu'il était d'une grande bravoure ; mais comme la réussite de son entreprise dépendait de la durée de sa vie, il avait le droit de ne l'exposer que rarement et pour un gros résultat. Il n'estimait que l'habileté.

Sorti de l'obscurité, il devint en peu d'années presque un roi et sans contredit le représentant politique le plus grand du génie français au dix-huitième siècle. D'une activité et d'une clairvoyance sans égales, uniquement préoccupé de son œuvre, plus ambitieux du triomphe de ses idées que du sien propre, sachant prendre une décision en deux minutes au milieu des doutes et des périls de l'action, jamais découragé, plein de ressources pour écarter le danger, jugeant d'un coup d'œil les circonstances et les moyens, d'une promptitude extraordinaire pour faire tourner à son profit les fautes de l'adversaire, il réunit, avec une persévérance infatigable, les matériaux apportés par ces courants de force mystérieuse qui font les empires, et de ses propres mains construisit l'édifice grandiose dont lui seul avait conçu le plan. Et il n'en fut pas seulement l'architecte, il en fut encore comme le pilier; quand un ordre de Louis XV l'abattit, tout s'écroula.

Il ne dut les prodigieux succès qui marquèrent le début et le milieu de son entreprise qu'à la profondeur de ses calculs. L'éclat des victoires ne l'aveugla point. Il savait bien que tout n'était pas fini, qu'il y avait encore des dangers; son tort fut de compter sur l'appui de Versailles; sa seule erreur, ce fut la conviction qu'on ne l'abandonnerait pas. Après le désastre de Law sous Trichinapaly, il défendit son existence avec tant d'énergie, d'habileté et de sang-froid, qu'au moment de son rappel, il était redevenu le maître incontesté de l'Inde. C'est la plus éclatante démonstration de son génie. Quant à la preuve de la grandeur morale de Dupleix, on la trouve dans sa conduite au moment de la disgrâce. Il eût pu résister aux ordres de la cour; il pouvait arrêter l'envoyé du conseil supérieur, Godeheu, et soulever toute la colonie. Les troupes lui auraient obéi avec enthousiasme. Il ne le voulut pas; c'était à ses yeux une bassesse, et il avait en horreur ce qui était petit. Il eut le geste de César devant le poignard de Brutus, et fermant les yeux, le cœur déchiré, se drapa pour tomber.

Entre ces deux hommes, qui représentaient l'un la

passion, l'autre la raison, les relations demeurèrent cordiales pendant quelques jours. Dupleix expliquait à La Bourdonnais ses projets et son but. Déjà établis à l'occident et à l'orient de la péninsule, les Anglais occupaient Bombay, Saint-David, Madras, et par la possession de Calcutta dans le golfe du Bengale enserraient l'Inde ; mais d'immenses distances séparaient ces divers établissements, condamnés à périr isolément et tour à tour si le concours d'une flotte leur faisait défaut.

L'unique préoccupation des Français devait donc être d'anéantir l'escadre ennemie. Pour Dupleix, c'était la base de toutes les opérations à effectuer. Cette destruction opérée, on concentrerait tous les efforts de l'attaque sur Madras. C'était, pour les Français, la plus redoutable des possessions anglaises. Située à quarante-huit heures de marche de Pondichéry, cette ville n'était pas seulement pour notre comptoir une dangereuse rivale dans le trafic, elle donnait à l'Angleterre la facilité d'intervenir dans les affaires du Carnate et le moyen d'y paralyser notre domination. Tant qu'elle aurait un pied sur la côte de Coromandel, la Grande-Bretagne pourrait prendre parti contre nos alliés et élever prétendant contre prétendant. Il fallait donc et à tout prix expulser l'Angleterre de cette forteresse, la meilleure garantie de sa puissance dans l'Inde ; c'était le premier siège à faire. Madras pris, Saint-David devait tomber de soi-même. Ce petit fort, ne pouvant contenir qu'une faible garnison, avait de mauvais remparts ; c'était une bicoque, à la résistance de laquelle personne ne croyait. Qui pouvait alors penser que ces murailles de boue desséchée deviendraient inexpugnables, grâce au génie de Clive et à l'héroïsme de ses compagnons? Toutes les apparences étaient pour une prompte reddition de Saint-David. Le Coromandel délivré, on pourrait s'emparer de Calcutta, la rivale de Chandernagor, et de Bombay même, puisque ces deux villes seraient alors privées de tout appui.

La Bourdonnais partageait vite cette manière de voir : « Dès 1741, vous sçavez que j'avais formé dessein sur Madras. Encouragé par Dumas, auquel j'avais communiqué mes projets, je vous les fis expliquer lorsque vous vîntes prendre possession de notre gouvernement; vous l'approuvâtes et fîtes les préparatifs qu'une paix continue rendit inutiles. Depuis la guerre, persistant dans mon premier dessein, je vous en ai fait part, en vous priant d'ajouter aux anciens préparatifs tous ceux qui peuvent faciliter notre réussite; vous vous y êtes prêté de tout votre pouvoir; ainsi rien ne serait plus assuré que la conquête de Madras si nous n'avions rien à appréhender de l'escadre ennemie. Mon plan est donc de dissiper et de détruire celle-ci, s'il est possible. » Il ne demandait que 44 canons de 18 et 14 de 12 pour rétablir l'égalité entre l'artillerie des deux flottes. Dupleix, malgré ses efforts, ne pouvait fournir que 28 pièces de 18 et 12 de 12. La Bourdonnais étudiait avec passion les moyens d'attaquer la place et l'escadre. Dupleix, avec son activité ordinaire, organisait tout et veillait sur les menées diplomatiques des Anglais, occupés à circonvenir Anaverdikan. Les engagements de ce dernier étaient formels. Il avait déclaré, un an auparavant, qu'il empêcherait toute agression, qu'elle vînt de la France ou de l'Angleterre. Dupleix, décidé à lever cet obstacle, n'épargnait ni l'or, ni les caresses, et profitait habilement du sans façon des Anglais, dont l'envoyé, par une dérogation inouïe aux lois de l'étiquette, paraissait devant le nabab les mains vides de présents et prenait avec le prince un ton maussade et revêche pour le sommer d'intervenir en faveur de l'Angleterre. Dupleix, en flattant l'orgueil blessé d'Anaverdikan, l'amenait enfin à garder une attitude de passive neutralité, au moins pour le début de l'expédition.

C'était une victoire diplomatique; mais, pour en profiter, il fallait agir au plus vite.

Cependant l'amiral était plein d'énergie et de feu. Il montrait une entière confiance en Dupleix, à qui il disait : « En cas que je vienne à manquer, il n'y a personne dans mon escadre qui connaisse assez le pays ou qui soit d'une autorité assez forte pour en contenir les membres dans l'obéissance. Il faut donc que je vous laisse un pli cacheté, dans lequel je déclarerais que l'intention du roi et du ministre est qu'à mon défaut, toute l'escadre soit sous vos ordres... » Il était uniquement préoccupé du succès de l'expédition, tout en la considérant à un point de vue différent de celui de Dupleix, à qui il écrivait le 17 juillet : « Que pensez-vous que nous devions faire de Madras? Pour moi, mon sentiment est d'en tirer les marchandises que nous y trouverons pour les embarquer dans nos vaisseaux, et de rançonner le reste; car, quand nous bouleverserions toutes les pierres de cette ville, dans un an d'ici tout sera relevé, et Madras sera plus fort qu'il ne l'est aujourd'hui. » Cette manière d'envisager la question sentait plus le corsaire que l'homme d'État. Dupleix, encore sous l'impression de l'enthousiasme qui l'avait transporté à l'arrivée de la flotte, se faisait fort de ramener l'amiral à une appréciation plus nette de l'état des choses. « Je ne puis savoir à présent, lui disait-il, le parti qu'il conviendra de prendre sur Madras, si vous avez le bonheur de vous en emparer. Je vous ferai simplement la réflexion que tant que cette place subsistera, Pondichéry ne fera que languir, et que le commerce y tombera toujours. Il n'est pas suffisant de se contenter d'un avantage présent, peut-être incertain ; il faut un peu songer à l'avenir. Je ne suis pas du tout d'avis que Madras démantelé puisse se rétablir en un an. Plusieurs années n'ont pu suffire à la mettre comme elle est. Les facilités sont actuellement bien moindres. »

Chose étrange ! la lecture de cette lettre laissa dans l'esprit de La Bourdonnais une impression d'aigreur. Il crut qu'on lui donnait une leçon ; il vit dans ces idées politiques une tentative d'empiétement sur son pouvoir de chef d'expédition. Au fond, il ressentait déjà cette gêne, insupportable pour son caractère entier, d'une autorité avec laquelle il fallait vivre en bonne harmonie et en contact perpétuel. La popularité, la supériorité de Dupleix lui causaient des tressaillements de jalousie. Il devenait tout à coup sombre et hésitant ; il émettait des doutes ridicules.

Dupleix, tout en commençant à voir clair dans cette âme malade, jugeait La Bourdonnais comme une nature nerveuse, irritable, ombrageuse, un peu gâtée par l'habitude de la domination, mais chevaleresque, sensible au point d'honneur, au sentiment du devoir, prête au sacrifice, dès qu'on lui démontrerait l'intérêt de la patrie.

« Cette entreprise contre Madras, lui disait-il, est la seule qui puisse nous indemniser et honorer notre nation dans l'Inde. Je ne puis approuver votre plan d'abandonner ce projet pour un autre qui ne mérite ni votre attention, ni la mienne, et dont les conséquences seront honteuses et ruineuses pour nous. L'escadre anglaise subsistant et Madras n'étant pas pris, votre voyage dans les Indes peut être regardé comme inutile. »

La force de ces arguments triompha du mauvais vouloir de La Bourdonnais, qui le 13 août au matin mit à la voile. Il apprit le 14, devant Karikal, que les vaisseaux anglais croisaient à soixante lieues au delà de Negapatam, vers Ceylan. Il eut comme un soubresaut d'énergie, et appréciant très-bien les avantages que la flotte ennemie lui offrait, il prévint Dupleix que les circonstances lui donnaient de toute façon dix à douze jours d'avance sur les Anglais. « Je compte les employer ainsi : je ne dois rester à Pondichéry que trois heures au plus pour embarquer les cipayes. En deux jours je serai rendu devant Madras. Un jour pour descendre, un jour pour reconnaître, faire une batterie de mortiers et préparer l'assaut. La nuit du 3 au 4 ou du 4 au 5, j'attaque ; si tout n'est pas fini le jour, ce sera le lendemain, où nous devrons nous rembarquer. Donc, sept à huit jours après mon départ de Pondichéry, tout sera fini. Je serai chez vous le 19 ou le 20 ; tenez tout prêt. » La réussite de ce plan était certaine. La Bourdonnais avait donc enfin recouvré les deux facultés dominantes à la guerre, le coup d'œil et la promptitude de décision ! Ce ne fut pas pour longtemps. Il changea d'avis soudain et se mit à la recherche de l'escadre anglaise.

Le commodore, à la vue de nos voiles, fit à ses vaisseaux le signal d'appareillage vers le sud ; au déclin du jour, les huniers des navires ennemis avaient disparu à l'horizon, derrière ce voile de vapeurs chaudes qui le soir s'élèvent des rivages de Ceylan.

La Bourdonnais virait de bord, lui aussi, et regagnait Pondichéry le 25, sous l'empire d'une nouvelle défaillance morale. C'était le cas de reprendre le projet du 14, de se rendre devant Madras et d'y donner l'assaut, puisqu'on n'avait rien à craindre de la flotte de Peyton, qui ne pouvait arriver que bien après l'attaque, seulement lorsque le pavillon français flotterait sur les murs, réarmés et remis en état de défense ; mais La Bourdonnais était de nouveau le jouet de l'hésitation et du trouble.

Cette phrase d'une lettre de Dupleix datée du 23 : « J'avais tout lieu d'espérer que vous seriez venu à bout de détruire ou de dissiper l'escadre anglaise ; mais le parti que vous avez pris de la laisser subsister et fuir dans son entier m'a plongé dans un mortel chagrin », avait rallumé la colère, la jalousie de l'amiral. Il s'écriait qu'il connaissait la guerre, qu'il n'appartenait pas à des marchands de lui en remontrer, à lui, qui était du militaire ; qu'on devait laisser la conduite des opérations à ceux qui exposaient leur vie. Animé vraisemblablement par l'espoir de diviser le conseil de Pondichéry et de mettre Dupleix en minorité, il écrivit à l'assemblée, comme pour lui demander avis : qu'il y avait une grande différence entre ce fait de commander des vaisseaux du roi ou de la Compagnie ; que sur les premiers, on doit tout risquer pour la gloire ; que sur les seconds, on doit regarder uniquement au profit ; qu'au reste, la flotte ne pouvait suffire pour la double tâche de combattre l'escadre de Peyton et d'attaquer Madras.

La réponse du conseil fut nette et précise. Après avoir rappelé les tergiversations de l'amiral, le temps perdu, on lui offrait le choix entre l'attaque de Madras ou le combat avec l'escadre. « Nous croyons pouvoir déclarer, disait le conseil, qu'il serait fâcheux, honteux même pour la nation, d'abandonner ces deux moyens pendant que nous avons une certitude morale que le trésor et les vaisseaux que nous attendons d'Europe seront pris par l'escadre ennemie, et qu'il y a une aussi grande certitude que vous réussirez dans l'un des deux. » Cette mise en demeure n'ébranla pas La Bourdonnais. Il osa déclarer que l'ordre manquait de clarté, et que le conseil lui liait les bras en ne lui précisant pas lequel des deux partis il devait mettre à exécution !

Le temps des ménagements était passé. Dupleix réunit le conseil, qui décida immédiatement que MM. d'Esprémenil, Barthélemy et Bruyères se transporteraient au logis de M. de La Bourdonnais « pour le sommer de la part du roi de choisir l'un des deux partis, — l'attaque de Madras ou le combat avec l'escadre, — les seuls que le conseil juge faisables et convenables aux circonstances présentes, à la gloire du roi, à l'honneur de la nation, aux intérêts de la Compagnie, à la force de son escadre, secondée des secours d'ici, et à la faiblesse de nos ennemis par terre et par mer ; et faute par lui de choisir celui du choix duquel on le laisse le maître, de répondre en son nom propre et privé de tout ce qui pourra arriver par la suite, et des dépenses immenses que son projet sur Madras a occasionnées à la Compagnie. Et si la maladie l'empêche d'agir lui-même, comme il n'y a pas de temps à perdre, le conseil juge M. de la Porte-Barrée, dont la prudence et la capacité sont connues, très-capable d'exécuter celui des partis qu'il choisira. »

Cette injonction augmenta encore l'aigreur et l'irritation de La Bourdonnais, qui répondit avec insolence : « J'ai reçu la citation et son contenu. Je n'ai consulté le conseil que sur l'affaire de Madras. Il n'avait à donner que son avis pour ou contre. Quant à la destination de mon escadre, il n'a aucun droit de s'en mêler. Je sais ce qu'elle doit faire, et mes ordres sont donnés pour qu'elle quitte Pondichéry ce soir, 27 août. » Dupleix eut un moment d'inquiétude. L'escadre allait-elle faire route vers l'île de France? L'énigmatique silence de La Bourdonnais pouvait faire croire à quelque coup de tête. On apprit enfin que sous le commandement de la Porte-Barrée, la flotte faisait voile vers Madras. Après des manœuvres inhabiles et la capture de deux petits bâtiments, elle revint piteusement à Pondichéry.

A la nouvelle de cet échec, La Bourdonnais eut un mouvement de joie mal dissimulé. L'incapacité de la Porte-Barrée flatta singulièrement la vanité de l'amiral. Il se sentit dès lors nécessaire, indispensable même. Loin d'atténuer les fautes de son lieutenant, il s'attacha à les mettre en lumière. Il raillait l'impuissance de la Porte-Barrée et écrivait à Dupleix : « Ces gens-là, quand je ne suis pas à leur tête, sont tout au plus bons à se défendre quand on les attaque ; leur vrai métier, c'est de charger des ballots et de conduire la barque. » Dupleix, avec sa promptitude à saisir l'occasion, voyant ce retour de zèle, s'efforçait par mille caresses et mille attentions de maintenir chez l'envieux marin ce besoin d'action et cette belle humeur, qui éclataient d'une façon si inattendue. Il lui montrait la gloire de l'opération, et faisait si bien que La Bourdonnais oubliait ses griefs imaginaires contre le conseil, et le 12 septembre ordonnait l'appareillage de la flotte. A ce dernier moment, l'amiral, avec la rage de l'idée fixe, revenait encore sur les conditions de rançon à imposer aux Anglais. Dupleix, attristé de cet entêtement, avait beau répéter « que la prise de la forteresse était un moyen d'arriver à l'abaissement de l'ennemi ; *que c'était une conquête à faire,* et que cette conquête était nécessaire à l'honneur du roi, de la nation, au bien de la Compagnie », La Bourdonnais ne se souciait que de lui-même et ne voulait pas être convaincu.

Une fois en mer, La Bourdonnais reprit toute son énergie et combina le détail de ses opérations avec une rare sûreté de coup d'œil. Madras était bâti sur la plage, dans une petite presqu'île circonscrite par la mer et le Montaron. Cette rivière se divisait à une faible distance de la ville en deux bras, dont l'un se dirigeait perpendiculairement vers l'extrémité nord-ouest de la place, s'inclinait brusquement vers le sud-est, baignait le rempart et précipitait, en ligne presque droite, ses eaux vers la mer, tandis que l'autre, fermé à son embouchure par une digue naturelle de pierre et de sable, s'était répandu dans la prairie pour former un étang. C'étaient pour l'assiégé deux bonnes lignes de défense; on n'en avait pas tiré parti. On avait entièrement abandonné le faux bras; on s'était contenté d'établir une tête de pont pour s'assurer le passage du Montaron. Ainsi la place, forte par la position, ne l'était pas par l'art; en forme de rectangle, avec une citadelle au milieu de la ville, Madras avait des murs peu solides, et le fort Saint-Georges, la citadelle, avec ses quatre bastions en mauvais état, ne valait rien.

A une petite distance de la ville, La Bourdonnais fit descendre 600 hommes à terre, s'empara d'une pagode, la mit en état de défense, la relia à la mer par des retranchements, et ayant dès lors une base d'opération et un débarcadère commode, il vint jeter l'ancre à quelques kilomètres de la forteresse. Il débarqua aussitôt 1,700 hommes. Il leur fit côtoyer, dans une marche de flanc, les bords de l'étang et traversa le Montaron un peu au-dessus du point de bifurcation des eaux, en face de la maison du gouverneur de Madras. On s'y logea sans grand'peine, après avoir repoussé une sortie de l'assiégé, et l'on construisit dans le jardin deux batterie de mortiers, bien défilées du tir de la place, dont elles foudroyaient un angle dépourvu de feux. L'artillerie éleva une autre batterie entre l'étang et la mer. Le 18, toutes ces pièces ouvrirent un feu violent, pendant que les vaisseaux lâchaient leurs bordées sur la ville. Le 19, les Anglais essayaient d'entraîner des négociations avec La Bourdonnais, qui ne se laissait pas amuser et faisait encore activer le feu. Enfin le 21, au matin, la ville se rendait.

La Bourdonnais en informait aussitôt Dupleix par un court billet ; mais, tout pressé qu'il fût, il avait bien soin d'ajouter qu'il avait les Anglais à sa discrétion, et que la capitulation signée [1] d'eux lui était restée, sans que l'ennemi eût songé à en demander un double. Il ne parlait point d'une rançon imposée à la ville. Pourtant cette idée le hantait toujours. Le 23, il adressait à Dupleix ces lignes : « Enfin Madras est aux Français. Il y a pourtant une sorte de capitulation signée du gouverneur ; elle ne fait, comme vous le verrez, qu'autoriser mes droits sur le sort de cette place. Pour en décider, j'ai trois partis à prendre : 1° en faire une colonie française ; 2° raser la place ; 3° traiter de la rançon. »

Après avoir énuméré longuement les raisons qui, selon lui, devaient faire repousser les deux premiers partis, il ajoutait : « La rançon de cette place est, à mon avis, ce qui convient le mieux... Je m'accommoderai avec les Anglais pour le rachat de leur ville... Le gouverneur fera des billets à terme convenu et donnera des

---

[1] Capitulation de Madras : Le fort et la ville de Madras seront remis le 21 septembre, à deux heures après midi, à M. de La Bourdonnais. Toute la garnison, officiers, soldats, le conseil et tous les Anglais qui sont dans la ville, seront prisonniers de guerre.

Tous les conseillers, officiers, employés, messieurs anglais, seront libres sur parole.

Les articles de la capitulation seront réglés à l'amiable par La Bourdonnais, le gouverneur ou ses députés, qui s'engageront à livrer de bonne foi effets, marchandises, etc.

La garnison sera conduite au fort Saint-David prisonnière de guerre ; et si par rachat ou rançon on remet la ville de Madras à MM. les Anglais, ceux-ci seront maîtres de reprendre leur garnison pour se défendre contre les gens du pays, mais ne pourront pas porter les armes contre la France.

otages; il n'est pas encore tout à fait convenu de ces arrangements, mais je me flatte de l'y amener. » Le lendemain, La Bourdonnais recevait de Pondichéry un avis qui aurait dû à tout jamais lui faire repousser le projet de rançonner la ville.

Un événement imprévu venait de se produire : l'intervention du nabab d'Arcate en faveur des Anglais. Dupleix, déterminé à poursuivre ses projets sur les établissements anglais, mais ne voulant pas se mettre l'armée d'Anaverdikan sur les bras, « conçut un plan par lequel Madras serait à toujours perdu pour les Anglais; dans ce but, il envoya immédiatement à son agent à Arcate des instructions pour informer le nabab qu'il ne prenait Madras que pour le lui remettre aussitôt après la reddition ». Par une dépêche datée du 21, il prévenait La Bourdonnais de cette nouvelle phase de l'affaire : « Le nabab, sans doute gagné par les offres des Anglais, vient de me dépêcher une lettre, par laquelle il me marque sa suprise de ce qui se passe à Madras et menace, si je ne fais lever le siége, d'y envoyer son armée. Je sais à merveille ce que cela veut dire, et je crois avoir trouvé le moyen de le faire taire en lui faisant dire par l'homme que nous avons à Arcate que lorsque nous serons maîtres de Madras, on la lui remettra, bien entendu dans l'état que nous jugerons convenable. Il faut prendre la place et ne point écouter les propositions que l'on pourrait faire pour la rançonner. Ce serait tromper le nabab et l'engager à se joindre à nos ennemis. » Le conquérant de Madras, dans l'élan du premier mouvement, répondit le 24 : « Dites-moi l'état où je dois mettre la place pour la rendre au nabab. Faites-moi un plan suivi de la façon dont vous voulez que je traite la ville. »

Cependant Dupleix s'occupait d'organiser l'administration dans la cité conquise. Fidèle aux traditions de la Compagnie, qui imposaient la création d'un conseil et la nomination d'un gouverneur dans tout nouvel établissement, il désigna le nombre voulu de conseillers pour former l'assemblée coloniale, dont il confia la présidence à La Bourdonnais. Cet acte purement administratif fit évanouir toutes les bonnes dispositions de l'amiral et le porta aux extrémités les plus violentes. Il se crut outragé. Il ne vit dans l'institution du conseil qu'un empiétement à ses pouvoirs, et dans les conseillers que des espions ; son orgueil l'empêcha de reconnaître qu'il subissait la loi commune, et que Dupleix lui-même avait à côté de lui un conseil. « Quel a été mon étonnement d'apprendre que vos conseillers font ligue contre moi et tâchent de suborner les chefs de mes troupes et de mes vaisseaux! Le tout, disent-ils, par ordre de M. Dupleix et pour le faire reconnaître. Sont-ce là des moyens permis? écrivait-il au gouvernement de Pondichéry, car enfin raisonnons : ou M. Dupleix a le droit de commander dans cette colonie, ou il ne l'a pas. S'il l'a, il fallait me le faire connaître avant de m'embarquer dans cette affaire, afin que je me comportasse comme il convenait. Or, on ne m'a rien dit, et je suis venu comme un homme qui a toute l'autorité. Je me suis engagé en conséquence. Je ne doute point que si j'eusse gardé Madras comme une colonie française, elle n'eût été de votre ressort; mais puisqu'il n'y a aucun autre gouverneur que celui qui l'a conquis, mon parti est pris, et il n'y a plus à s'en dédire. » Il annonçait alors la conclusion d'un traité contracté avec Morse, par lequel il s'engageait à remettre Madras aux Anglais, moyennant la somme de onze cent mille pagodes, en billets à une échéance assez courte.

Cette convention, La Bourdonnais n'avait pas le droit de la conclure. Pour le bien du service, le ministère avait laissé à l'amiral une grande liberté d'allure dans la conduite des opérations, c'est-à-dire dans tout ce qui relevait uniquement de la tactique et de la stratégie; ses attributions étaient donc nettement définies; elles n'avaient rien de politique et restaient purement militaires. Dès lors sa qualité était celle d'un chef d'escadre, exécutant sous sa responsabilité un plan concerté à l'avance avec le gouvernement. Il ressort de tous les faits et de la logique même que La Bourdonnais n'eut jamais le droit de contracter un traité avec l'ennemi. Cette faculté, prérogative essentielle du gouvernement, appartenait uniquement à Dupleix, qui seul commandait dans l'Inde et seul; comme le disaient ses instructions, « avait le droit de faire ce qu'il jugerait à propos pour la conservation des forts et établissements, ainsi que pour la gloire du roi ». Le ministère n'avait jamais eu la pensée d'octroyer à un amiral les mêmes droits qu'à un gouverneur; La Bourdonnais, affranchi de toute entrave dans les questions de tactique, restait donc soumis à Dupleix en matière de politique pure.

Il ne pouvait concevoir de doute sur son rôle, et en admettant qu'il en eût, le souvenir des engagements pris par Dupleix avec le nabab d'Arcate devait les dissiper; il n'avait qu'à s'en inspirer comme d'une règle étroite. La Bourdonnais devait tout faire pour fournir à Dupleix les moyens d'exécuter la convention passée avec Anaverdikan. En contractant un traité avec les Anglais pour le rachat de Madras, La Bourdonnais annulait sciemment tout un ordre de mesures politiques arrêtées en conseil de gouvernement, alors que son devoir était d'obéir ; sciemment il compromettait l'honneur de la France et forçait le nabab à se jeter dans les bras des Anglais et à nous faire la guerre ; c'était donc plus qu'un abus de pouvoir commis par l'amiral.

La nouvelle de cette forfaiture indigna Dupleix, mais ne le surprit pas; il n'en était plus à croire à la chevalerie de La Bourdonnais. « Je vous prie, lui mandait-il, de ne point regarder le conseil comme le mien, mais comme celui qu'il a plu au roi et à la Compagnie d'établir dans l'Inde.

« Il ne convient pas à un mince sujet comme moi d'avoir un conseil; je me trouve honoré de le présider. Ce conseil, après avoir lu votre lettre, a trouvé qu'il ne pouvait entrer en matière avec vous, avant de savoir sur quel pied vous vouliez traiter avec lui. Il n'ignore pas que vous faites peu de cas de ses décisions. Pour peu que vous vouliez vous prêter aux arrangements prescrits par le roi et la Compagnie, vous pouvez compter qu'il sera le premier à vous seconder dans tout ce qui pourra contribuer au bien de la Compagnie.

« Vous avez vu l'an dernier un ordre du roi pour que les capitaines de vaisseau eussent à suivre les vôtres; mais cet ordre ne change rien à celui prescrit de tout temps, qui veut que tous les commandants des vaisseaux de la Compagnie soient sous l'autorité du commandant de l'Inde et du conseil supérieur. Nous vous avons laissé libre touchant votre escadre.

« La rançon que vous avez l'intention d'exiger pour la ville de Madras n'est qu'un avantage momentané et des plus incertains. Tous les otages que vous aurez n'engageront pas la Compagnie anglaise à accepter les billets que vous donnera le gouverneur, qui, prisonnier actuellement, dira, lorsqu'il sera libre, qu'il a fait tout ce que vous aurez voulu pour le tirer des fers. La Compagnie en dira autant. Je ne le crois pas d'ailleurs autorisé pour engager la Compagnie ni l'État d'Angleterre.

Ces réflexions doivent vous faire sentir le peu de compte que l'on doit faire sur une rançon aussi incertaine, et que c'est l'unique moyen dont vous ne devez pas vous servir.

« Je sens l'inutilité des représentations que j'ai eu l'honneur de vous faire; mon devoir m'y oblige, et ce n'est que dans cette vue que je vous les présente. Cependant, mon expérience de l'Inde, le temps que j'ai eu l'honneur d'y conduire les principes des affaires, la confiance du roi, du ministre, de la Compagnie, devraient vous engager à avoir plus d'égards que vous ne le marquez. Aussi, Monsieur, seront-ce les dernières observations que j'aurai l'honneur de vous présenter. Je ne le ferai plus qu'avec le conseil, après que vous aurez décidé de la façon dont vous voulez traiter avec lui. »

Placé dans cette alternative, ou d'entamer avec ce révolté une lutte que le tempérament du vainqueur de Madras pouvait rendre sanglante, ou d'abandonner la conquête de l'Inde, s'il éprouvait de la colère et de la tristesse, du moins Dupleix ne ressentait point d'hésitation. A ses yeux, toute cette affaire n'était qu'un accident dans la partie; il fallait soumettre La Bourdonnais ou le briser. Cependant, il essayait encore une tentative de persuasion : « Au nom de Dieu, écrivait-il, au nom de vos enfants, au nom de votre femme, laissez-vous persuader ; finissez comme vous avez commencé, et ne ménagez pas un ennemi dont l'unique but est de vous réduire à la dernière extrémité ! La Providence nous a servis mieux que lui; profitons-en pour la gloire de notre monarque et le bien d'une nation qui vous regardera comme son restaurateur dans l'Inde. Fasse le ciel que je puisse vous persuader d'annuler un traité funeste. » Ces supplications n'ébranlèrent pas l'orgueilleux marin, dont le parti était pris. Elles n'eurent d'autre effet que de lui révéler la faiblesse de son plan et la nécessité d'en masquer l'égoïsme sous le voile d'un grand sentiment, qui serait à la fois une excuse et une cause.

Il invoqua alors toute une histoire de serments proférés, d'engagements pris avec les Anglais le jour de la reddition de la ville, sans songer que les originaux et les copies de la capitulation, ainsi que toutes les lettres, envoyés par lui à Pondichéry, ne mentionnaient en rien l'existence de pareilles conditions. Sans s'inquiéter de leur invraisemblance, sans même chercher à pallier son silence, au sujet de ces engagements, de quelque explication plausible, il écrivit à Dupleix : « Le sort de Madras est jeté. Que j'aie tort ou raison, je me suis cru en droit d'accorder une capitulation au gouverneur. Je serais le premier militaire qui n'eût pas le pouvoir de faire des conditions à ceux qui ont défendu les murs dont il se rend maître. Je m'étais engagé d'honneur à traiter avec les députés anglais du rachat du fort et de la cité ; c'est un des articles que je me sais obligé de leur tenir et une des conditions auxquelles on m'a ouvert les portes. » Et pour bien montrer que rien ne le ferait revenir sur sa détermination, il ajoutait : « Dussé-je le payer de ma tête, je ne sais pas me dédire. Regardez cela comme un malheur où vous n'êtes pour rien... Je vous prie de ne pas me barrer davantage. » Et deux jours plus tard, il reprenait avec plus d'arrogance : « Que j'aie été en droit ou non de capituler, c'est ce qui ne regarde ni vous ni votre conseil. Personne ici ne commande, que le roi dont je porte les ordres. J'irai lui rendre compte de ma conduite et lui porter ma tête. Conseilleriez-vous à votre frère de manquer à sa parole et de se déshonorer lui et son nom pour jamais à la face de la terre? Rien ne m'aurait fait venir dans l'Inde pour y être subordonné. »

Il terminait en déclarant qu'il n'avait jamais vu dans l'affaire de Madras qu'un coup de main et un moyen de nuire efficacement aux intérêts financiers de la Compagnie anglaise. Et il faisait semblant de croire que toute l'opposition faite par Dupleix au traité prenait pour cause la faiblesse de la rançon !

Devant cette révolte et ces sarcasmes, Dupleix devait agir avec promptitude et énergie. Tout lui en faisait un devoir. Le conseil de Madras, bafoué par La Bourdonnais, s'était retiré à Saint-Thomé. A Pondichéry, l'opinion se prononçait « contre cet homme qui se mettait au-dessus des lois ». Une pétition enthousiaste, signée par les Pères des ordres religieux, les officiers, les employés, les bourgeois habitant la ville, demandait à Dupleix d'interposer son autorité pour arrêter les injustes entreprise de La Bourdonnais au sujet du traité conclu avec la nation anglaise.

Le gouverneur de l'Inde envoya donc à Madras une commission « armée de pouvoirs étendus pour l'exécution des ordres donnés par Dupleix, comme représentant de son souverain ». Le 2 octobre, le major général de Bury, le procureur général Bruyère, l'ingénieur Paradis, d'Espremenil, Barthélemy et Dulaurens entrèrent dans la ville et se rendirent au quartier général de La Bourdonnais. Celui-ci était à sa fenêtre, fort intrigué de voir à la tête de ce cortége un inconnu en habit bleu, à parements rouges, aux brandebourgs d'or. Il crut que c'était un envoyé de France, et reçut assez poliment les ambassadeurs de Dupleix, en demandant d'un air consterné ce qu'il y avait de nouveau. Bury lui présenta une lettre du conseil supérieur, qui établissait ses pouvoirs. Après l'avoir lue, La Bourdonnais demeura blême et sans parole. Bury lui dit alors qu'il avait ordre de faire ouvrir les portes et de communiquer à l'assemblée les déclarations dont il était porteur.

Des officiers de tous grades affluèrent bientôt dans la salle. L'amiral restait interdit et souffrait visiblement. Le greffier commença la lecture de la première déclaration de Dupleix, affirmant « que le traité de rançonnement ayant été contracté par la pûre volonté et sans autorité légitime de M. La Bourdonnais et avec des prisonniers, qui ne peuvent s'engager, était nul de plein droit et regardé comme non avenu ». Une autre ordonnance établissait un conseil provincial au fort Saint-Georges et nommait d'Espremenil commandant et directeur des ville et fort de Madras. Quand le greffier se tut, La Bourdonnais, voyant que tous ces décrets émanaient de Pondichéry et qu'il n'y avait rien de France, se remit de sa frayeur, et furieux, avec une grêle de grossiers jurons, déclara qu'il ne reconnaissait dans l'Inde l'autorité de qui que ce fût; il chercha à équivoquer sur une phrase de ses instructions, phrase qui le laissait maître de ses opérations. D'Espremenil n'eut pas de peine à réfuter une telle argumentation. Sous l'aiguillon de cette parole, la colère de La Bourdonnais n'eut plus de frein. Il voyait autour de lui les officiers de ses vaisseaux, et pour être sûr de leur appui, sentait la nécessité de parler en maître. Il alla jusqu'à la menace de frapper Bury et s'écria qu'il ferait prendre les armes aux troupes.

Un murmure d'indignation s'éleva dans la salle. La Bourdonnais, qui conservait dans ses accès de colère une présence d'esprit très-significative, comprit qu'il s'échauffait trop dans son rôle, et, avec la rouerie d'un vieux procureur, il vit qu'il fallait appuyer la résistance sur quelque forme légale. Il passa aussitôt dans une pièce voisine, en appelant autour de lui ses officiers comme à un conseil de guerre. Il ne parla pas de ce qui s'était passé entre lui et Dupleix au sujet de la capitulation ; il leur dit simplement qu'il avait engagé sa parole de rendre Madras aux Anglais le 15 octobre, et leur posa cette unique question : « Suis-je tenu de remplir ma promesse? » Naturellement on lui répondit : Oui. Il rentra dans la salle où étaient les membres du conseil et leur fit connaître le résultat de la délibération. L'assemblée se sépara aussitôt.

Dans l'après-midi, Bury, d'Espremenil, Dulaurens, Barthélemy, Bruyère et Paradis se réunirent pour délibérer sur la conduite à tenir. D'Espremenil, sans donner à personne le temps de parler, s'écria qu'il fallait arrêter La Bourdonnais. Tout le monde fut effrayé, et de tous côtés on dit que ce n'était pas praticable. Avec son fougueux bon sens, d'Espremenil soutint énergiquement son dire. Il s'écria que la chose était facile; qu'avec l'aide des officiers de Pondichéry, on apaiserait vite l'émotion qui s'élèverait; qu'au surplus, le soldat détestait La Bourdonnais; qu'enfin aux maux violents il fallait des remèdes extrêmes. L'énergie de d'Espremenil ne put rien contre l'apathie de ses collègues. Désespéré, il sortit de la salle en laissant tomber ce mot prophétique : « Encore quelques heures, et nous serons les prisonniers d'un traître. »

Cependant La Bourdonnais n'était pas tranquille. Il sentait bien que le conseil de guerre réuni par lui n'était qu'une comédie. Il eut le 2, avec Friel, une conversation qui peint d'une façon saisissante son état moral : « Vous aurez beau faire, lui disait Friel, du moment où le pavillon a été arboré, la place devient subordonnée au gouverneur général. Aussi, en entrant, vous auriez dû faire remettre les clefs, livres, etc., aux commissaires

du roi, au lieu de les faire remettre à votre frère. »
La Bourdonnais en fureur, avec des jurons, répondit que
s'il croyait quelqu'un capable de le soupçonner, il le...
Friel reprenait tranquillement que le frère de La Bourdonnais était trop connu, et qu'on aurait mieux fait de
donner les clefs au dernier officier qu'à lui. Après un
moment de silence, La Bourdonnais proféra des accusations contre Dupleix, en criant que s'il avait su, au
lieu de hisser le pavillon français sur Madras, il eût
imposé une contribution de guerre aux Anglais, et l'affaire faite, leur aurait souhaité le bonsoir.

Sur ces entrefaites, on remit à l'amiral une lettre de
Dupleix, qui insistait sur tous les dangers de la reddition
de Madras. Il la lut, pesant chaque mot, soupirant à
chaque phrase, et se prit à pleurer comme un enfant.
L'accès dura près d'un quart d'heure. Un peu remis :
« Eh bien! s'écria-t-il, qu'on me mène à la potence! »
Et se reprenant à la vue de la croix de Saint-Louis
attachée sur sa poitrine : « J'irai porter ma tête sur un
échafaud. J'ai cru bien faire ; je croyais avoir autorité
absolue. J'irai porter mon désintéressement et mon
innocence au pied du trône. » Et le voilà de nouveau à
verser des larmes et dans une émotion dont on aurait
pitié, dit Friel, si on le croyait innocent.

La Bourdonnais jouait son rôle en artiste consommé.
Se montrer à tous comme une victime de l'honneur,
persuader que dans ce long démêlé, il n'avait pour
mobile que la sauvegarde de sa parole, était devenu
pour le rebelle une nécessité. C'était pour lui presque
une question de vie ou de mort. Il se posait donc plus
que jamais en chevalier ignorant de la politique et célé-

brait à grand bruit la sainteté du serment. Malheureusement, les actes étaient en désaccord avec les paroles ; s'il avait été sincère, il se serait soumis, et il s'enfonçait plus que jamais dans la rébellion. Le 4, pour priver les partisans de Dupleix de tout moyen d'action, il faisait embarquer par ruse les troupes de Pondichéry en les disséminant par petites fractions sur chacun de ses vaisseaux. Il menaçait la fille de Dupleix, madame Barnewal, mariée avec un Anglais, négociant à Madras, de la traiter en prisonnière et de la conduire aux îles, espérant, en inquiétant la sollicitude du père, faire fléchir la politique du gouverneur. Faux calcul ! Cette démarche odieuse pouvait écœurer Dupleix, non le faire céder.

« Moi et ma femme, écrivait-il à La Bourdonnais, nous savons sacrifier notre tendresse au devoir. Entièrement dévoué au service du roi, cette menace ne m'ébranlera pas. Non, Monsieur, je ne puis rien changer aux ordres que le conseil supérieur a donnés avec connaissance de cause. Les troupes de Pondichéry ne suivront pas vos ordres lorsqu'il faudra évacuer Madras. Vous répondrez devant Dieu et devant les hommes du sang français que vous voulez répandre à Madras pour soutenir un traité faux dans tous les points, qui n'est pas signé, et dont la rétractation vous eût fait un honneur infini, si vous vouliez donner moins à votre orgueil et écouter le parti de la raison. »

La Bourdonnais ne pouvait opposer à cette foudroyante réponse que ses éternels accès de fureur et ses coups de force habituels. Il faisait à Bury une scène violente et avec des imprécations lui disait que Dupleix voulait la guerre civile par orgueil ; qu'il ne pouvait douter qu'on voulût pousser les choses à toute outrance, et qu'il prendrait les mesures les plus énergiques pour arrêter les menées séditieuses. L'envoyé de Dupleix, intimidé, disait doucement à l'énergumène que le gouverneur de l'Inde n'avait jamais pensé à une lutte fratricide ; il lui montrait que la phrase, cause de tout cet orage, était simplement une allusion au sacrifice qu'il faudrait faire plus tard pour reprendre Madras aux Anglais, quand l'entêtement de La Bourdonnais le leur aurait rendu. Il lui lisait cet extrait des ordres envoyés le 6 de Pondichéry : « Il est essentiel de ne se retirer que contraint ; mais ayez toujours devant les yeux qu'il vaut mille fois mieux se retirer que verser le sang français. » Tous ces discours étaient superflus.

La Bourdonnais était trop intelligent pour ne pas penser comme Bury. Il savait très-bien que la guerre civile, personne à Pondichéry n'en avait même l'idée. Mais il avait en main un bon prétexte. Il criait donc de plus belle et s'emportait plus fort : « Je mettrai à la voile, s'écriait-il, et tenant Pondichéry sous mes canons, je ferai plier l'orgueil de ce marchand. » Il y pensa sérieusement, et peu s'en fallut qu'il ne prît ce parti. Enfin et en manière de conclusion, il annonçait brusquement à Bury qu'il le mettait en état d'arrestation, lui et tous les officiers du contingent de Pondichéry. Le lendemain, c'était le tour de Desmarets et de Paradis qui, malgré leur résistance, rejoignaient Bury dans sa prison. D'Espremenil, Dulaurens, Barthélemy sortaient de Madras au plus vite. Tout le conseil était donc en fuite ou prisonnier.

La Bourdonnais était maître absolu à Madras. Dupleix paraissait dans l'impuissance. Les prières, la persuasion, la force avaient tour à tour échoué contre l'opiniâtreté du rebelle. En appeler au roi? Il fallait un an pour obtenir réponse. Madras rendue à l'Angleterre, c'en était fait du prestige de Dupleix et de ses grands desseins. Désolé, le gouverneur de l'Inde n'avait plus qu'à protester et à cesser toute relation avec le révolté.

L'amiral put alors réfléchir et fut pris d'inquiétude sur le résultat de ses actes. L'image de la Bastille lui passa devant les yeux. Il vit qu'il était allé trop vite. Restituer Madras aux Anglais sous sa responsabilité seule, sans le concours des autorités de la Compagnie, c'était risquer l'échafaud. Point de danger au contraire si la remise de la ville se faisait d'accord avec Pondichéry. Il chargeait aussitôt Paradis d'écrire à Dupleix pour savoir si celui-ci consentirait au traité de rançon, à condition que la remise de la ville, au lieu de s'accomplir en octobre, se fît en janvier.

Dupleix fit taire ses ressentiments et saisit aussitôt l'occasion qui s'offrait de reprendre l'ascendant politique avec le pouvoir dans Madras. Au fond, le gouverneur n'avait pas du tout l'intention de restituer la ville à la Grande-Bretagne; sa politique, c'était de ne s'engager en rien avec les Anglais, de ne détruire par aucun acte la déclaration de nullité du traité, de tout promettre à La Bourdonnais et de ne rien tenir.

Les choses en étaient là quand survint un événement qui donna une grande force à Dupleix. Des instructions concernant les pouvoirs de l'amiral et du conseil arrivèrent de France. Elles portaient en substance que le commandant des escadres avait le droit d'assister aux délibérations du conseil supérieur lorsqu'on y traiterait des matières concernant une expédition militaire, où ce commandant doit avoir la plus grande part; qu'alors il aurait voix délibérative, et qu'enfin tout ce qui aurait été décidé par un vote du conseil devrait être exécuté, sans difficultés, quand même il serait question de tous les vaisseaux de la Compagnie qu'il commanderait.

Dupleix envoyait aussitôt à La Bourdonais copie de ces ordres, et il ajoutait : « Je vous fais passer cet extrait pour que vous puissiez prendre le parti que vous jugerez convenable aux intérêts du ministre et de la Compagnie. Je suis prêt à me prêter à tout, pourvu que j'y trouve de la sécurité pour la Compagnie. » Quoique la lettre et l'esprit de ces ordres fussent très-clairs, La Bourdonnais résistait encore et répliquait : « A l'égard de l'extrait que vous m'envoyez, vous pouvez compter que je me conformerai aux ordres du ministre quand je les aurai reçus. Le ministre ne me croit plus ici, et l'extrait que vous m'envoyez regarde les capitaines des vaisseaux de la Compagnie et non moi. » Dupleix maintenait sa ferme attitude et répondait : « Souffrez que je finisse sur toutes les explications et distinctions que vous mettez dans vos lettres. Que je commande ou non dans l'Inde, que vous le croyiez ou non, mon état ne sera pas changé ; il ne dépend pas de vous, mais de mon roi et de la Compagnie, que je me fais honneur de servir avec tout le zèle dont je suis capable.

« C'est à ce zèle que vous devez la prise de Madras ;

c'est aussi de lui dont je me suis servi auprès de
vous pour tirer tout l'avantage que l'on devait espérer
d'une ville dont l'opulence est si connue en Europe,
et qu'une chimère seule arrête.

« Oui, Monsieur, je conseillerai à mon frère de manquer à sa parole quand elle peut faire tort à un Turc, quand elle est avantageuse à l'ennemi et aussi désavantageuse à la Compagnie et à la nation. Oui, Monsieur, on n'est pas obligé de la tenir, et quiconque vous dit que vous le devez vous trompe et s'en dédira. Je connais les hommes. »

Au fond, malgré son air de matamore, le rebelle se sentait terrassé. Il disait un soir, à table : « J'ai été trop vite ; je sens que je me suis trop avancé. Mais le vin est tiré, il faut le boire. Mon affaire est sale. J'ai des moyens pour m'en tirer (et faisant un petit mouvement de pouce), j'espère qu'ils ne me manqueront pas. »

Il savait très-bien que les ordres du ministre le visaient directement ; il éprouvait de l'inquiétude et du malaise ; mais il ne voulait pas le laisser voir, pas plus qu'il ne pouvait se soumettre tout d'un coup. Il lui fallait rester fidèle à son rôle et paraître toujours et uniquement préoccupé de ses serments, tout en cherchant à sortir de l'impasse où il s'était mis.

Il écrivait le 10 à Dupleix : « Les lettres du ministre ne détruisent pas mes précédents ordres. Je vous avouerai pourtant que votre lettre du 8, où vous me dites qu'il y aurait un moyen de ne pas manquer à ma parole, me laisse en suspens ; ce serait pour moi le comble du bonheur. » Et le 11, il revenait à la charge : « Cette nuit, j'ai cru découvrir la porte par laquelle je puis sortir d'ici sans manquer à ma parole », et il proposait l'évacuation pour janvier. Le conseil trouvait la date de l'évacuation trop rapprochée; au fond il ne voulait pas de date fixée, il préférait une formule plus élastique et proposait celle-ci : la place ne sera remise à la Grande-Bretagne qu'après le partage équitable du butin. On demandait en outre à La Bourdonnais de laisser cent cinquante hommes de ses troupes, pour les joindre à celles de Pondichéry et former ainsi la garnison de la place, dont d'Espremenil serait tout d'abord reconnu gouverneur.

On en était là des négociations, quand dans la nuit du 13 au 14 octobre se déchaîna sur la rade de Madras, où la flotte était à l'ancre, le plus terrible ouragan. Aux premières secousses de la tempête, La Bourdonnais donna l'ordre de couper les amarres des navires. L'escadre flottait sans entrave quand le vent s'abattit sur elle. Il l'emporta vers la haute mer avec la vitesse d'un boulet. Des lumières apparurent un instant sur les eaux, quelques coups de canon résonnèrent encore, puis on n'entendit plus que le rugissement du vent et des vagues. Grâce au coup d'œil et à la hardiesse de La Bourdonnais, les navires ne s'étaient pas brisés sur la côte. Mais qu'allaient-ils devenir? La tourmente continua toute la nuit et tout le jour. La Bourdonnais, resté à terre, disposa les secours avec la plus grande intelligence. On ne savait rien de l'escadre. Les épaves affluaient à la côte. L'incertitude et l'angoisse durèrent jusqu'au 16. Ce jour-là, on apprit toute l'étendue du désastre. Des huit vaisseaux dispersés par la tempête, quatre avaient coulé; deux étaient entièrement démâtés;

les deux derniers offraient les avaries les plus graves. Douze cents hommes avaient disparu ; il n'y avait plus de flotte !

Cette calamité secoua La Bourdonnais dans tout son être. Pendant quelques jours, son devoir d'amiral l'emporta sur tout, et il n'eut plus qu'une pensée, sauver les débris de la flotte. Il redevint le héros de l'île de France et de Madagascar ; mais cette fougue d'abnégation ne dura que le temps du danger. Ce caractère était condamné à passer brusquement de la grandeur à la bassesse. Le péril disparu, La Bourdonnais reprit ses petits calculs et se rattacha passionnément à tout ce qui pouvait favoriser son orgueil.

Il essaya de ranger sous son commandement les capitaines des vaisseaux *le Centaure, le Mars, le Brillant,* qui avaient apporté les instructions de France sur les pouvoirs du conseil. Ces officiers, alléguant leurs ordres de se mettre à la disposition du gouvernement de Pondichéry, refusèrent d'obéir à La Bourdonnais. Pour assurer l'exécution de ses desseins, celui-ci résolut de précipiter les événements. Il comptait, pour se disculper, exploiter ses négociations avec le conseil, dont il n'aurait fait que devancer les intentions. Il écrivit au conseil : « Mon parti est pris sur Madras, je vous l'abandonne, pour me donner tout entier à sauver les débris de nos pertes. Je signe la capitulation ; c'est à vous à tenir ma parole. » On lui avait fréquemment objecté qu'aux termes mêmes de la capitulation, on ne pouvait légalement et valablement traiter avec les autorités anglaises, puisque celles-ci étaient prisonnières. Il sentait toute la force de l'objection, et pour la ruiner, ne recula pas devant une surcharge de la convention qui constituait un véritable faux. Il intercalait entre le deuxième et le troisième article ces mots : « Pour faciliter aux Anglais le rachat de Madras et rendre valide les actes passés, en conséquence le gouverneur anglais et son conseil cesseront d'être prisonniers de guerre au moment où ils entreront en négociation », et il soutenait avec impudence que ce dispositif avait été inséré dans le protocole original de la convention, au moment de l'entrée dans la ville.

Il réunit les membres du conseil anglais de Madras et leur donna lecture d'un traité par lequel Madras était restituée moyennant onze cent mille pagodes, et l'évacuation était fixée en janvier. Bien qu'il eût dans sa poche la lettre du conseil qui rejetait ces bases, il eut le cynisme de certifier qu'elles avaient été approuvées par le gouvernement de Pondichéry. Les conseillers anglais et lui-même apposèrent leur signature sur le traité, que l'on envoya aussitôt à Pondichéry.

La Bourdonnais n'avait plus rien à faire à Madras. Il fit charger sur ses vaisseaux tout le butin qu'il put ramasser, et le 23 octobre, au milieu d'un fort coup de vent, donna à l'escadre réparée tant bien que mal l'ordre d'appareillage. Il partait, après l'échec d'un projet de reconstitution de la flotte, projet que Dupleix repoussait, parce que pour le réaliser, il fallait dégarnir entièrement Pondichéry en vivres, en munitions d'artillerie, ce qui eût été de la dernière imprudence, étant donné les événements qui se préparaient. La Bourdonnais s'en allait comme un criminel, chargé de haines et de mépris, traînant derrière lui quelques vaisseaux désemparés, cruel symbole de son expédition. Venu dans l'Inde pour anéantir la puissance anglaise, il l'avait ménagée, et lui, acclamé quatre mois auparavant comme un Messie, il laissait Dupleix, le représentant du roi et de la France, aux prises avec les plus terribles difficultés et presque sans défense.

CHAPITRE III

LA DÉFAITE D'ANAVERDIKAN ET LE SIÉGE DE PONDICHÉRY.

Dupleix, abandonné, ne désespère pas. Il prend le parti de rompre la coalition en attaquant les alliés l'un après l'autre. — Anaverdikan entreprend le siége de Madras. Défaite de ses troupes sous cette ville. — Victoire de Paradis à Saint-Thomé. — Gloire de Dupleix. — Expédition contre Saint-David. — Bury est battu. — Paix avec Anaverdikan. — Nouvelle attaque de Saint-David. — On échoue. — La flotte de Dordelin. — Échec des Français sous Gondelour. — Arrivée de Boscawen. — Description de Pondichéry. — Le siége. — La tactique et la stratégie de Dupleix. — Énergie de la défense. — Le siége est levé. — L'Inde éblouie.

Le gouverneur de Pondichéry était dans une situation plus tragique peut-être qu'au moment cruel où, abandonné par la Compagnie, il lassait ses yeux à chercher sur la mer étincelante l'ombre des voiles de La Bourdonnais. Il avait tout espéré de cette expédition, et le résultat, c'était la faillite de toutes ses espérances. Nous n'avions plus de flotte. Au contraire, l'escadre anglaise, qu'on aurait pu anéantir, dont Dupleix avait tant de fois et toujours en vain réclamé la destruction, se balançait intacte à l'embouchure de l'Hougly ; libre de reprendre la mer et la suprématie sur les eaux, elle pouvait tout. Une conquête nous restait, Madras, mais bien menacée, précaire. Anaverdikan, ne pouvant obtenir la remise de la ville qu'on lui avait cédée solennellement, se croyant dupe, exaspéré, s'était allié avec les Anglais, et malgré les efforts et la diplomatie de Dupleix, mettait en mouvement une armée nombreuse dont une partie campait déjà à quelques kilomètres de Madras. Lui livrer la ville sans la démanteler, c'était une trahison. Le premier acte du nabab eût été de la vendre aux Anglais. La démanteler devant lui était impossible. On avait donc la perspective d'une guerre à soutenir sur terre et sur mer ; on pouvait déjà prévoir le moment, où Madras, et Pondichéry seraient bloqués à la fois par les troupes du nabab et les marins anglais, et pour résister aux efforts de la coalition, il y avait à Pondichéry 500 Européens, 1,500 cipayes, et à Madras 500 blancs, 600 soldats indigènes.

Le sentiment général était qu'on allait à une défaite. Ce monde d'employés et de fonctionnaires de la Compagnie désirait la paix. Chacun en secret accusait le gouverneur de témérité et d'imprudence. Cependant on se contentait de murmurer. Les passions attendaient le dénoûment pour maudire Dupleix et le rendre responsable de l'incapacité et de la lâcheté de tous, ou pour se prosterner devant lui et l'adorer comme un victorieux.

Comme le pilote, tout entier à la manœuvre, reste insensible aux gémissements des passagers, Dupleix demeurait calme. S'il ne se dissimulait pas le péril, avec son sang-froid, sa netteté de coup d'œil, il voyait les moyens d'assurer la victoire. Certes la coalition était redoutable. Était-elle irrésistible? Avant qu'elle eût rassemblé ses forces, on avait quelques jours. En mettant à profit ces heures si brèves, on pouvait ramener les chances. La rapidité était ici l'élément du succès. En concentrant toutes les forces disponibles contre la coalition, en la frappant comme d'un coup de tonnerre, on la brisait en morceaux. Les vaisseaux anglais étaient à l'ancre dans l'Hougly. Les troupes de la Grande-Bretagne se formaient lentement à Bombay et à Calcutta ; on avait deux mois devant soi, avant de sentir leur effort. Sur la côte de Coromandel, le fort de Saint-David restait seul en la possession des Anglais, et il n'était occupé que par quelques fuyards, qui y avaient cherché un refuge. Le nabab était plus dangereux; on l'avait déjà sur les bras. Il fallait fondre sur son armée, l'écraser tout de suite. Ces bataillons en fuite, quel prestige pour Dupleix dans l'Inde! C'était bien plus que la paix avec Anaverdikan, c'était le nabab lui-même à nos pieds!

Tout cela pour Dupleix, ce fut l'évidence même. Le génie se décide vite. Le gouverneur de Pondichéry avait un effectif de troupes ridiculement faible; mais leur esprit n'était pas mauvais, et le chef qu'il leur imposait, c'était Paradis, avait de l'énergie, de l'audace, du feu, un mépris suffisant pour l'Hindou, avec l'entente de la guerre asiatique et une volonté ferme de ne jamais reculer. On pouvait entièrement se fier à ce vieux soldat, d'origine suisse. Dupleix lui expliquait tout ce qu'il attendait de lui et remuait ciel et terre pour organiser et équiper 230 Européens et 700 cipayes dont il confiait le commandement à « son vieil ingénieur ». Il expédiait en même temps à d'Espremenil, le gouverneur de Madras, l'ordre de ne rien risquer devant l'ennemi, de se borner à une défense passive, de n'agir en un mot que si l'on y était absolument forcé. Dupleix en effet, tout en poussant avec fureur ses armements, n'en continuait pas moins les négociations avec Anaverdikan, et, étant donné la mobilité des princes asiatiques, pouvait encore espérer un revirement dans la politique du nabab. Au reste, il lui fallait encore gagner quelques jours, avant que l'expédition confiée à Paradis fût en état de marcher. Cependant tout était prêt pour porter un rude coup à l'Angleterre en terrassant l'orgueilleux potentat d'Arcate.

Pendant quelques jours, d'Espremenil, selon ses instructions, resta l'arme au pied, se renfermant dans l'enceinte de la ville, se contentant de faire bonne garde. Les troupes du nabab conservaient une attitude prudente; leur présence n'était signalée que par la blancheur des tentes qui contrastaient avec la verdure du sol, que par les rumeurs qui, avec la fumée, montaient du camp vers le ciel. N'étaient les innombrables cavaliers qui, le soir, sous les cocotiers et les banyans gigantesques, venaient abreuver leurs chevaux dans les eaux du Montaron, et les quelques sentinelles accroupies comme des singes sur leurs talons, on aurait pu se croire en face d'une de ces grandes agglomérations d'hommes, si fréquentes dans l'Inde, réunies pour l'accomplissement d'un devoir religieux.

Les lunettes françaises avaient beau fouiller l'horizon, on ne relevait aucun de ces signes qui indiquent la construction des travaux de siége et des batteries.

Tout paraissait devoir se borner à un blocus peu redoutable aux yeux de d'Espremenil, qui gardait par la mer la sécurité des communications avec Pondichéry, lorsque le cours d'eau qui abreuvait Madras diminua de volume et tarit brusquement. Maphiskan, le général d'Anaverdikan, qui n'ignorait pas la faiblesse de la garnison et prenait la temporisation de d'Espremenil pour de la peur, mais qui n'osait pas donner l'assaut au rempart, dont les angles mystérieux lui semblaient recéler des piéges, en vrai stratége hindou, comptant plus sur la soif que sur le canon, après des prodiges d'activité et de travail, avait réussi à construire une digue sur le Montaron et à le rejeter dans son ancien lit.

Le manque d'eau, tourment insupportable sous ce ciel de feu, excita la fureur des soldats, ébranlés quelques jours auparavant à la vue de cette multitude de sabres qui scintillaient dans la plaine. Sur l'ordre de Dupleix, d'Espremenil fit sortir de Madras un corps de 400 hommes, avec deux pièces d'artillerie. Les troupes se formèrent en bataille dans la plaine, masquant les canons; elles étaient à peine développées et en marche, que la cavalerie du nabab se rassembla pour charger. L'énorme escadron s'ébranla, semblant devoir tout broyer sous sa masse. Il arrivait comme une avalanche, quand brusquement les Français firent un mouvement de demi-conversion à droite et à gauche, démasquant ainsi les pièces. On entendit une détonation, et deux trouées sanglantes se creusèrent dans la colonne ennemie, qui éprouva un moment de trouble et d'hésitation. Les cavaliers d'Anaverdikan reprenaient à peine leur ordre, qu'une seconde décharge retentit, puis une troisième, arrêtant net l'élan de cette cavalerie si terrible tout à l'heure. Les Hindous, comme fascinés par la rapidité de ce tir, dont ils n'avaient pas l'idée, restèrent un moment devant la ligne française, sans avancer ni reculer. La quatrième décharge détermina une déroute, un sauve qui peut. Les Français n'avaient même pas un blessé! Les troupes rentrèrent à Madras, ivres de joie.

Au moment où les fuyards arrivaient comme un tourbillon devant le quartier général de Maphiskan, ce dernier apprenait que Paradis, à la tête de son faible corps d'armée, avait quitté Pondichéry et s'avançait à marche forcée vers Madras. Maphiskan ne voulut pas recevoir dans ses lignes l'attaque combinée de la garnison et de l'armée de secours. Il résolut d'écraser les Français avant qu'ils eussent pu communiquer avec Madras. Il décampa, laissant devant la place un rideau pour masquer son mouvement, et prit position près de Saint-Thomé sur la rive droite de l'Adyar, que Paradis avait à traverser dans sa marche. Il s'y croyait solidement établi et ne se doutait pas qu'enveloppé dans les mailles d'un filet dont Dupleix tenait les cordes, il était à la veille d'un désastre.

Cependant Dupleix, du fond de son cabinet, penché sur ses mauvaises cartes, mais admirablement servi par ses espions, recrutés dans les sectes opposées à l'islamisme, suivait les mouvements de l'armée du nabab. Il en informait jour par jour ses deux généraux, il tenait pour ainsi dire Maphiskan dans sa main et pouvait fixer le point précis où il le battrait. Il vit donc avec tranquillité la marche du chef hindou sur l'Adyar; dangereuse si elle n'avait pas été prévue, cette manœuvre éventée amenait la déroute de l'ennemi. Pour les anéantir, il n'y avait qu'à prononcer sur les hordes hindoues une attaque de tête et de queue, combinaison facile, puisqu'on gardait avec Paradis et avec Madras des communications régulières. Le corps expédié de Pondichéry devait arriver sur l'Adyar le 4 novembre au matin. Dupleix expédiait donc, soixante heures avant cette date fatidique, l'ordre à d'Espremenil de se porter en toute hâte vers Saint-Thomé, d'écraser toutes les divisions ennemies qu'il aurait devant lui, et de rejoindre à tout prix les troupes de Paradis.

Le 4 novembre au matin, avec une exactitude devenue bien rare chez les généraux, Paradis arrivait sur les bords de l'Adyar. Autour de lui s'étendait à perte de vue une plaine couverte de récoltes, de cocotiers, de mûriers, de banyans. En face, sur l'autre rive, l'armée du nabab, forte d'environ dix mille hommes; elle n'était pas retranchée. Maphiskan, estimant que la rivière servait de fossé au camp et constituait une barrière suffisante, s'était contenté d'établir sa nombreuse artillerie en avant de ses lignes.

Paradis n'avait pas un canon; pourtant il ne s'effraya pas. Plein de mépris pour les pièces hindoues, mal pointées, mal servies, ne tirant sous de certains angles qu'un coup au plus par quart d'heure, il forma sa petite troupe en colonne, et se mettant à la tête, l'épée à la main, se jeta dans la rivière, dont le volume d'eau était peu abondant, la saison des pluies étant passée. La fraîcheur de l'onde ranimait les soldats, qui escaladaient avec entrain la rive opposée, sous le feu de l'ennemi. Tout de suite Paradis fit battre la charge, et à la tête de son petit bataillon se jeta impétueusement sur les Hindous.

A la vue des baïonnettes étincelantes, de « ces démons qui s'avançaient en hurlant », le cœur des soldats d'Anaverdikan se glaça; sans attendre le choc, ils prirent la fuite. Saint-Thomé était tout près. Les forteresses attirent les fuyards; tous se précipitèrent vers Saint-Thomé. Paradis les poursuit avec vigueur. Il arrive au moment où les Hindous s'entassaient dans la ville. Il s'arrête, ouvre un feu nourri qui enfile les rues, et couvre ces hordes effarées d'une grêle de balles. C'est un massacre; les Hindous s'écrasent pour fuir par la porte opposée restée libre, et gagnent à peine la campagne, que des décharges retentissent sur leurs flancs et tracent des sillons sanglants dans cette masse épouvantée. C'est la garnison de Madras qui entre en ligne à son tour et coupe la retraite aux troupes de Maphiskan, qui, dans la plus effroyable déroute, se dispersent de toutes parts et ne s'arrêtent qu'après une course folle de plusieurs milles dans la direction d'Arcate.

Ces deux victoires eurent dans l'Inde un immense retentissement; on comprit que ce n'étaient pas seulement deux étonnants faits d'armes; il demeura évident que ces deux journées constituaient une date mémorable, et qu'elles inauguraient une ère nouvelle pour la péninsule. L'infériorité de l'Hindou devant l'Européen était démontrée. Les nababs n'étaient plus les maîtres de l'Inde; les balles de Saint-Thomé avaient brisé leur sceptre. Le pouvoir souverain passait tout entier aux marchands si méprisés naguère; les Européens devenaient les producteurs désignés des Mongols. On cessa de murmurer contre les « témérités du gouverneur ». On commença à reconnaître le génie de Dupleix.

Celui-ci, délivré de tout danger du côté du nabab, se retourna vers les Anglais. Réduits à deux cents hommes sur la côte de Coromandel, ces derniers n'avaient pu tenter aucune diversion en faveur d'Anaverdikan; ils se tenaient renfermés derrière les remparts du fort Saint-David. Située à environ douze milles sud de Pondichéry et à deux milles au nord de Gondelou, cette forteresse avait été achetée par les Anglais en 1691, et petit à petit fortifiée. Elle avait la forme d'un pantagone régulier et avait une enceinte bastionnée assez solide. Elle était bâtie dans la vallée où coule le Pounar, proche cette rivière. Le fort Saint-David était devenu dans ces régions l'unique centre de résistance de l'Angleterre. Avant de l'en chasser, Dupleix voulut en finir avec l'affaire de Madras. Il fit publier dans cette ville une proclamation qui déclarait Madras possession française par droit de conquête et répudiait « comme nuls et non avenus » les engagements de La Bourdonnais. Quoi qu'en dise la légende inventée par ce dernier, on eut tous les égards pour les Anglais prisonniers, et ceux qui réussirent à gagner le fort Saint-David ne s'enfuirent pas devant notre barbarie, mais obéirent, comme Clive, au sentiment du devoir et du patriotisme. La garnison du dernier boulevard de la puissance britannique dans le Carnate se trouva ainsi composée d'hommes résolus à supporter toutes les épreuves pour conserver à l'Angleterre une base d'opération au Coromandel. L'union de ces soldats et leur intrépidité allaient constituer le plus redoutable obstacle à tous les efforts de Dupleix.

Celui-ci, résolu à prendre Saint-David avant l'arrivée des renforts ennemis, organisa une armée de neuf cents Européens, six cents cipayes, cent Cafres, avec six canons et six mortiers. C'était une formidable expédition, étant donné les ressources de Pondichéry. A son grand regret, devant des jalousies mesquines et des oppositions ardentes, au lieu de Paradis, il fut contraint de mettre à la tête des troupes, Bury sans talent et sans énergie, vieux et infirme, mais supérieur en grade.

Bury arrivait le 19 décembre devant le fort Saint-David, situé à douze milles au sud de Pondichéry, sur la rive droite du Pounar. Bury traversait la rivière et s'emparait d'un jardin clos de murs, à un mille du fort. Il ne se gardait pas et laissait les soldats se débander. Il n'ignorait pourtant pas que les troupes d'Anaverdikan pouvaient paraître d'un moment à l'autre sur nos flancs ou sur nos derrières, pendant que les Anglais nous attaqueraient en tête. Au milieu de la nuit, une panique éclate. Les troupes, au lieu de saisir le fusil et de s'établir derrière les murs du jardin où elles auraient pu arrêter une armée, prennent la fuite dans la direction de la rivière, vers Pondichéry. A ce moment, les soldats voient l'armée du nabab en face d'eux; ils ne s'en élancent pas moins dans la rivière. Tout paraissait perdu. L'artillerie ne s'émut point heureusement; avec un grand sang-froid, les canonniers transportèrent une à une les pièces sur la rive opposée, et par la vigueur de leur feu arrêtèrent les Mongols et sauvèrent l'armée, qui se rallia enfin et repoussa facilement la tardive poursuite des Hindous et des Anglais. Bury se replia sur Pondichéry.

Dupleix répondit à cet échec par une victoire diplomatique. Il détacha Anaverdikan de l'alliance anglaise. Le nabab, impressionné par un simulacre d'expédition contre Arcate, lassé d'une guerre où il ne récoltait que des défaites, voyant les Anglais très-affaiblis, les Français forts, consentit à résilier la convention qui lui livrait Madras, et à signer un nouveau traité par lequel « les Français étaient confirmés dans la possession des territoires qu'ils occupaient, et Anaverdikan s'engageait à abandonner les Anglais à leur sort ».

Ce traité fut ratifié par Maphiskan lui-même dans la visite qu'il fit à Dupleix, à Pondichéry, à la fin du mois de février suivant. On l'y reçut avec des honneurs infinis : la ville fut illuminée, et Dupleix ordonna des réjouissances publiques. Il était satisfait de voir un de ces nababs si fiers incliner son orgueil devant ceux que naguère il regardait comme de méprisables marchands. « Le fils du nabab Anaverdikan, écrivait-il aux directeurs de la Compagnie, est venu lui-même nous demander la paix et notre amitié. Cette démarche fait un honneur infini à la nation. Il en sera longtemps parlé dans l'Inde, et je ne crains pas que l'envie reprenne à cette nation de venir nous attaquer. On n'a pu se dispenser de lui faire un présent, ainsi qu'à son père et autres seigneurs qu'il *est bon de ménager*. Les présents ont été faits en conséquence de la prise de Madras. Il était juste que le nabab s'en ressentît, et c'était comme une convention tacite avec lui. » Dupleix avait le droit de s'enorgueillir. Cette visite de Maphiskan mettait fin à tout le passé ; c'était à la fois un hommage rendu à la puissance de nos armes et la reconnaissance du titre de nabab azari[1], que le gouverneur avait arboré pour mieux soumettre ces peuples, si sensibles à l'éclat des cérémonies et à la sonorité des mots.

Dupleix reprit alors ses projets contre Saint-David, mais il mit de la lenteur dans ses préparatifs. Son excuse, c'est qu'il s'attendait toujours à voir paraître l'escadre anglaise. Comme elle n'était point signalée, Dupleix, à la suite d'un conseil de guerre où il fit appel au patriotisme, à l'abnégation de tous, à la nécessité d'étouffer toute velléité de discorde, donna à Paradis le commandement de l'armée qui partait pour assiéger la place, que l'abandon d'Anaverdikan privait en apparence de tout moyen de salut. Mais il était écrit que, dans cette guerre, le drapeau de la France ne flotterait pas sur cette forteresse. Le 14, au moment où Paradis, réin-

---

[1] « Le titre d'azari est dans l'Inde, écrivait Dupleix en octobre 1742, un titre de grand honneur. On n'y connaît pas ceux de ducs, comtes et marquis. Les grands n'y sont distingués que par ceux d'azaris. Azari veut dire mille. Ainsi, lorsqu'on dit : un tel est deux, trois, quatre, cinq azaris, c'est-à-dire qu'il commande à autant de mille de chevaux. Il n'y a que le fils du Mogol qui soit dix azaris.

« C'est la plus haute qualité où l'on puisse parvenir dans ce pays. Celui qui en est revêtu a le titre de nabab et est regardé comme tel. Il marche avec les mêmes marques d'honneur, qui consistent en divers pavillons de plusieurs grandeurs et formes, plusieurs timbales d'une grandeur énorme, hautbois, trompettes et autres instruments. Le plus grand des pavillons précède, porté sur un éléphant. Les plus grands avantages de ces titres sont les revenus, qui sont considérables. »

stallé dans le jardin clos de murs, faisait les préparatifs pour l'assaut du lendemain, des voiles nombreuses apparurent sur la mer. Il y eut un moment d'incertitude poignante chez les défenseurs de Saint-David et chez les Français. Bientôt des hourras retentirent dans le fort à la vue du pavillon qu'on hissait à la corne d'artimon des navires. C'étaient les couleurs d'Angleterre ! C'était l'escadre, si longtemps attendue, renforcée de deux vaisseaux, qui arrivait, sous le commandement de l'amiral Grifin. Paradis, forcé à la retraite, ramenait en toute hâte sa petite armée sous les remparts de Pondichéry.

Dupleix, malgré tous les prodiges qu'il venait d'accomplir, se retrouvait, et non par sa faute, encore une fois livré à ses propres ressources, bloqué par mer, menacé en flanc par des forces ennemies relativement considérables. Le fort Saint-David, avec les renforts reçus, comptait maintenant une garnison de neuf cent Européens et de cent dix indigènes. Pondichéry était exposé à un bombardement des vaisseaux anglais ; Madras avait une faible garnison. Le nabab pouvait affamer ces deux villes par un blocus à distance.

Fallait-il donc céder devant tous ces dangers? C'était l'opinion du plus grand nombre. Les sages croyaient qu'on avait assez fait, qu'il n'y avait plus qu'à se défendre honnêtement et pour la forme. Dupleix était d'un avis contraire. Il voulait continuer la lutte, et avec plus d'énergie que jamais. Il garde l'espoir, parce qu'il voit mille ressources, qu'autour de lui personne ne devine. Il songe donc à reprendre l'offensive sur terre et sur mer.

« La possession des îles de France et de Bourbon[1], à moitié route entre la mère patrie et l'Inde, donnait dans cette première période de la lutte un grand avantage aux Français sur leurs compétiteurs. Ces îles servaient d'arsenaux, de centre aux entreprises militaires et maritimes qu'ils formaient dans l'Inde. Elles étaient regardées comme à l'abri de toute attaque, et une escadre française pouvait y stationner en sûreté, s'y reposer, s'y approvisionner et calculer avec certitude les chances de rencontrer ou d'éviter une flotte ennemie. Les navires isolés pouvaient y être retenus, comme au temps de La Bourdonnais, jusqu'à ce qu'il y en eût un nombre suffisant; et enfin, s'il n'en arrivait pas assez, il était prouvé qu'on trouvait dans ces îles les matériaux nécessaires pour en construire. C'était donc le plus solide point d'appui. »

Malgré les croisières anglaises, il faisait remettre à Dordelin, au mouillage de Goa, l'ordre de forcer de voiles, de se rendre aux îles, d'y rassembler tous les navires qu'il y trouverait, de les joindre aux siens et de revenir immédiatement au secours de Pondichéry. Six longs mois s'écoulèrent, avant que cette flotte, dont Dupleix attendait tout, parût dans les mers de l'Inde. Heureusement les Anglais, avec leur lenteur habituelle, ne tentèrent rien, se contentant de maintenir leurs positions. L'expédition partie des îles eut peu d'influence sur les événements dont l'Inde était le théâtre.

Le rôle de l'escadre, trop faible numériquement pour combattre l'Anglais, se borna, malgré les habiles

[1] MALLESON, *les Français dans l'Inde*.

manœuvres, l'énergie et le bon vouloir de M. Bouvets, son chef, à une simple diversion et à un secours de trois cents hommes jetés dans Madras à la barbe des marins de la Grande-Bretagne. Ce n'était rien et c'était beaucoup ! Ce renfort écartait une des plus cruelles préoccupation de Dupleix, le souci de Madras, dès lors en état de tenir.

La flottille repartit presque aussitôt. Une nouvelle foudroyante venait de s'abattre sur Dupleix. Des dépêches du ministère et de la Compagnie lui annonçaient qu'une formidable expédition dirigée contre Pondichéry avait été décidée par l'Angleterre, et que, le 15 novembre 1747, l'amiral Boscawen, à la tête de huit vaisseaux de guerre et de onze transports, avec quatorze cents hommes de troupe régulière, avait pris la mer, qu'il devait se renforcer au Cap de six navires, de quatre cents Hollandais, et qu'il arriverait devant Pondichéry presque aussitôt que le navire porteur des lettres de la Compagnie. Les directeurs terminaient par des exhortations à faire bonne contenance ! De troupes, d'argent, de munitions, d'armes, il n'en était point question.

Ce nouveau coup n'entama point l'énergie de Dupleix. L'Angleterre n'avait sur toute la côte qu'un point de débarquement, Gondelour, voisin de Pondichéry, véritable ouvrage avancé du fort Saint-David, tête de pont sur la mer. Si les Français occupaient cette redoute après en avoir chassé la garnison, Boscawen, ne pouvant plus communiquer avec Saint-David, n'avait pas de base d'opération et ne pouvait mettre ses troupes à terre. Dupleix vit cela d'un coup d'œil et fit partir huit cents soldats européens, avec mille cipayes, pour tenter l'escalade de Gondelour. Une ruse de Lawrence fit tout échouer[1]. « Il déplaça ostensiblement la garnison et les canons de Gondelour, et annonça qu'il avait l'intention de se consacrer uniquement à la défense du fort Saint-David. Mais aussitôt que l'obscurité le lui permit, il ramena dans la ville une forte garnison et plaça sur les remparts tous les canons dont il pouvait disposer. Les Français, au lieu d'attaquer la ville dès qu'ils virent les parapets dégarnis et vides de troupes, restèrent dans l'inaction. Complétement dupes des mouvements qu'ils avaient observés pendant le jour, ils se crurent sûrs de leur conquête et négligèrent toute précaution, et la nuit ils s'avancèrent sans beaucoup d'ordre vers la ville, croyant ne rencontrer qu'une faible résistance. Leurs échelles étaient à peine dressées contre les remparts, qu'une décharge de mitraille et de mousqueterie sema la confusion et la mort dans leurs rangs. » Les Français revinrent en désordre vers Pondichéry.

Cependant Dupleix inquiet était sorti de la ville. Il s'avançait sur la route sablonneuse qui va de Pondichéry vers Gondelour, quand au milieu d'un nuage de poussière, il aperçut les fuyards. Un moment après il se trouvait au milieu de la déroute. A force d'énergie, il remettait un peu d'ordre chez les soldats effarés; il leur faisait traverser la rivière d'Ariancoupan et les faisait camper sous les terrassements d'une redoute à peine achevée. Devant cette défaite, il se sentit découragé. La lâcheté des troupes provoqua chez lui un sentiment

---

[1] MALLESON, *les Français dans l'Inde.*

de désespoir. Pour la première fois il douta. L'image des grands suicides antiques lui revint en mémoire. Cela dura ce que dure un éclair. Un mouvement de son cheval lui fit relever la tête. Il aperçut en face de lui les bastions de Pondichéry qui profilaient leurs dures arêtes sur le ciel embrasé, et au-dessus le drapeau, flottant fièrement, tout éclatant de lumière. Les troupes, sentant la protection des canons de la redoute, à l'abri derrière la rivière, se remettaient de leur panique. Il se jura de défendre cette ville qu'on avait confiée à sa loyauté et à son génie; il se jura de la sauver ou de mourir.

Pondichéry est bâti au bord de la mer, sur la grève, dans une plaine verdoyante et fertile, que les canaux des rizières parsèment de leurs plaques argentées; çà et là quelques mamelons se dessinent, plus sensibles par le profil des cocotiers qui les recouvrent que par leur relief même. De longues allées ombragées par les rameaux d'arbres touffus partent des remparts et prolongent jusqu'à l'horizon embrasé leur ligne verte; elles ont la physionomie majestueuse des avenues de Versailles, moins la monotonie des tons, impossible avec la lumière tombant du ciel. La ville, qui n'a point de port, mais une rade ouverte, moins soumise aux coups du ressac que celle de Madras, a comme une barrière naturelle au sud, l'Ariancoupan, petite rivière qui coule de l'ouest vers l'est entre des rives encaissées et hérissées d'arbres, pour s'élargir brusquement dans le voisinage de la place en formant des îles couvertes d'une forêt de cocotiers. Au nord-ouest s'étend un marais terminé par un ruisseau qui, après avoir traversé la ville, porte le tribut de ses eaux à l'embouchure de l'Ariancoupan.

SIÉGE DE PONDICHÉRY.

Les remparts étaient construits selon les principes de Vauban; mais ils étaient loin d'être parfaits en tant que construction. Le front de l'est était parallèle à la mer. Un ouvrage pentagonal, le Fort, construit au milieu de cette ligne, la dominait légèrement par ses escarpes. Au sud, le tracé de la fortification suivait l'Ariancoupan et se rejetait à angle droit, parallèlement à l'ouest, vers le nord, pour redescendre obliquement vers l'est. La force de la place était dans l'amplitude du front ouest; sa faiblesse dans l'angle nord-ouest, dépourvu de feux.

Dupleix, qui partait de ce principe qu'on devait disputer pied à pied les positions extérieures situées sous la forteresse, qui considérait cette dernière plutôt comme un point d'appui assuré pour ses troupes et comme une immense batterie de position leur permettant sous sa protection une résistance efficace, que comme une ligne de défense à laquelle il fallait se restreindre dès le début, avait édifié tout un système de redoutes, en couronne, dans un rayon assez éloigné de la place. On ne se renfermerait donc dans la ville que lorsque l'ennemi, après de grands sacrifices en hommes, en munitions, et une énorme perte de temps, se serait péniblement emparé des travaux improvisés. Après tant d'efforts et de sang répandu, l'assiégeant ne se trouverait pas plus avancé qu'au début, puisqu'il lui faudrait attaquer le corps de place intact et bien armé, recommencer en un mot un siége. Dupleix voulait encore par des sorties fréquentes porter l'action de la forteresse jusque dans les lignes d'investissement, harceler l'ennemi sans cesse, bouleverser les tranchées.

Il se préoccupait enfin de garder partout et toujours la supériorité de feux sur l'artillerie ennemie, et dans ce but il formait un parc de réserve, afin d'avoir sous la main les pièces destinées à renforcer les batteries attaquées. Il y a, on le voit, identité absolue entre ces principes et ceux qui guidèrent Denfert-Rochereau dans sa défense de Belfort.

Tout était prêt à Pondichéry, quand la flotte de Boscawen arriva devant Gondelour, le 4 août 1748. Le 18 seulement trois vaisseaux anglais parurent dans la rade de Pondichéry ; les Anglais, au nombre de 3,720, avec des milliers de cipayes, sortirent le même jour de Saint-David et vinrent camper à quelques kilomètres d'Ariancoupan.

Dupleix, averti par ses éclaireurs, envoya un petit corps de troupes avec de l'artillerie et de la cavalerie pour défendre le plus longtemps possible le passage de la rivière Chouaubark, un peu en avant d'Ariancoupan. Après avoir repoussé trois attaques de l'avant-garde anglaise forte de 1,200 hommes, le détachement français, se voyant sur les bras toute l'armée, se retira sous la protection de la cavalerie, dont les charges vigoureuses arrêtèrent l'élan de Boscawen. Le 24, sous le feu d'Ariancoupan, en perdant beaucoup de monde, les Anglais traversèrent la rivière, et gagnèrent un bois proche du fortin. On croyait qu'ils ne faisaient cette manœuvre que pour s'abriter, quand tout à coup on les vit déboucher du bois en courant. Ils tentaient l'assaut ; opération plus que téméraire, puisqu'ils n'avaient ni échelles ni grenades. On les laissa arriver à bonne portée, et on les couvrit de boulets et de mitraille, pendant qu'un corps de cipayes, sorti de la redoute, les fusillait en flanc. Ils prirent la fuite, laissant 150 des leurs sur le terrain.

Cet échec démontrait suffisamment à Boscawen la nécessité d'assiéger Ariancoupan dans les règles. Il fit donc construire une batterie, qui tira bientôt sur le fort. Elle ne put tenir longtemps. Paradis, dont le principe était celui de Dupleix, que lorsque l'ennemi montrait un canon, la place devait concentrer dessus le feu de trois pièces, jeta derrière les parapets anglais quatre fois plus de fer que ceux-ci n'en pouvaient rendre. Les Anglais n'en ouvraient pas moins la tranchée et se préparaient à garnir d'artillerie le centre de leurs parallèles.

Le 27, Paradis, voyant ces travaux se développer, fit une sortie avec les dragons et les volontaires. On culbutait les Anglais et on bouleversait tout le retranchement. Les troupes revenaient pleines d'enthousiasme. Dupleix écrivait à Paradis pour le féliciter. On espérait qu'Ariancoupan échapperait aux attaques de l'ennemi, quand, le 30, un épouvantable accident vint anéantir ces légitimes espérances. Deux chariots de poudre sautèrent au milieu du fort; il y eut plus de cent hommes tués ou blessés; une panique se déclara, et Paradis, manquant pour la première fois de coup d'œil et d'énergie, abandonna la redoute. Dupleix lui ordonna d'y rentrer à tout prix. Il était trop tard. Le fortin d'Ariancoupan n'était plus défendable! La Tour avait fait sauter les poudrières, et l'explosion avait ruiné les remparts. Sa perte entraînait l'abandon des autres redoutes.

Dupleix restait inébranlable devant ce revers de la fortune ; son unique souci, c'était de rassurer les troupes et d'improviser des ouvrages entre le corps de place et les forts abandonnés. La lenteur et l'incapacité de Boscawen lui donnèrent quelques jours. Le général anglais ne songea à traverser la rivière d'Ariancoupan que le 7 septembre. Il ne savait pas où prononcer l'attaque, et perdit deux jours encore à tâter les barricades de son adversaire. Il établit enfin son camp sur le coteau proche du village d'Oulgaré, sur le front ouest-nord de la ville, pendant que ses navires faisaient pleuvoir les bombes au-dessus de l'enceinte. Après quelques hésitations, il se décida à battre en brèche le bastion Saint-Joseph. C'était un point mal choisi. Le marais qui s'étend à cet endroit constituait un obstacle presque infranchissable aux cheminements vers le rempart.

Boscawen, ignorant en matière de siége, crut trouver dans cette boue une protection contre les sorties françaises. Il se mettait en réalité dans une très-mauvaise situation ; il ne pouvait faire ses dernières approches dans un terrain sans cesse envahi par l'eau, et se trouvait contraint d'établir les batteries sur des positions vues de presque tout le front ouest de la forteresse, et par cela même exposées aux coups de face et aux feux d'enfilade. Il aurait dû prononcer son attaque plus au nord[1], au point où la fortification, redescendant en ligne droite vers la mer, formait un angle dépourvu de feux. Il fit ouvrir la tranchée le 11 septembre.

---

[1] Le terrain de Pondichéry est de formation crétacée.

Dupleix, qui se multipliait, qui se portait partout où il y avait du danger, qui, la veille, voyant un groupe de soldats et de cipayes effarés devant une bombe dont ils attendaient en tremblant l'explosion, avançait froidement vers le projectile et l'éclatement produit, le nuage de fumée et de poussière dissipé, disait avec le plus grand calme : « Vous voyez bien, enfants, que cela ne fait pas de mal. » Dupleix, aux premiers coups de pioche des Anglais, courait aux remparts, et, après une reconnaissance minutieuse, donnait l'ordre aux grenadiers de la Tour, aux dragons d'Autheuil, aux volontaires de Bussy de marcher en avant et de bouleverser les travaux de l'ennemi. Malheureusement et par la faute de l'officier qui servait de guide, la colonne prit le chemin le plus long, le plus difficile, et fut aperçue de l'ennemi bien avant de pouvoir prononcer le plus léger mouvement offensif. La lenteur de la marche, causée par l'état bourbeux du sol où les canons et la cavalerie restaient enfoncés, servit encore les Anglais. Aussi, quand nos troupes arrivèrent près de la tranchée, ils la virent garnie par l'armée de Boscawen tout entière.

Cependant l'élan était donné. Les Français entrèrent bravement dans le village qui constituait la première ligne des assiégeants. Un feu effroyable, partant des deux côtés à la fois, dispersa nos soldats. Beaucoup d'officiers étaient tués, et malheureusement Paradis était au nombre des morts. La défense venait de perdre un de ses meilleurs auxiliaires. Dupleix restait sans ingénieur, et tout le fardeau du siége allait peser sur ses épaules.

Par bonheur, il était de taille à le porter. Voyant

l'ennemi remuer, en face du bastion Saint-Joseph, des masses de terre de plus en plus volumineuses, craignant de voir démasquer toute une artillerie qui aurait raison des pièces de position du rempart, Dupleix fit élever une série de batteries établies sur les deux courtines et sur les glacis en face; on en construisit une autre à cent soixante toises de la porte de Madras, destinée à prendre la tranchée en écharpe. Et toujours préoccupé de garder la supériorité de feu sur l'ennemi, il arma de canons deux nouveaux ouvrages. Il avait rassemblé ainsi une trentaine de pièces dont l'ennemi ne soupçonnait pas l'existence. Dès les premières salves, dans ce duel d'artillerie, il fut évident que la place aurait l'avantage. Cela ne suffisait pas encore. Il ne fallait point laisser de repos à l'Anglais. La nuit, on faisait sortir des pièces de campagne qui canonnaient le camp sans relâche. Déplacées sans cesse, elles ne souffraient point. Et puis c'étaient des attaques sur les convois qui portaient les munitions de la flotte à l'armée. Madame Dupleix, âme de héros dans un corps de femme, secondait admirablement son mari; elle était son ministre des relations extérieures et le plus fin diplomate du monde. Possédant parfaitement la langue du pays, exerçant sur les Hindous un extraordinaire prestige, avec des largesses et son air de reine, elle tenait à sa dévotion une foule de cipayes anglais; elle en avait fait ses espions; elle était sûre de leur fidélité. Elle savait tout ce qui se passait dans l'armée de Boscawen, qui se voyait enlever, une nuit, dans le court trajet de la mer à son bivouac, deux canons de 24, débarqués par ses vaisseaux.

La vigueur de cette défense troubla l'amiral anglais. Il sentit la nécessité d'étendre le champ de l'attaque pour réduire au silence le bastion Saint-Joseph, vigoureusement protégé par le bastion de la porte de Valdaour, dont les feux d'enfilade démontaient les batteries assiégeantes. Il couvrit de boulets ce dernier ouvrage, dont les escarpes s'écroulaient, mais dont le tir ne faiblissait pas. Dupleix, manquant de sacs à terre, faisait blinder le revêtement avec des cocotiers, bois excellent pour cet usage, renforçait l'artillerie et entraînait si bien tout son monde qu'au matin tout était réparé. Boscawen avait démasqué tous les canons qu'il pouvait concentrer contre la forteresse; partout il avait trouvé des feux supérieurs aux siens. Il perdait beaucoup de monde. Il donna l'ordre à la flotte de s'embosser devant la ville et de la couvrir de bombes et de boulets. Pendant douze heures le bombardement dura sans une minute d'arrêt. Pondichéry reçut plus de vingt mille projectiles. On supporta tranquillement l'orage. Dupleix avait donné ordre de ne pas répondre et de s'abriter. Du côté de la terre, le tir des bastions fut terrible. Le soir, les Anglais étaient réduits au silence.

Cet effort de l'assiégeant était le dernier. La saison s'avançait; la mousson revenait avec ses tempêtes habituelles. Les espions, les déserteurs parlaient de la levée du siège, précédée d'une attaque désespérée. On intercepta une lettre de Boscawen qui montrait des dispositions à la retraite et de la fureur. Tenterait-il une escalade avec toute son armée? Prudemment, Dupleix fit rentrer dans la place les canons des batteries trop avancées, et disposer sur les plongées des grenades et des pots à feu pour repousser l'assaut. Cependant le feu des assiégeants se ralentissait; on ne recevait plus que des projectiles de campagne, quand, dans la nuit du 14 octobre, on fut prévenu que Boscawen enlevait le matériel de siége. Dupleix n'était pas d'humeur à le laisser tranquillement opérer ce déménagement. Il donna ordre à quinze cents cipayes, soutenus par des grenadiers et une compagnie de marine, d'attaquer le convoi. Malgré l'ardeur de nos troupes, on ne put faire engager les cipayes, qui se contentèrent de mettre le feu au camp abandonné. Au matin, on aperçut des remparts les dernières files de l'arrière-garde anglaise qui se repliait régulièrement vers Saint-David, laissant quinze cents morts devant la place.

Peu après, Dupleix recevait des îles un secours de deux cents hommes. Il se préparait à reprendre l'offensive, quand il apprit la conclusion de la paix et la clause impolitique du traité d'Aix-la-Chapelle qui rendait Madras à l'Angleterre. La restitution de cette conquête, si chèrement achetée, fut plus tard pour nous la cause de nombreux échecs, mais pour le moment elle ne détruisit en rien notre prestige près des Hindous. L'éclat de nos victoires effaçait tout. Pondichéry était sauvée; l'Angleterre humiliée et vaincue; l'Inde éblouie; Dupleix, abandonné de la métropole et de La Bourdonnais, presque sans troupes, avait conquis Madras, écrasé l'armée du nabab et dissipé la plus formidable expédition qui eût encore paru dans ces contrées. Il était l'âme de l'Inde. Le nabab d'Arcate, le nizam d'Hyderabad, l'empereur de Delhi lui adressaient des lettres de félicitation; tous le redoutaient. Les Hindous le considéraient comme un demi-dieu. Ainsi Dupleix avait réalisé la première partie de ses projets, et sauf sur un point, — l'expulsion des Anglais de Madras, — toutes les difficultés semblaient aplanies. Rien désormais ne paraissait devoir empécher la conquête de l'Hindoustan.

CHAPITRE IV

L'INTERVENTION.

Dupleix attend l'occasion de prendre parti dans les révolutions de l'Inde. — Chanda-Saïb. — Son ambition d'être nabab d'Arcate. — Mort de Nizem el Molouck. — Deux prétendants à sa succession. — Mousafer-Singue et Naser-Singue. — Alliance de Chanda-Saïb et de Mousafer-Singue. — Ils sollicitent l'appui des Français. — Raisons de Dupleix pour l'accorder. — Victoire d'Ambour. — Importance de Trichinapaly. — Expédition contre cette ville et revers. — Les Anglais prêtent secours à Naser-Singue, qu envahit le Carnate. — Inquiétude à Pondichéry. — Fermeté de Dupleix. — Il tient la campagne et marche contre Naser-Singue. — Négociations. — Mutinerie des officiers. — Retraite d'Autheuil. — Mousafer-Singue prisonnier. — Inquiétude de Dupleix. — Sa décision. — Il continue la guerre. — Défaite de Mousafer-Singue.

Dupleix, délivré d'inquiétude par la paix conclue entre la France et l'Angleterre, allait pouvoir se consacrer tout entier à son œuvre, la domination de l'Inde par la race française. L'important, c'était d'être prêt au moment opportun ; mais il n'était pas possible de préciser l'heure où l'on pourrait agir. Le vieux Nizam el Molouck gouvernait toujours le Dékan. Le Carnate obéissait encore au vaincu de Saint-Thomé, à Anaverdikan. Les deux princes, respectés de leurs sujets, redoutaient Dupleix et le détestaient également. Avec leur finesse asiatique, tous deux avaient l'intuition que cet étranger apportait à leur caste la servitude ; ils l'estimaient trop dangereux pour prendre parti contre lui, trop puissant pour le laisser grandir ; mais ils n'osaient rien tenter ouvertement ; fidèles à leur apathie de race, ils se fiaient au temps et à la perfidie.

L'hostilité, que les nababs masquaient sous l'adulation, paralysait momentanément l'activité de Dupleix. Le but de celui-ci, c'était de commander à l'Inde par la bouche d'un prince indigène, devenu notre vassal, d'allié qu'il était. Or, aussi longtemps que Nizam el Molouck et Anaverdikan seraient sur le trône, ils ne solliciteraient pas notre appui. Leur déclarer la guerre et tenter la conquête de l'Inde avec les faibles effectifs des troupes de la Compagnie, c'eût été folie. L'œuvre de Dupleix n'était point de celles qui se font uniquement par la force ; la diplomatie y avait sa part. La seule politique à suivre, c'était de susciter ou d'attendre quelque révolution dans le palais d'Hyderabad et de soutenir énergiquement le prétendant qui se révélerait. Dupleix, qui savait que ces crises étaient fréquentes dans la péninsule, où elles éclataient à l'improviste, ne voulait pas être pris au dépourvu. Il maintenait sur le pied de guerre sa petite armée, forte de deux mille Européens environ et de trois à quatre mille cipayes. Ayant des troupes victorieuses, une artillerie très-bonne, un matériel solide, il guettait, plein d'espoir et d'impatience, l'occasion.

L'attente ne fut pas longue. Au début de l'année 1749, il reçut une lettre écrite du pays des Mahrattes par Chanda-Saïb, le dernier représentant de la famille de Sufder-Ali, l'ancien nabab du Carnate. Chanda-Saïb « informait Dupleix de tout ce qui lui était arrivé depuis qu'il avait été fait prisonnier à Trichinapaly; il lui disait comment il était parvenu à s'entendre avec les principaux chefs mahrattes; il lui annonçait enfin sa prochaine arrivée dans le Carnate à la tête d'une armée suffisante pour entrer en lutte avec les forces du Nizam ». Presque au même moment, Dupleix apprit la mort du soubab du Dékan, Nizam el Molouck, qui déshéritait son fils aîné Naser-Singue, dont la vie entière s'était passée à conspirer contre l'autorité paternelle, et désignait son petit-fils, Mousafer-Singue, pour lui succéder dans la soubabie du Dékan et dans les droits de suzeraineté sur le Carnate. Mousafer-Singue était un prince faible, sans qualités militaires, indolent et emporté; il était condamné à n'être jamais qu'une pompeuse marionnette dans les mains des politiques. Toute l'attention de Dupleix se trouva dès lors concentrée sur les manœuvres de Chanda-Saïb et sur les intrigues fomentées dans le Dékan.

Naser-Singue refusa de reconnaître la validité d'un testament dont l'effet était de le déposséder d'États qu'il considérait comme siens. Il leva une armée nombreuse et força bientôt Mousafer-Singue à s'enfuir à Adony, qui, avec Rachpour, constituait l'apanage du petit-fils du Nizam. L'héritier légitime du Dékan, sans argent et sans troupes, se désespérait et craignait de se voir chasser de son dernier refuge, quand il reçut la visite de Chanda-Saïb, qui avait compris toute l'importance d'une entente avec le successeur désigné du soubab dont le nom avait retenti dans l'Inde entière. Chanda-

Saïb était brave, audacieux, actif, avec des capacités militaires, parfois du coup d'œil, de la décision, un certain sens politique, un esprit fécond en ressources, de la suite dans les idées, une volonté, de la grâce et des séductions de paroles, avec cela une fidélité à ses serments plus grande que celle de ses compatriotes, et une ambition sans égale. Il aimait les Français et professait un enthousiasme sans égal « pour le grand nabab de Pondichéry », avec qui il entretenait une correspondance suivie, dont madame Dupleix était l'inspiratrice.

Chanda-Saïb proposa tout de suite à Mousafer-Singue une ligue offensive et défensive ; il lui montra les Mahrattes qui l'appuyaient, il lui parla de Dupleix ; il rappela les exploits des Français à Madras, à Saint-Thomé, à Pondichéry. Il vanta la supériorité des troupes européennes. Il déclara enfin à Mousafer-Singue qu'il se faisait fort d'obtenir l'alliance de Dupleix et le secours de ses soldats, dont les rangs de fer briseraient toutes les armées indiennes. Le prétendant à la succession de Nizam el Molouck fut vite convaincu. Il signa, enthousiasmé, un traité qui donnait le Carnate à Chanda-Saïb et obligeait ce dernier à obtenir l'appui des Français. Les deux nababs écrivirent aussitôt au Grand Mogol pour solliciter un *paravana* qui déclarerait Naser-Singue rebelle. La cour de Delhi se montra favorable à ces instances et reconnut Mousafer-Singue comme soubab du Dékan. Les deux confédérés, forts de ce consentement et de la protection du favori, Mouzouvalikan, qui gouvernait alors l'empire, adressèrent à Dupleix une pompeuse dépêche pour instruire celui-ci de tout ce qui venait de se passer et demander l'aide des troupes françaises, en offrant à la Compagnie de céder en toute propriété les territoires et villes de Valdaour, Villenour et Bahour, ce qui constituait des avantages considérables. Ayant réuni une armée, ils marchent vers le Carnate. Anaverdikan se porte à leur rencontre, prend position dans les Gâths, défend habilement les défilés des montagnes et bat ses adversaires dans plusieurs rencontres. Ils réussirent pourtant à tromper sa vigilance et à pénétrer dans la province ; mais il était évident qu'ils ne pourraient s'y maintenir, livrés à leurs propres forces, de beaucoup inférieures à celles d'Anaverdikan.

Cependant, Dupleix, voyant toute l'importance de la guerre qui éclatait, pesait les dangers et les chances d'une intervention. Il estimait faux ce principe qu'une Compagnie ne doit jamais recourir aux armes, tant qu'elle est maîtresse de rester en paix ; il croyait au contraire qu'une Compagnie doit faire la guerre, lorsqu'elle a intérêt à préférer la guerre à la paix. Il n'obéissait pas à des considérations du moment et n'avait en vue que l'avenir. Cette guerre allait changer la face de l'Inde. Elle lui donnait le moyen de réaliser tous ses plans ; c'était l'occasion tant espérée. Il prenait donc la résolution de soutenir les prétentions de Mousafer-Singue et de Chanda-Saïb. C'était de tous les partis le plus sage à prendre.

S'il avait refusé de contracter une alliance avec Mousafer-Singue, qu'eût fait cet ambitieux nabab ? Sans aucun doute il se serait retourné vers les Anglais, qui n'auraient eu garde de refuser leur appui à l'héritier légitime du Dékan. Et alors, dans quelle alternative nous trouvrions-nous? Ou nous serions restés neutres. Dans ce cas, Mousafer-Singue, uni aux Anglais, aurait eu une supériorité si marquée sur son rival Naser-Singue, que celui-ci eût été chassé du Dékan et la guerre terminée en moins de six mois. La domination des Anglais s'établissait à la cour d'Hyderabad. C'étaient eux qui régnaient dans le Dékan et dans le Carnate sous le nom de Mousafer-Singue. Ils auraient fini par nous chasser de l'Inde, car le soubab, ulcéré de notre refus d'alliance, nous aurait, à l'instigation des Anglais, déclaré la guerre. Notre défaite n'était pas douteuse, l'ennemi étant maître de toute la côte et du Dékan. Ou bien nous aurions méprisé l'alliance de Mousafer-Singue et pris parti pour Naser-Singue. C'eût été une faute colossale, après avoir refusé de secourir un souverain légitime, que de se ranger du côté de l'usurpateur. On n'en faisait pas moins la guerre, et dans quelles conditions! après s'être retiré tous les avantages et les avoir de gaieté de cœur donnés à l'adversaire. Comment, en effet, résister aux Anglais et à Mousafer-Singue réunis? Maîtres du Carnate, les alliés nous coupaient les vivres, et il nous fallait encore supporter l'effort de toutes les puissances de l'Inde, puisqu'en soutenant un prince mis au ban de l'empire, nous nous déclarions contre l'empereur lui-même. Mais les Anglais appuieraient-ils Mousafer-Singue? Ce n'était pas douteux. Dupleix avait dans les mains une lettre de Saunders, le gouverneur de Madras, qui offrait à Mousafer-Singue deux mille hommes de troupe à *chapeau,* à la condition que le nabab donnerait à Anaverdikan le gouvernement de Pondichery, de Divy et de Saint-Thomé, et qu'il retirerait aux Français les terres entre

Tévenapatam et Pondichéry. « Il était donc de l'intérêt de la Compagnie de donner secours à Mousafer-Singue, sinon il allait aux Anglais qui auraient établi leur puissance sur la nôtre. »

Dupleix, une fois sa résolution prise, écrivit aux directeurs pour leur exposer les motifs de l'intervention à laquelle il se décidait, et sans se préoccuper de la réponse, qui ne pouvait lui parvenir qu'après un an révolu, il forma un corps composé de quatre cents Français et de douze cents cipayes, avec six pièces de canon. Il en donna le commandement au comte d'Autheuil, officier déjà vieux, stratégiste médiocre, un peu lent à prendre son parti et n'ayant pas toujours des conceptions très-claires dans les préparatifs d'une opération, mais très-brave, très-résolu, très-lucide au feu. La petite armée française se mit en marche vers la fin de juillet 1749, pour effectuer sa jonction avec les deux princes alliés, Chanda-Saïb et Mousafer-Singue.

« Le détachement français, écrivait Dupleix à la Compagnie, est aux frais de Chanda-Saïd pour tout ce qui s'appelle vivres, transports, etc. Je n'ai pas cru que le prêt du soldat et les appointements des officiers fussent pour son compte. Payer là ou ici, la dépense est toujours la même chose pour la Compagnie, et ce secours paraît être donné avec plus de générosité.

« Tous les cipayes en général sont pour son compte, et avant le départ d'ici, les comptes depuis le 1ᵉʳ de mars ont été arrêtés. Il en a fait un billet payable aussitôt qu'il sera possible ; mais *le but principal pour la Compagnie et la principale condition pour obtenir de moi ces avances et ces secours a été la cession pure et simple de Villenour avec quarante-quatre aldées qui en dépendent, et dont le revenu formera, avec le temps, un objet de plus de* 20,000 *pagodes de rente;* il ne monte actuellement qu'à 14,000 ou 15,000 pagodes. La fuite de la plupart des habitants, occasionnée par les vexations du gouvernement maure, l'a réduit à ce modique revenu. »

Chanda-Saïb, avec son instinct de la guerre, décida Mousafer-Singue à s'avancer vers Arcate, capitale du Carnate. D'Autheuil rejoignit, à environ dix lieues de cette ville, les troupes des deux nababs, fortes d'environ douze mille hommes. «Mousafer-Singue, qui n'avait jamais vu de troupes européennes et qui ne connaissait des Français que ce que la renommée en avait publié, se crut perdu en voyant si peu de monde et une si faible artillerie. Il ne s'imaginait pas que cette poignée de soldats pût le tirer d'affaire. Chanda-Saïb, qui connaissait la nation, tâcha de le rassurer, mais il n'y avait qu'une victoire qui pût nous donner du crédit auprès de ce prince ; elle ne tarda pas. » Les reconnaissances apprirent bientôt qu'Anaverdikan avait établi son armée proche le village d'Ambour, derrière un ruisseau dont les eaux s'épandaient dans la plaine en formant des marécages. Le camp s'appuyait sur une montagne inaccessible. Anaverdikan s'était fortement retranché. Le front qui longeait le ruisseau était bordé de tranchées et d'épaulements garnis d'une nombreuse artillerie, que dirigeaient des aventuriers européens.

La force de ces positions n'intimida pas les Français, placés au poste d'honneur, à l'avant-garde, face à l'ennemi. Leur ardeur était extrême. Et puis Dupleix, informé des dispositions prises par Anaverdikan, n'en

donnait pas moins l'ordre de livrer bataille. D'Autheuil
lança donc ses compagnies à l'attaque. Une grêle de
boulets les arrêta. D'Autheuil reforma ses colonnes. A
leur tête, il atteignait la base des retranchements, quand
il tomba, blessé à la cuisse. On recula de nouveau. Le
marquis de Bussy, un officier qui allait jouer un rôle
considérable dans ces guerres, prit le commandement,
et ramenant les hommes à l'assaut, escalada enfin les
parapets, suivi de Chanda-Saïb et de ses Hindous. Ce
fut un massacre; l'ennemi ne résistait plus, malgré
les efforts d'Anaverdikan, tué au moment où, comme
un héros d'Homère, il provoquait Chanda-Saïb en
combat singulier.

« Cette victoire inspira à Mousafer-Singue un respect
singulier pous les Français. Lui et son armée avaient été
simples spectateurs du combat. Dès lors, il forma le
dessein de conquérir les États de Naser-Singue. Il disait
hautement qu'avec cinq cents Français, il irait affronter
le Grand Mogol dans Delhi. » Le soir de la bataille, qui
avait eu lieu le 3 août, les deux nababs firent distribuer
aux soldats français soixante-seize mille roupies. Quelques jours plus tard, on entrait à Arcate. Mousafer-
Singue se proclamait soubab du Dékan et nommait
Chanda-Saïb nabab du Carnate.

L'occupation d'Arcate effectuée, le premier acte de
Mousafer-Singue fut de venir à Pondichéry s'incliner
devant Dupleix. On le reçut avec pompe. Les troupes
garnissaient les abords de la porte par où entra le
nabab. Les canons tonnaient sur les bastions, qui
avaient résisté aux boulets anglais. Les navires pavoi-
sés lâchaient leurs bordées dans la rade. Dupleix, porté

dans un riche palanquin, escorté des dragons de garde aux riches costumes, de soldats européens, dont l'uniforme imposait par sa sévérité, de cavaliers, d'artillerie et d'éléphants, alla au-devant de Mousafer-Singue. Dupleix n'épargna rien de ce qui pouvait frapper l'imagination de son hôte, qui sentit son respect augmenter à la vue de l'appareil royal entourant le gouverneur. Celui-ci profita aussitôt de cet état d'esprit du nabab pour lui imposer ses plans. Il crut avoir réussi.

Dupleix ne voulait rien entreprendre contre le Dékan avant d'avoir la possession incontestée du Carnate. Pour tenir cette province, il ne suffisait pas d'occuper Arcate, il fallait être établi à Trichinapaly et à Gingy, deux forteresses qui étaient comme les clefs de tout le pays. Pour Dupleix, Trichinapaly était la première ville à attaquer et à prendre. Méhémet-Ali, le dernier fils d'Anaverdikan, s'y était réfugié avec ses plus fidèles. Il fallait donc à tout prix s'emparer d'une citadelle qui pouvait devenir une base dangereuse dans les mains d'un envahisseur du Carnate, et il sautait aux yeux que Naser-Singue allait être cet envahisseur. Il avait une armée nombreuse, les trésors de son père, la rage de garder le Dékan. Verrait-il de sang-froid Mousafer-Singue régner à Arcate? Il entrerait en campagne à bref délai. C'était donc une obligation de s'emparer de Trichinapaly.

Dupleix s'efforçait de convaincre Chanda-Saïb et Mousafer-Singue de la nécessité d'une telle conquête; mais Chanda-Saïb, quoique officiellement reconnu par les Anglais comme nabab du Carnate, était inquiet du séjour prolongé de l'amiral Boscawen sur la côte. On connaissait à Pondichéry les intelligences qu'entretenait cet officier général avec Méhémet-Alikan. Chanda-Saïb, à toutes les objurgations de Dupleix, opposait la possibilité d'un débarquement des troupes anglaises, dont le résultat eût été de prendre à revers l'armée occupée au siége de Trichinapaly. Dupleix avait beau répéter et prouver que le gouverneur anglais de Madras ne laisserait point agir l'amiral, que chaque heure perdue éloignait d'une année la prise de Trichinapaly, cette ville où Chanda-Saïb devait avoir hâte de rentrer en vainqueur, après en être sorti comme prisonnier des Mahrattes, — il ne put triompher de l'entêtement des deux nababs, qui ne se décidèrent à marcher que le 1ᵉʳ novembre, après le départ de Boscawen.

Dupleix oublia aussitôt les soucis que la sottise de ses alliés lui avait causés; il n'eut plus qu'une pensée : tout disposer pour le siége. Il avança aux deux princes cent mille roupies, leur donna un corps de 800 soldats français et de 300 africains, avec de l'artillerie de siége, sous le commandement de M. Duquesne. La victoire n'était pas douteuse ; il ne fallait que quelques jours d'une attaque bien conduite pour amener la chute de Trichinapaly.

Dupleix attendait donc assez tranquillement l'annonce de la capitulation de la dernière forteresse ennemie, quand il apprit que Chanda-Saïb et Mousafer-Singue, ayant gaspillé l'argent si généreusement avancé par lui, s'étaient, après avoir passé le Coleron, détournés de leur route, pour entreprendre le blocus de Tanjore, dans l'espoir de rançonner le rajah

de cette ville, dont les richesses étaient légendaires.
Dupleix entra en fureur ; il écrivit à Chanda-Saïb pour
le sommer de renoncer à l'entreprise sur Tanjore et de
reprendre au plus vite la marche vers Trichinapaly. Ce
fut en vain. La cupidité des nababs était allumée, au
point de leur faire perdre la raison. Ils méprisaient les
sages conseils de Dupleix et se laissaient amuser par le
rajah, qui réclamait du secours auprès de Naser-Singue
et des Anglais.

La comédie diplomatique dura six semaines, pendant lesquelles Dupleix ne cessa point, tout en montrant aux deux nababs le péril où ils s'étaient mis, de réclamer ou l'abandon du siège ou une attaque de vive force sur la cité. Lassé enfin, il donna à Duquesne l'ordre de prendre la place d'assaut. Cette opération, exécutée le 29 décembre, eut un plein succès, et le rajah effrayé consentit à signer un traité qui donnait à Mousafer-Singue et à Chanda-Saïb la somme de sept millions de roupies et à la Compagnie française un territoire près de Karikal avec une rente annuelle ; mais le rusé Tanjorien, instruit des préparatifs de Naser-Singue, retarda par tous les moyens possibles le payement de la rançon. Quand il eut la certitude de l'entrée de Naser-Singue dans le Carnate, il refusa d'exécuter le traité. Les troupes des deux prétendants, à la nouvelle de l'approche de Naser-Singue et des nombreux bataillons qui le suivaient, se débandèrent épouvantées. Mousafer-Singue et Chanda-Saïd parvinrent à Pondichéry, honteux, démoralisés, abaissés, n'ayant autour d'eux qu'un ramassis confus de traînards, uniquement protégés par le contingent français, qui gardait à l'arrière-garde une fière contenance.

Cette campagne si hardiment commencée finissait donc par le revers le plus cuisant et le plus imprévu. Dupleix en ressentit l'amertume ; pendant quelques heures, sa colère, son indignation contre ses stupides alliés le dominèrent entièrement ; mais il n'était pas d'un tempérament à dissiper ses forces en récriminations inutiles quand le péril était proche, et jamais la situation n'avait été plus dangereuse.

Naser-Singue avait envahi le Carnate à la tête d'une armée de trois cent mille hommes. Il y entrait pour soutenir les droits du dernier fils d'Anaverdikan, Méhémet-Ali, à qui il avait envoyé le paravana d'investiture de la nababie du Carnate. Ainsi chaque prétendant à la succession de Nizam el Molouck avait, à ses côtés, un candidat désigné pour le trône d'Arcate. Chose grave, Naser-Singue avait obtenu des Anglais un secours de huit cents soldats, commandés par un habile officier, le major Lawrence. Français et Anglais allaient donc se heurter sur les champs de bataille, alors que leurs deux pays étaient en paix. « La façon d'agir de ces gens-là, qui préfèrent à l'alliance du plus grand monarque celle d'un gueux de nègre, est inouï, disait Dupleix. Mais aussi comment résister à l'appât d'une somme de cent mille roupies, avec quoi Lawrence a jugé à propos de se boucher les yeux, tant sur l'intérêt de sa nation que sur l'atteinte formelle que des sujets aussi peu autorisés ont la hardiesse de donner aux alliances les plus solennelles? Floyer a eu la bonne part. Lawrence s'est fait tirer l'oreille parce que la somme offerte n'était pas assez forte. Cope a aussi vigoureusement poussé à la roue. Ainsi deux sujets qui en Europe seraient tout au plus lieutenants ont l'audace de déclarer la guerre au roi de France. La chose est risible. » Point de forteresse pour arrêter la multitude qui s'avançait comme un tourbillon ; aucune barrière. A Pondichéry, deux mille Français et les troupes démoralisées de Chanda-Saïd, dont le nombre ne dépassait pas sept ou huit mille hommes. Allait-on revoir un nouveau siége ? Tout le monde jugeait notre établissement perdu. Dupleix seul garda le sang-froid.

A ses yeux, la question se posait ainsi : les Anglais allaient tout faire pour décider Naser-Singue à entreprendre l'attaque de Pondichéry. Naser-Singue hésiterait, tâtonnerait, ne se déciderait que lorsqu'il aurait la certitude qu'il n'y avait plus personne pour défendre ces remparts dont la solidité avait triomphé des efforts de Boscawen. Tant qu'un canon tonnerait sur un bastion, tant qu'une escouade française tiendrait la campagne, notre prestige resterait intact, et Naser-Singue se maintiendrait en dehors de notre ligne de feu, se contentant de ravager le Carnate, en cherchant à nous affamer.

Il n'y avait donc qu'un parti à prendre, jeter en avant de Pondichéry toutes nos forces disponibles. Ainsi, on en imposait à l'ennemi, on l'arrêtait, on le contraignait à prendre position, on empêchait toute attaque, et l'on était libre d'accepter ou de refuser le combat. On gagnait enfin du temps. Dès lors, il y avait des chances pour voir cette immense armée se fondre et se dissoudre. Dupleix comptait achever par la diplomatie l'œuvre de désorganisation ébauchée par ses armes.

Il rassembla tout ce qui était disponible, environ deux mille soldats européens et quelques milliers de cipayes, avec une artillerie relativement forte. Il en donna le commandement à d'Autheuil et l'envoya camper à Valdaour, à proximité de l'ennemi. Il ne redoutait pas le combat; il était sûr qu'on dissiperait aussi facilement qu'à Saint-Thomé et à Ambour les masses ennemies; mais il ne voulait pas fermer la porte à un accommodement que Naser-Singue lui-même proposait. Il avait des doutes justifiés sur la loyauté de ses alliés, qui n'étaient pas loin de conclure une paix séparée avec Naser-Singue et il écrivait à d'Autheuil le 26 février 1750 : « Vos craintes sont fondées sur nos alliés, et en ce cas je ne vois pas d'autre parti à prendre que celui de l'acommodement. La demande ne se fera pas de ma part. Vos nababs peuvent agir seuls, s'ils ne veulent pas marcher à l'ennemi. Tout ce que je puis faire sera de les protéger jusqu'à la conclusion du traité. Pourtant le parti le plus sûr, c'est de tomber sur l'ennemi; votre artillerie seule est capable de le foudroyer... Vous avez plus de blancs que lui. La crainte que vous pouvez avoir au sujet de vos alliés est de même dans l'autre camp. »

Dupleix au fond ne demandait pas mieux que de commencer des pourparlers avec l'usurpateur. « Je reçois une lettre, écrivait-il à d'Autheuil, le 31 mars, de Chanda-Saïb. Il me fait part des propositions qu'on fait à lui et à Mousafer-Singue. A quoi je réponds qu'en particulier je n'ai pas de guerre avec Naser-

Singue, que c'est pour leurs affaires propres que je suis engagé avec lui, et qu'ainsi je serai toujours content qu'ils puissent s'accorder avec lui, en sauvant autant qu'il sera possible mon honneur et celui de la nation ; que nos troupes sont auprès d'eux, soit pour se battre, soit pour leur faire obtenir par négociation ce qu'ils souhaitent. Dans l'instant je reçois votre lettre. Je n'ai autre chose à répondre que de se tenir fermement aux propositions que fait Mousafer-Singue. L'honneur de la nation, le bien de ces seigneurs, tout est à l'abri, et je ne souhaite autre chose. Aussi agissez en conséquence. Tâchez de vous trouver à toutes les conférences. S'il convient de traiter, vous tiendrez toujours votre armée et celle du nabab en état, car c'est dans ces circonstances-ci qu'il faut veiller plus attentivement. » Au fond, peu lui importait que le soubab s'appelât Mousa ou Naser. Ce qu'il voulait, c'était le tenir en sa puissance. C'eût été un coup de maître que d'obtenir, sans guerre, sans luttes, la cession du Carnate en faveur de Chanda-Saïb et d'une partie du Dékan en faveur de Mousafer-Singue. C'était gagner du temps et ruiner à la longue l'influence de Naser-Singue. Quelle serait la situation de ce dernier en face de Mousafer-Singue et de Chanda-Saïb, ou plutôt de nous-mêmes solidement établis dans les meilleures citadelles des régions soumises aux deux nababs, nos alliés ? Munis de bases d'opération aussi fortes, nous tenions Naser-Singue à notre discrétion.

Dupleix voulait encore le séparer des Anglais. Aucune idée politique n'inspirait ceux-ci : en prêtant leur appui à Naser-Singue, les chefs de la Compagnie britannique obéissaient aux sentiments d'une cupidité que les trésors du nabab pouvaient à peine assouvir, et à la haine qu'ils ressentaient pour la France. Ils ne voyaient pas encore clair dans le système de Dupleix. Il ne venait à la pensée d'aucun fonctionnaire anglais qu'on pût créer une sorte de *Mairie du Palais* à côté de cette royauté fainéante des nababs ; ils se contentaient du rôle de mercenaires dans l'armée de Naser-Singue. Ils voulaient uniquement nous créer des embarras et, en se vengeant de leurs défaites dernières, tirer un bon revenu des troupes devenues inutiles depuis la paix et dont l'entretien pesait lourdement sur les finances de la Compagnie.

Était-ce une œuvre chimérique que de chercher à brouiller Naser-Singue avec ses auxiliaires? Dupleix ne le croyait pas. Il pensait qu'on arriverait à lui prouver que notre désir le plus cher, c'était de voir la concorde régner entre les trois prétendants qui se disputaient la succession de Nizgam et Molouk. Ne pouvait-on pas s'entendre ? Le Dékan et le Carnate n'étaient-ils pas assez grands pour satisfaire toutes les ambitions ? La politique de Dupleix consistait à se poser en arbitre, en juge des prétentions des trois princes ; ainsi il les dominait encore mieux. Quant aux Anglais, l'important, c'était de les battre dans une ou deux rencontres; nous n'aurions pas de peine alors à faire renvoyer ces auxiliaires, dépouillés de tout prestige. Dupleix entama, sous le couvert des nababs, ses alliés, une négociation avec Naser-Singue. Celui-ci, ambitieux sans moyens, aimant le pouvoir surtout pour les jouissances matérielles qu'il donne, sans talents militaires, sans vues politiques, sans bravoure, ivrogne et débauché, rusé et stupide, au fond avait peur. Dupleix spéculait là-dessus, et, tout en négociant avec Naser-Singue, il pressait d'Autheuil d'agir, de marcher en avant.

« Le soldat français, lui écrivait-il, ne vaut que pour l'offensive. Il s'impatiente et se gâte dans l'inaction. Vous n'ignorez pas l'avantage de celui qui attaque. Tâchez donc d'en profiter. Vous savez que les gens de ce pays sont aisés à surprendre. Donnez-leur alerte dès la plus petite pointe du jour... Quelle opinion a-t-on de ce Lawrence ? A-t-on oublié l'affaire d'Ariancoupan, celle d'Ambour, où trois cents braves gens ont su forcer l'ennemi retranché avec autant de canons qu'il en a à présent ? Vous n'aviez alors que cinq ou six pièces. »

Le général allait enfin se conformer aux ordres du gouverneur, quand les Anglais ne gardèrent plus aucun ménagement. Ils dirigèrent un feu de mousqueterie et de canons sur les troupes françaises, campées en face de leurs quartiers. C'était eux qui prenaient ainsi l'odieux de l'agresion. D'Autheuil envoya un parlementaire au camp anglais, pour demander si nous étions en guerre et pourquoi ils tiraient sur nous. Leur réponse fut une rodomontade. D'Autheuil ordonna alors à l'artillerie d'ouvrir le feu; le bombardement fut si vif que l'armée de Naser-Singue recula d'une lieue. Un boulet passa près de celui-ci, qui eut peur, descendit de son éléphant et s'enfuit assez loin, après avoir tout fait pour décider les Anglais à se jeter sur nos troupes. Il ne put les amener à sortir du camp. Cette circonspection piqua au vif le soubab; il méprisa ses auxiliaires, ne voulut plus les voir et se retourna vers Dupleix, qui demandait

8

pour Mousafer-Singue Adony, Raschpour, avec quelques territoires, et le Carnate pour Chanda-Saïb, ainsi que la confirmation des concessions accordées par Mousafer-Singue à la Compagnie. Il réclamait en outre Mazulipatam et l'île de Divy.

Les conférences renouées se succédaient régulièrement, et les affaires prenaient une bonne tournure, quand une mutinerie éclata dans le corps d'officiers de l'armée française. La moitié de ceux-ci étaient animés d'un détestable esprit. On les recrutait mal ; ils n'avaient pas le sentiment du devoir. Leur unique ambition, c'était de s'enrichir. Tous ceux qui n'avaient pas fait partie de l'armée de Duquesne se plaignaient de ne pas avoir eu leur part des trésors du rajah de Tanjore. Au fond, ils avaient peur de l'immense multitude qui campait devant eux. Leurs conciliabules leur montèrent encore la tête. Ils décourageaient le soldat par leurs cris.

Dupleix, inquiet, prit le parti d'écrire directement à Naser-Singue et de faire quelques faibles concessions, afin d'en finir. Puis il envoya Bury pour apaiser cette panique. C'était un homme peu fait pour accomplir un acte d'énergie ; quoique major général de l'armée, il n'obtint rien des mutins. Dans les premiers jours d'avril, ceux-ci, au nombre de quatorze, vinrent signifier à d'Autheuil qu'ils avaient pris le parti de retourner à Pondichéry, parce qu'il était absurde de vouloir résister à Naser Singue. D'Autheuil n'épargna ni les prières ni les menaces pour ramener ces poltrons au sentiment du devoir militaire. Il leur montra l'infamie d'une désertion devant l'ennemi. Pour toute réponse, ils lui remirent en masse leur démission. Ils se retirèrent dans la nuit.

Le même jour, Naser-Singue avait reçu la lettre de Dupleix. Après en avoir pris lecture, il avait réuni les principaux seigneurs de son armée et leur avait soumis les propositions du gouverneur, en ne dissimulant pas sa joie, que tous les assistants partagèrent. On décidait de cesser les hostilités, quand la nouvelle de la révolte des officiers arriva à Naser-Singue. La conférence se dispersa pour courir aux armes.

D'Autheuil était dans le plus cruel embarras; il n'avait autour de lui qu'une dizaine d'officiers restés fidèles. La démoralisation faisait de rapides progrès parmi les troupes, qu'on n'avait pu soustraire à l'influence des mutins. Il craignit de se voir abandonné du soldat et se décida à une prompte retraite. Il partit le 4 avril à deux heures du matin, après avoir informé Dupleix de son mouvement en arrière. Celui-ci aurait voulu qu'on restât en face de l'ennemi; mais il était trop tard pour rien empêcher. « Que puis-je vous dire, lui écrivait-il, puisque ma lettre ne peut vous parvenir qu'en route?... Tout ce que je vous demande, c'est de vous arrêter sur les terres de Villenour, qui sont à la Compagnie. Peut-être que les Anglais n'oseront pas venir vous y attaquer. »

Et parlant des mutins : « Il est surprenant qu'il se trouve des âmes aussi basses dans le monde. Faut-il que de mauvaises têtes soient la cause de la ruine de nos affaires! » D'Autheuil opéra sa marche rétrograde dans un ordre parfait; Chanda-Saïb s'établit à l'arrière-garde avec sa cavalerie et se distingua.

Aux premières lueurs du jour, d'Autheuil fut assailli

8.

par plus de vingt mille cavaliers. Lui et les officiers restés fidèles se multiplièrent, enlevèrent les soldats. On forma le carré, et tout en continuant à marcher, on repoussa les attaques par un feu extrêmement vif. Un chef mahratte, Morari-Rao, entra dans un carré et n'en sortit que par miracle. Les charges répétées de Chanda-Saïb permirent à nos colonnes exténuées de reprendre haleine. On arriva enfin, après dix heures de luttes incessantes, sous le canon des redoutes qui environnaient Pondichéry. On se comptait; les pertes étaient relativement faibles. On respirait, quand on apprit une nouvelle désastreuse : pendant la retraite, Mousafer-Singue, soit qu'il nous crût perdus, soit qu'il crût à la sincérité de Naser-Singue, était en toute hâte monté sur son éléphant et, accompagné d'une centaine d'hommes, s'était, comme un insensé, livré à Naser-Singue. Ce fait constituait un revers politique d'une extrême gravité. Dupleix ignorait encore l'étendue du péril. Quand un messager affolé s'était précipité dans son cabinet en lui annonçant la désertion des officiers et leur arrivée aux portes de la ville, il ne s'était pas alarmé outre mesure. « Tout pouvait se réparer, disait Dupleix, avec la ferme volonté de maintenir une discipline rigoureuse. » Son premier acte, c'était de se porter aux avancées de la ville avec ses gardes et des troupes éprouvées, fidèles, pour empêcher les rebelles d'entrer dans Pondichéry et d'y répandre la contagion de leur lâcheté. Il les faisait arrêter aussitôt et conduire au fort.

L'émotion était déjà des plus vives dans la cité. On connaissait le refus de service des officiers; on ne les blâmait point, tant les forces de Naser-Singue paraissaient redoutables. Les habitants préparaient leur fuite ; des bruits absurdes circulaient ; on annonçait l'arrivée des Mahrattes. Dupleix, par le calme de son attitude, la légèreté de ses propos, l'énergie de ses discours, rassurait tout le monde. Il savait que d'Autheuil, énergique et prudent, se replierait en bon ordre et ne laisserait pas entamer ses troupes. Réorganisées, avec de nouveaux officiers, on les ramènerait au feu, et en quelques jours on reprendrait le terrain perdu. Il n'en doutait pas.

Le lendemain, d'Autheuil, couvert de poussière, noir de poudre, lui racontait les péripéties de la retraite et lui annonçait, les larmes aux yeux, la folle reddition de Mousafer-Singue. Dupleix fut accablé de ce coup imprévu.

Il avait échafaudé toute son œuvre sur Mousafer-Singue, et celui-ci disparaissait. Quel parti allait prendre Naser-Singue? Le doute était le sentiment le plus antipathique à Dupleix ; selon son expression, l'incertitude le tuait. Et malgré son génie, il ne pouvait prévoir les extrémités où Naser-Singue se laisserait entraîner. Un caprice, un accès de fureur amené par l'excitation du raki, c'en était assez pour détruire les combinaisons du politique gouverneur de Pondichéry. Naser-Singue avait fait jeter son rival en prison. Se contenterait-il de le garder derrière les murs d'une forteresse? donnerait-il l'ordre de le mettre à mort? Peut-être la tête de Mousafer-Singue était déjà tombée.

Dupleix, pendant de longues heures, resta enfermé, sans vouloir recevoir personne, plein de soucis, de douleur et de rage, « abîmé dans l'unique préoccupation de savoir comment on se tirerait d'affaire ». Il saisit enfin sa harpe et lança dans l'air les notes d'une symphonie passionnée et furieuse, qui était comme le reflet de l'état de son âme. Sa femme entra alors. Elle lui apprit que Mousafer-Singue était vivant, qu'un grand nombre de seigneurs du parti de Naser-Singue montraient de vives sympathies pour le prince vaincu, que ce mouvement d'opinions en avait imposé à l'usurpateur, qui paraissait très-éloigné d'un attentat à la vie de son rival. A ces nouvelles, Dupleix releva la tête ; rien n'était désespéré, puisqu'il restait un point d'appui. Dans une conversation entrecoupée de retours de fureur contre les officiers rebelles, « ces lâches qui lui avaient brisé la victoire dans la main », il indiqua le parti auquel il s'arrêtait, la conduite qu'il allait tenir. Selon lui, il ne fallait rien céder. Abandonner la plus légère prétention, c'était se déclarer entamé, vaincu. Plus nous nous courberions, plus Naser-Singue relèverait la tête. Il fallait en rester sur les propositions formulées avant la mutinerie des officiers, car Mousafer-Singue prisonnier n'en était pas moins le petit-fils de Nizam el Molouck ; ses droits n'étaient pas éteints. Il était toujours le soubab reconnu, désigné par l'empereur de Delhi. Il n'avait fait la guerre à Naser-Singue que par ordre du Grand Mogol. Pour les grands seigneurs hindous, c'étaient là des vérités incontestables. La sympathie qu'ils montraient pour l'infortune du prince prisonnier pouvait, après une ou deux défaites de Naser-Singue, se changer en enthousiasme ; rien de plus fréquent dans l'Inde et ailleurs.

Dupleix connaissait les Hindous ; il savait qu'avec de la patience et de la fermeté, on vient toujours à bout d'eux, et il se décidait à caresser et à effrayer Naser-Singue, « à mettre un gant de velours sur une main de fer ».

« J'ai des troupes et point d'officiers. J'en ferai », disait-il. Et le 20 avril, il donna à Beausset et à de Larche, ses envoyés près de Naser-Singue, l'ordre de ne pas faiblir dans les négociations et de réclamer, en les indiquant comme les points principaux d'entente possible, la mise en liberté de Mousafer-Singue, la restitution d'Adony et de Raschpour, la nababie d'Arcate confiée à Chanda-Saïb ou à Mousafer-Singue. Il leur envoya des instructions très-détaillées, très-complètes, où tout était prévu, calculé avec un art merveilleux pour tromper le soubab, le tenter, le fasciner, l'épouvanter tour à tour.

« .... Le nabab doit être fort irrité contre son neveu, leur écrivait-il; mais à dire vrai, la faute de ce que celui-ci a fait ne doit pas lui être tout à fait imputé. L'empereur lui a donné l'ordre d'agir; c'est en conséquence de ses ordres qu'il a agi. Si on trouve grande la faute de s'être conformé aux ordres d'un maître, ce même maître ne pourra-t-il pas aussi reprocher à Naser-Singue ce qui se passe aujourd'hui, et ne serait-ce pas d'une bonne politique d'apaiser le prince en rendant à ce jeune homme une liberté perdue pour avoir obéi aux ordres d'un maître? Plus la faute est grande, plus le pardon a de mérite. Et à qui accorderait-il ce pardon? A son neveu, au fils de sa sœur aînée, au petit-fils du nizam. Ces titres seuls exigent la plus grande attention de sa part et encore plus la réputation qu'une telle action lui donnera dans le monde entier, la satisfaction en outre d'obliger une nation comme la nôtre, qui, en même temps qu'elle s'intéresse comme elle le doit à la liberté de Mousafer-Singue, s'oblige à ne le soutenir jamais en quelque façon que ce soit contre le seigneur Naser-Singue. Au contraire, ce service, que nous regardons comme rendu à nous-mêmes, nous met dans le cas de lui offrir nos forces pour le soutenir envers et contre tous..... Les Anglais pourraient prendre le parti de se retirer. Aussitôt que vous en aurez connaissance, il convient que vous fassiez offre à Naser-Singue, de ma part, de lui fournir le double et le triple des soldats que les Anglais lui ont amené, s'il juge en avoir besoin pour son retour jusqu'aux Gâths. Je crois que cette offre lui fera plaisir, car on assure que les Mahrattes viennent à grandes journées, ce qui l'inquiète fort. Vous sentez bien que l'offre de nos troupes ne pourra s'effectuer que lorsqu'on sera convenu des articles principaux, qui sont la délivrance de Mousafer-Singue, ses terres rendues, et la nababie d'Arcate à lui ou à Chanda-Saïb. »

Il leur enjoignit d'insister fortement sur ces faits, que si Mousafer-Singue disparaissait, sa famille ne s'éteindrait pas en même temps; que les deux enfants mâles du prince vaincu étaient à Pondichéry; que la France les considérait comme ses fils à elle, et n'hésiterait point à bouleverser l'Inde pour les remettre en possession de leurs principautés. Il recommanda à ses plénipotentiaires d'annoncer comme imminente l'ouverture des hostilités et de se répandre en discours attristés sur les malheurs qui allaient fondre sur le Carnate et le Dékan, livrés aux furies d'une guerre dont on ne pouvait que trop prédire la longue durée. Il leur prescrivit enfin de nouer des relations avec les grands seigneurs qui entouraient l'usurpateur. « Il y a là, disait-il, des jalousies à exciter, d eshaines mal endormies à réveiller. Si l'on sait jouer, d'ici à peu nous verrons sur le champ de bataille de grosses défections. Favorisez-les. »

Dupleix lui-même écrivait à Naser-Singue; il lui envoyait des présents, et spéculant sur l'ivrognerie bien connue de celui-ci, il lui faisait parvenir force bouteilles de la meilleure eau-de-vie de Cognac. Cependant, les négociations n'avançaient pas; Naser-Singue ne pouvait se décider à relâcher son prisonnier. Il traînait en longueur, promettait tout pour le lendemain, et le lendemain, c'était à recommencer.

Au fond, l'attitude de l'ennemi provenait autant et peut-être plus de l'indécision que de la perfidie; mais la politique de Naser-Singue n'en avait pas moins un effet délétère : ces retards, ces pourparlers interminables faisaient sourire les Hindous, flattés dans leur orgueil national par la supériorité de leur diplomatie. Ils ne se doutaient pas qu'en réalité c'étaient les Français qui sortaient vainqueurs de ces entrevues. Nos ambassadeurs avaient en effet réussi à semer les germes d'un complot qui devait plus tard coûter à Naser-Singue la couronne et la vie; mais toutes ces manœuvres restaient secrètes; on ne voyait que notre insuccès apparent. Notre prestige s'en allait peu à peu, et Dupleix voulait à tout prix le maintenir. Il fallait donc démontrer de nouveau que nos troupes n'avaient perdu ni la vigueur ni l'intrépidité dont elles avaient fait preuve à Saint-Thomé et à Ambour; mais Dupleix n'était pas d'avis de risquer une action générale au lendemain de la désertion des officiers, alors que de nouveaux chefs tenaient à peine le soldat encore ébranlé; il estimait que le succès d'un coup de main audacieux pouvait aussi bien épouvanter l'ennemi que le gain d'une bataille. Il rompit les négociations, et le 27 avril donna l'ordre à d'Autheuil de distraire de son armée un petit corps de trois cents hommes, et d'en confier le commandement à de La Touche. Il régla lui-même tous les détails de l'opération. La Touche devait partir de nuit et, dérobant sa marche, surprendre les Hindous endormis, mettre le camp à feu et à sang, et se retirer à l'aube, alors que la terreur serait au comble chez l'ennemi. La Touche s'acquitta très-bien de sa mission. Il lança ses troupes à travers les tentes de l'armée indienne, tuant avec la baïonnette tout ce qui dormait, écrasant de sa mousqueterie tout ce qui fuyait, tout ce qui tentait de se rallier. Les lueurs naissantes du jour lui montrèrent toute l'étendue de la victoire.

L'immense armée de Naser-Singue s'éparpillait dans toutes les directions. Le soubab, réveillé au début de l'alerte, avait à la vue des éclairs de la fusillade, dont les détonations se percevaient plus distinctes, abandonné son éléphant de combat pour sauter sur un cheval et s'élancer à toute vitesse sur la route d'Arcate, sans même penser à réclamer le secours des Anglais, dont les quartiers étaient à l'opposé de l'attaque. Il gagna la ville d'une traite, croyant à tout moment sentir la main des Français sur son dos. Cependant de La Touche, conformément à ses instructions, se repliait sur l'armée de d'Autheuil, pendant que les Anglais mécontents regagnaient le fort Saint-David.

CHAPITRE V

LA CONQUÊTE DU CARNATE.

Dupleix se retourne contre Méhémet-Ali. — Occupation de Tiravadi. — Les Anglais attaquent cette place. — Il sont repoussés. — Mésintelligences dans le parti de Méhémet-Ali. — Bataille de Tiravadi. — Ses conséquences. — Prise de Gingi. — Les craintes et la colère de Nazer-Singue. — Il mécontente les grands. — Dupleix veut marcher sur Arcate. — Lenteurs de d'Autheuil. — Les plénipotentiaires de Naser-Singue à Pondichéry. — Les négociations traînent. — Complot des nababs de Canoul et de Cadapa contre Naser-Singue. — Dupleix l'encourage. — Naser-Singue, qui cède trop tard aux demandes de Dupleix, est défait et tué. — Mousafer-Singue est proclamé soubab du Dékan.

Une nuit avait suffi à Dupleix pour changer entièrement la face des choses. Naser-Singue, en fuite, était hors d'état de reprendre la campagne avant plusieurs mois; nous avions reconquis tout le prestige perdu dans les négociations. La paix était-elle donc de nouveau possible? Dupleix ne le croyait pas. Il estimait qu'il fallait remporter d'autres victoires pour assouplir Naser-Singue; il comprenait que tout resterait en suspens tant que Chanda-Saïb et les Français ne seraient pas les maîtres incontestés du Carnate. Or Méhémet-Ali, l'allié et le vassal de Naser-Singue, occupait avec ses troupes les principales citadelles de la région, Gingi, Trichinapaly ; il avait une armée nombreuse ; il pouvait compter sur l'appui des contingents anglais. C'était donc pour le moment le seul adversaire redoutable. Dupleix se décidait à concentrer contre lui tous ses efforts. Il sentait la nécessité d'agir vite et changeait brusquement ses lignes d'opération ; il ne se souciait plus de Naser-Singue et d'Arcate ; il n'avait plus qu'un objectif, Méhémet-Ali.

Le nabab campait avec son armée sur les bords du Pounar, près du fort Saint-David. Il était donc à une courte distance de Pondichéry et ses coureurs pouvaient battre l'estrade jusque sous les remparts de cette ville. Rester maître, pendant la concentration des troupes, de tout le pays jusqu'au Pounar, était pour Dupleix d'une importance capitale, et pour cela le meilleur moyen, c'était d'occuper devant l'ennemi une position fortifiée. Or il y avait en face du camp de Méhémet-Ali, à Tiravadi, une pagode qui dans nos mains pouvait jouer le rôle d'une forteresse. Dupleix donna à d'Autheuil l'ordre de s'y établir. L'opération se fit sans résistance. L'ennemi ne soupçonna l'importance de cette place improvisée que lorsque nous y fûmes installés. Il fit alors d'énormes préparatifs pour la reprendre. Naser-Singue envoya un corps de vingt mille hommes à Méhémet-Ali, et les Anglais lui accordèrent un secours de quatre cents Européens et de cinq cents cipayes. Le 30 juillet, toutes ces forces parurent devant Tiravadi. D'Autheuil repoussa sans grand'peine les attaques de ses adversaires, qui, découragés, changèrent de tactique et bombardèrent la pagode. Ils

n'eurent pas plus de succès ; notre artillerie eut vite
raison de la leur. Au bout de dix heures, ils furent contraints de se retirer, en abandonnant un nombre considérable de blessés et de morts. D'Autheuil ne les poursuivit pas et resta immobile, malgré les instances de
Dupleix.

La mésintelligence ne tarda pas à éclater au
sein de l'armée coalisée. Méhémet-Ali ne voulut plus
entendre parler des Anglais, qui, pas plus que les Hindous, n'avaient pu escalader les retranchements français ; il avait peur d'être attaqué en rase campagne et
voulait gagner Arcate. Les Anglais, dont on n'écoutait
plus les conseils, qui ne recevaient plus d'argent, se découragèrent et regagnèrent Saint-David, le 30 août.

Dupleix saisit l'occasion. Il envoya à Tiravadi treize
cents Européens, deux mille cinq cents cipayes, mille
chevaux, commandés par Chanda-Saïb, et adressa à
d'Autheuil, dont il redoutait la lenteur, l'ordre d'attaquer immédiatement. Il lui fournissait en même temps
les renseignements les plus précis sur la position de
l'ennemi, occupé à préparer la retraite.

Après une reconnaissance hardie, d'Autheuil forma
son armée sur trois colonnes et se mit en marche le
1ᵉʳ septembre ; La Touche était à la droite ; le marquis
de Bussy commandait la gauche. Une heure après, on
était en face des bandes de Méhémet-Ali. Le camp du
nabab se développait sur la rive du Pounar, adossé au
fleuve et appuyé sur deux villages ; il ne présentait pas
une ligne continue de retranchements. Les ingénieurs
hindous s'étaient contentés d'élever çà et là des redoutes
et des épaulements, que l'infanterie garnissait. La ca-

valerie était massée dans les intervalles. Aux premières salves de notre artillerie, l'ennemi sortit en désordre des ouvrages. D'Autheuil saisit le moment ; il cria à ses soldats : « Qui m'aime, me suive ! » et entraînant tout son monde à l'assaut, protégé par le tir des canons, il entra comme un coin dans l'armée ennemie. A la gauche, Bussy, quoique gêné par une inondation artificielle, était aussi heureux. Dès lors toute la ligne ennemie plia ; l'infanterie indienne se jeta dans la rivière. Quelques volées de canon suffirent pour dissiper la cavalerie de Méhémet-Ali. On prit trente canons et deux mortiers ; nos pertes se montaient à quatre blancs blessés et dix-huit noirs tués. L'ennemi avait perdu près de quinze cents hommes. Méhémet-Ali s'était enfui au début de la bataille, en criant que c'en était fait de lui et de ses soldats. Cependant Naser-Singue chassait dans les forêts qui entourent Arcate.

Dupleix attendait impatiemment le résultat de la manœuvre qu'il avait prescrite. Il avait déjà oublié la mauvaise humeur inspirée par les lenteurs de d'Autheuil ; à l'annonce de la victoire, il éprouva une véritable allégresse. « Honneur, gloire et salut à la divine Providence et à vous, écrivait-il à d'Autheuil, dans l'élan de son enthousiasme. Les nouvelles que je reçois de tous côtés m'annoncent un grand succès ; j'en attends les détails avec une vive impatience. Je vous embrasse. J'embrasse La Touche, Bussy, Puymorin et tous vos braves officiers. La joie de ma femme est comme la mienne, sans réserve. » Il se voyait déjà en possession du Carnate tout entier ; il échafaudait tout un système d'opérations rapides et terribles. La bataille de Tiravadi, dans son esprit, avait les conséquences les plus décisives pour notre domination ; elle amenait tout d'abord la chute de Gingi. Rien alors n'empêcherait plus la marche sur Arcate. On occuperait cette ville sans trop de peine, et Naser-Singue serait contraint ou de livrer une bataille perdue d'avance, ou de repasser les Gâths en fugitif, disputant sa vie à nos coureurs. Il étudiait donc les moyens de réduire Gingi, quand Bussy lui envoya tout un plan d'attaque contre cette ville. Dupleix accueillit ces ouvertures avec enthousiasme. Tout de suite il écrivit à d'Autheuil : « Bussy veut marcher sur Gingi ; cela rentre absolument dans mes idées ; il nous faut cette place. Bussy y tient, et puis peut-on refuser ce plaisir à Bussy ? Concertez-vous donc pour les détails de l'opération. Je fais fabriquer des échelles pour l'escalade. »

Gingi est perchée, comme un nid d'aigle, en haut d'un mamelon étroit et escarpé, dont les pentes abruptes, rocailleuses, rebuteraient le pied du montagnard le plus intrépide. A la crête de ces rochers, le rempart de la cité se profile sur le ciel et déroule la succession de ses tours et de ses créneaux, s'abaissant et se relevant suivant la configuration de ce plateau tourmenté, qui, à trois endroits distincts, forme des buttes élevées, commandant le terrain d'alentour. Des citadelles les couronnaient. La position de Gingi, c'était la clef d'Arcate, qu'elle prenait en flanc. La place était bien approvisionnée en munitions, en vivres, et fortement armée. Les débris de l'armée de Méhémet-Ali, se montant à environ dix mille hommes, s'y étaient réfugiés. Ces bataillons, dernier espoir du nabab, appuyés sur une forteresse jugée inexpugnable, semblaient devoir défier toutes les attaques.

Le 11 septembre, Bussy arriva devant la ville avec deux cent cinquante Européens, quatre cents cipayes et quatre pièces de canon. La reconnaissance des défenses de l'ennemi, la force de la position, le nombre, les obstacles matériels, la difficulté de l'ascension ne refroidirent pas l'ardeur du jeune général. Persuadé de l'impossibilité d'un siége régulier, il voulait prendre la ville d'assaut. Il comptait sur son audace, son habileté, la bravoure de ses troupes, la pusillanimité de l'ennemi. Il y avait certes bien des chances de succès; mais un revers était possible pourtant.

Nos troupes pouvaient être contraintes de s'arrêter devant une de ces barrières matérielles contre lesquelles l'énergie et le courage demeurent impuissants. Heureusement l'ennemi fit une faute colossale. Il quitta les hauteurs de Gingi, où il était si redoutable, pour descendre dans la plaine parsemée de villages où nous étions campés, et vint à notre rencontre dans un ordre de bataille des plus mauvais. La cavalerie était en tête; l'infanterie suivait immédiatement. Comme d'habitude, le feu de nos canons dissipa rapidement les cavaliers hindous, qui, débandés, se rejetèrent sur l'infanterie et y mirent le désordre. La vivacité du feu, une charge à la baïonnette de Bussy, l'arrivée de d'Autheuil avec ses compagnies, amenèrent l'entière déroute de l'ennemi. Bussy, poussant les fuyards, l'épée dans les reins, gravit avec eux les pentes de la montagne et arriva en même temps qu'eux sous les remparts de la ville, malgré une grêle de balles et de boulets, qui partaient des créneaux de l'enceinte. La plus grosse partie des Hindous put traverser les ponts et fermer les portes, et un feu terrible s'abattit sur les soldats français à découvert et au pied des murs.

La position n'était plus tenable; il fallait redescendre en vaincu les pentes si audacieusement gravies, ou pénétrer immédiatement dans la ville. Bussy s'arrêta à ce dernier parti. On réussit à appliquer un pétard le long d'une porte et à la faire sauter. La petite armée de Bussy s'engouffra aussitôt sous la voûte, et un combat acharné commença dans les rues de la ville. Malgré la fusillade, qui partait des fenêtres, les attaques réitérées de l'ennemi et les feux croisés des citadelles, qui dominaient la ville, Bussy, le soir, était maître de la cité; mais les forts tenaient toujours, et leur tir devenait de plus en plus vigoureux. On s'abritait tant bien que mal; on ripostait avec les pièces de campagne et quelques mortiers; mais il était clair que l'artillerie française ne parviendrait jamais, à cause de sa faiblesse numérique, à réduire au silence les batteries ennemies. Que nous réservait l'apparition du jour, si les forts restaient au pouvoir des Hindous? Il y aurait une recrudescence du bombardement, un retour offensif de l'ennemi. On perdait déjà beaucoup de monde. Que serait-ce lorsque les canonniers de Méhémet-Ali ne tireraient plus au hasard et concentreraient le feu de leurs pièces sur la poignée de Français qui occupait la ville?

Bussy, tout de suite, vit qu'il fallait aller de l'avant et marcher sans perdre une minute sur les citadelles; il forma trois détachements, et leur désignant les forts à enlever, il les lança à l'attaque; lui-même prit le commandement des sections qui opéraient contre le principal ouvrage.

L'ennemi s'était barricadé sur les versants que nos troupes avaient à gravir ; de là, il faisait pleuvoir une grêle de balles sur l'assaillant. Ni la difficulté du sol, ni les retranchements, ni la mousqueterie, ni la canonnade n'arrêtèrent l'élan des compagnons de Bussy. Au matin, les citadelles étaient à nous, et les vainqueurs eux-mêmes s'étonnèrent de leur victoire, quand à la clarté du soleil levant ils virent les fortifications prises en si peu d'heures.

La chute de Gingi l'inexpugnable frappa plus les esprits que la bataille d'Ambour. On admira les Français ; on les jugea invincibles. Que faire contre des soldats qui, un contre cent, avaient en une nuit pris la plus forte place de l'Inde? Selon le mot d'un contemporain, Kerjean, acteur dans cette guerre, le plus beau titre de gloire aux yeux des Hindous fut d'être Français. Il ne fallait pas laisser cette admiration s'affaiblir. Dupleix connaissait trop le caractère des indigènes pour permettre l'inaction à ses généraux. La forteresse était à peine conquise, qu'il pressait d'Autheuil de marcher : « Il ne faut même pas, disait-il, laisser penser à l'ennemi que l'on s'amuse à Gingi; il faut lui faire voir qu'on veut le poursuivre partout, même à Arcate. Il est donc de toute nécessité de pousser en avant. Comme ces chiens de Maures changent facilement de sentiment, il faut toujours les tenir dans la crainte. Ainsi mettez-vous donc en mouvement! » Cette tactique était la meilleure dans les circonstances où l'on était.

La nouvelle de la prise de Gingi avait tiré Naser-Singue de sa torpeur; il éprouvait à la fois la colère et la crainte; il frémissait au souvenir de ses défaites, il eût voulu écraser les Français, il redoutait leurs armes, et sa politique était le reflet de ses transes et de son irritation. Il formait une armée de soixante mille fantassins et de quarante mille chevaux, et à peine en marche, repris de peur, se décidait brusquement à envoyer à Dupleix des émissaires chargés de négocier la paix. Le caractère du soubab s'aigrissait dans ces alternatives. Il buvait plus que jamais et traitait les Anglais et les seigneurs de son armée avec une hauteur insupportable, allant jusqu'à menacer des nababs de les faire mourir sous le rotin. Ces accès de rage favorisèrent l'éclosion du complot, dont les ambassadeurs de Dupleix avaient semé les germes quelques mois auparavant. Le nabab de Canoul, exaspéré des menaces de Naser-Singue, qui criait qu'il lui retirerait gouvernement, terres et titres, et le nabab de Cadapa, ulcéré du supplice de son père, qu'on avait bâtonné, jurèrent de se venger, se concertèrent et s'entendirent pour faire défection à la première bataille. Aussitôt ils dépêchèrent un de leurs officiers à Dupleix, pour mettre le puissant gouverneur au courant de leur projet.

D'Autheuil, sur ces entrefaites, sortit de Gingi et s'avança sur la route d'Arcate, à la grande joie de Dupleix, qui, ignorant encore les propositions de paix du soubab, ainsi que le complot tramé contre ce dernier, restait convaincu de la nécessité d'une marche offensive dirigée contre la capitale de son adversaire. Cette démonstration ne pouvait avoir que deux effets, ou affoler Naser-Singue et l'amener à traiter, ou s'il résistait, le contraindre à une bataille dont le gain était sûr.

La déception de Dupleix fut grande, lorsqu'il apprit que d'Autheuil, surpris par les pluies, s'était arrêté à quelques milles en avant de la forteresse qu'il venait de quitter. D'Autheuil, très-brave sur le champ de combat, n'était pas doué de ce genre d'énergie qui triomphe des éléments. De véritables cataractes tombaient du ciel; l'armée comptait déjà beaucoup de malades. Les chemins défoncés n'offraient que des obstacles au transport de l'artillerie et des convois. C'étaient autant d'excuses pour l'inertie, et le commandant des troupes françaises restait immobile, déclarant tous les jours qu'on n'y pouvait plus tenir, et qu'on serait obligé d'évacuer le lendemain l'endroit maudit où l'on campait. Dupleix le conjurait de faire l'impossible et d'aller de l'avant. D'Autheuil montrait la boue où ses troupes enfonçaient. Les menaces de Dupleix, qui adoucissait par tous les moyens possibles les souffrances du soldat, ses caresses, ses éloges, ses appels au patriotisme ne purent vaincre l'abattement du général. « Les maladies dont vous me parlez, écrivait Dupleix, m'annoncent ce que j'ai toujours craint, que vos peines et mes inquiétudes n'aboutissent à rien. Je voudrais, je vous le jure, vous voir tous rentrés et paisibles dans vos maisons. Je n'apprends vos incommodités qu'avec peine et voudrais vous les épargner.

« Mais pensez-vous que cette raison soit suffisante pour tout abandonner? Les longs séjours à Tiravadi, à Gingi, les pluies! je connais le Maure; il ne lui faut pas davantage pour lui faire faire semblant de reprendre courage. Battre le fer pendant qu'il est chaud est le seul parti convenable avec cette race indigne. » Quelques jours après, il lui adressait cette rebuffade : « Au lieu de m'encourager, il semble que vous ne cherchiez qu'à me dégoûter et à m'engager à jeter le manche après la cognée. Duquesne, lui aussi, a des pluies et les supporte. » Il eut beau rappeler l'immensité des sacrifices accomplis, la grandeur du but à atteindre, dont un dernier effort nous séparait uniquement, tout ce qu'il put obtenir, ce fut d'empêcher d'Autheuil de reculer. L'armée resta sous la pluie, dans ses positions.

Les plénipotiaires de Naser-Singue arrivèrent à Pondichéry, pendant ces démêlés du gouverneur et du général. Leur premier acte fut de demander à Dupleix de formuler ses volontés, et sans attendre la réponse, ils proposèrent qu'avant de commencer la négociation, on suspendit d'abord les hostilités, qui n'avaient plus de raison d'être, puisqu'on cherchait une base d'entente, commune aux deux partis. Ils insistèrent fortement là-dessus et finirent par prier Dupleix d'envoyer des ordres à d'Autheuil pour arrêter la marche sur Arcate, en protestant des intentions pacifiques du soubab, qui se replierait aussitôt sur cette ville avec l'intégrité de ses forces.

Le piége était grossier. Dupleix répliqua froidement que ses dispositions étaient toujours les mêmes, qu'il n'avait rien de plus à cœur que de voir la paix régner dans l'Inde; que le seul et unique moyen d'établir la concorde dans ce pays livré aux fureurs de la guerre, c'était de rendre la liberté à Mousafer-

Singue, de restituer à cet héritier légitime d'un héros ses terres d'Adony et d'Adiviny, et d'investir enfin Chanda-Saïb de la nababie d'Arcate et du gouvernement de Trichinapaly, où la confiance du Grand Mogol l'avait appelé; que quant à ce qui le concernait personnellement, lui et la Compagnie, il ne voulait que la libre possession de Mazulipatam, régulièrement cédée contre finances à la Compagnie. Et prenant un air de dédain, il ajouta : « Jusqu'ici, vous et vos pareils, avez cherché à me tromper par toutes sortes de propositions mensongères. J'y consentais parce que j'ignorais la perfidie de vos diplomates. Aujourd'hui, je vous le dis, je ne tomberai plus dans ces piéges qu'un art trop peu scrupuleux mettait sur ma route. Je ne donnerai point à mon général l'ordre de s'arrêter. Mes troupes marcheront sur Arcate; elles ne cesseront d'avancer que lorsque j'aurai un traité définitif, que lorsque Mousafer-Singue délivré sera remis en possession de ses terres. Tant pis pour votre maître. Lui seul est responsable du sang versé, des calamités qui surviendront. » Ce fier langage intimida les ambassadeurs de Naser-Singue; mais encouragés par l'inertie de d'Autheuil, par les rigueurs de la saison, qui devenait de plus en plus mauvaise, en outre portés par nature à ruser et à gagner du temps, ils cherchèrent à traîner les négociations en longueur, tout en craignant une explosion de colère du gouverneur, qui pouvait les briser.

Dupleix ne lâchait pas un pouce de ses prétentions. Il offrit simplement aux diplomates hindous de remettre à Mousafer-Singue la nababie d'Arcate; c'était, disait-il, un moyen de sauvegarder l'amour-propre du soubab, et de sauver ses intérêts à lui, puisque Mousafer-Singue donnerait aussitôt ce gouvernement à Chanda-Saïb. C'était le dernier mot du gouverneur.

Au fond, il attendait tranquille et plein de confiance ; il savait qu'au retour de la belle saison, avec quelques coups de canon, il viendrait à bout de l'ennemi, qui cherchait maintenant à lui échapper par les détours d'une diplomatie captieuse, ou que l'ennemi aurait cédé avant cette date-là. Le messager des nababs de Canoul et de Cadapa arriva à ce moment décisif. Les nababs exposaient dans leur lettre et par l'organe de leur envoyé leurs griefs contre Naser-Singue, leurs désirs de vengeance, le mal qu'ils pouvaient faire à leur maître. Ils rappelaient qu'ils commandaient à plus de vingt mille soldats, les meilleurs de l'armée hindoue ; ils déclaraient qu'eux et leurs troupes, décidés à une défection éclatante, étaient prêts à tomber sur le soubab, dès que nous l'attaquerions, à le saisir, à l'arrêter même s'il le fallait, au premier signe de Dupleix. Ils ne revendiquaient aucun gage, aucun salaire ; ils ne formulaient qu'une demande, qu'on ne touchât ni aux trésors, ni au harem de Naser-Singue. Ils ne réclamaient qu'un pavillon aux couleurs françaises pour l'arborer et se faire ainsi reconnaître de d'Autheuil au moment où, dans la confusion du combat, ils tourneraient leurs armes contre le prince, dont ils avaient juré la perte.

Les renseignements des espions de Dupleix, les prières de Mousafer-Singue, qui était au courant de la conjuration, le ton de la lettre, les paroles du messager, tout concourait à démontrer qu'aucune arrière-pensée, qu'aucun piége ne se dissimulait derrière la démarche des nababs. En admettant qu'il y en eût, que risquait-on? que les deux généraux ne remplissent pas leurs promesses? alors les choses étaient comme avant. Il y avait comme un souffle de trahison dans l'armée de Naser-Singue. Le grand maître de l'artillerie hindoue, lui aussi, écrivait à Dupleix pour lui annoncer qu'à notre approche il tournerait ses canons contre le soubab. Les réflexions de Dupleix furent courtes; évidemment il fallait profiter d'offres aussi importantes. Le messager des nababs de Canoul et de Cadapa repartit bientôt après, emportant mystérieusement le pavillon français si instamment réclamé et les encouragements de Dupleix. Rien ne transpira de toute cette intrigue. D'Autheuil et La Touche en furent seuls informés.

Cependant les inquiétudes et les hésitations de Naser-Singue augmentaient. Il proposa, en plein divan, de se retirer au delà des monts à cause des pluies; mais les conjurés, dont cette retraite détruisait les projets de vengeance, se récrièrent et soutinrent que reculer était désastreux; il n'y avait selon eux que deux partis à prendre, ou attendre les événements en restant sur les positions qu'on occupait, ou marcher au-devant des Français. En entendant ces paroles belliqueuses, Naser-Singue baissa la tête comme un homme accablé et ne répondit pas. Les travaux et les fatigues de la guerre lui étaient insupportables; il eût voulu être dans son palais d'Arcate, au milieu des plaisirs et des fêtes; mais son amour-propre était en lutte contre ses penchants. Il craignait de se voir accuser de poltronnerie. Dès lors il dissimula ses véritables dispositions, et quelques jours après, en secret, envoya à ses plénipotentiaires l'ordre de terminer tout immédiatement en accédant aux demandes formulées par Dupleix.

Il était trop tard. Le gouverneur général, lassé des lenteurs des diplomates hindous, voyant le retour du beau temps, pressé par les conjurés d'agir et de dénouer en une heure le drame qui se déroulait depuis tant de mois, avait expédié à La Touche, chargé du commandement à la place de d'Autheuil, malade de la goutte, l'ordre d'attaquer sans aucun délai l'armée de Naser-Singue. La Touche arriva dans la nuit du 15 novembre en face de l'ennemi; il n'avait que cinq cent soixante-cinq soldats français et deux mille cipayes.

Naser-Singue, réveillé par la fusillade, ne croyant pas à une attaque, puisque, à l'heure actuelle, ses envoyés avaient dans les mains les instructions pour la conclusion de la paix, s'imagina avoir affaire à quelques Français ivres et ne s'inquiéta pas tout d'abord. La défection de tout le contingent des nababs de Canoul et de Cadapa, qui évacua ses positions aux premières décharges, l'intensité de la canonnade, le firent revenir de son erreur. Montant sur son éléphant, il se plaça au centre de son armée, ayant à côté de lui Mousafer-Singue et un bourreau. Prenant au sérieux son devoir de général, il s'efforça de paralyser l'élan des Français par une résistance acharnée; mais, comme toujours, les premières salves de l'artillerie européenne rompirent les rangs de la cavalerie hindoue, et la mousqueterie et les charges à la baïonnette dispersèrent l'infanterie.

Naser-Singue, pour ne pas tomber entre nos mains, se retirait du champ de bataille, en donnant l'ordre de couper la tête à Mousafer-Singue, lorsqu'il se rencontra avec le nabab de Canoul, qui, altéré de vengeance, cherchait partout le soubab pour se mesurer avec lui. Naser-Singue, furieux, poussa son éléphant vers celui du général qui l'avait trahi, et, avant de le frapper, comme un héros d'Homère, l'accabla d'injures. Cependant Canoul le vise froidement et lui tire un coup de fusil qui renverse le prince, roide mort, dans le houdah. Le nabab saute aussitôt de son éléphant sur celui du roi inanimé, coupe la tête du soubab, la fixe au bout d'une lance et délivre Mousafer-Singue, « qui ne dut son salut qu'à cette particularité que l'officier chargé de l'exécution faisait partie des conspirateurs ».

Le jour montra à nos troupes quatre mille cadavres étendus par terre, et toute une armée qui descendait des hauteurs voisines, au bruit des trompettes et des cymbales ; c'étaient les cohortes de conjurés, qui escortaient Mousafer-Singue, ivre de la victoire, proclamé soubab du Dékan et marchant précédé du pavillon remis par Dupleix et de la tête sanglante de Naser-Singue.

Bussy alla féliciter le monarque, déjà entouré de tous les anciens courtisans du prince décapité, qui regardaient en raillant le trophée tragique qu'on secouait devant leur nouveau maître. A la vue du héros de Gingi, pâle, blessé, se soutenant à peine, mais fier et ayant au front l'auréole de la poudre, dans l'œil le reflet d'acier que laisse la bataille, Mousafer-Singue sentit sa faiblesse et celle de son peuple. Bussy, avec son air stoïque et son costume sombre, était comme l'incarnation du génie dominateur de l'Europe, qui se dressait pour rappeler au glorieux du jour que rien ne pouvait s'édifier sans son aide. Mousafer-Singue, inclinant son orgueil devant Bussy, descendit de son éléphant, et dans la poussière rendit grâces à Dupleix, le maître de la victoire.

CHAPITRE VI

LA CONQUÊTE DU DÉKAN.

Couronnement de Mousafer-Singue à Pondichéry. — Le soubab demande à Dupleix des troupes pour la conquête du Dékan. — Hésitations de ce dernier. — Méhémet-Ali demande la paix. — Dupleix accorde à Mousafer-Singue le secours imploré. — Le soubab part pour la conquête du Dékan. — Révolte des nababs de Canoul et de Cadapa. — Mort de Mousafer-Singue. — Embarras de Bussy. — Le rajah Ragnoldas patronne la candidature au trône de Salabet-Singue. — Salabet-Singue est proclamé soubab du Dékan. — Prise de Canoul. — Négociations avec les Mahrattes. — Entrée à Hyderabad. — Couronnement à Aurungabad. — Politique de Bussy. — Son adresse. — Sa popularité. — Son pouvoir. — Son faste. — Guerre avec les Mahrattes. — Leurs défaites successives. — L'armistice.

Désormais rien ne semblait devoir mettre obstacle aux calculs du politique dont l'énergie et la profondeur avaient soulevé la plus étonnante révolution qu'ait vue la péninsule. Dupleix pouvait croire l'Inde domptée. Il avait réalisé ses plans presque dans leur entier. Ses armées étaient victorieuses ; son prestige incomparable. Il tenait enfin dans la main le souverain dont il avait besoin comme d'un porte-voix pour transmettre ses volontés à des millions d'hommes de races différentes, et le pouvoir de ce monarque n'était plus contesté. On allait sans peine installer Mousafer-Singue sur le trône de Golconde, et Dupleix, à l'aide de la pompeuse marionnette qu'il revêtait du costume royal, régnerait en maître absolu sur plus de trente-cinq millions de sujets, qui, et c'était là le chef-d'œuvre de cette politique, gardaient l'illusion de l'indépendance et, en obéissant à Dupleix, croyaient obéir à un prince de leur nationalité et de leur religion.

Le premier acte du gouverneur général fut de manœuvrer afin de suggérer à Mousafer-Singue la volonté de se rendre à Pondichéry pour s'y faire proclamer roi de Golconde, et en agissant ainsi, Dupleix ne cédait pas, comme on le cria plus tard, à un mobile de vanité, mais bien à une inspiration d'homme d'État, suivant imperturbablement une ligne de conduite mathématiquement tracée. Que voulait-il en effet? dominer l'Inde par l'ascendant du génie européen. C'était donc un des points essentiels de sa politique de ne jamais laisser échapper l'occasion de se poser en suzerain et en protecteur du système qui régissait l'Inde. Le soubab, en venant se faire couronner à Pondichéry, rendait à Dupleix l'hommage d'un vassal; c'était la France qui donnait l'investiture à l'héritier de Nizam el Molouck.

On n'eut pas de peine à persuader Mousafer-Singue. Dupleix prit aussitôt les mesures nécessaires pour donner à la cérémonie un éclat extraordinaire; il comptait beaucoup sur cette fête, il voulait frapper les imaginations, les éblouir par le rayonnement de nos richesses, les effrayer par la majesté de notre force et les rassurer par son attitude, au sujet des craintes conçues pour la liberté de l'Inde. Il disposa tout en homme d'État doublé d'un artiste. Il fit élever sur la place de Pondichéry une tente immense où le faste oriental s'alliait aux pompes de l'Occident. Deux trônes semblables étaient dressés en face l'un de l'autre dans cette vaste salle, dont les draperies formaient comme un ruissellement de cachemire, de soie, de broderie, d'or et de pierreries.

Dupleix s'y rendit au milieu d'un cortége royal. Un escadron de gardes à cheval le précédait, ainsi que douze lanciers et vingt-quatre *pions* portant chacun un pavillon doré, fond blanc. Derrière Dupleix et son état-major, venaient deux éléphants de taille gigantesque : l'un portait, arboré sur son dos, le drapeau français, immense étendard dont les plis se déroulaient librement au souffle de l'air ; l'autre, le *Mamurat* sur un pavillon fond blanc et or, insigne dont les vice-rois de l'empire mongol seuls ont le droit de se faire précéder, et que Mousafer-Singue venait de donner au gouverneur. Douze éléphants suivaient, chargés de timbaliers, de drapeaux, de gens de guerre, de trompettes et de fifres. Des bataillons de cipayes, au pittoresque costume, arrivaient alors, puis des batteries d'artillerie. Des compagnies d'infanterie, des escadrons de cavalerie européenne fermaient la marche. Dans les rues, les bataillons vainqueurs à Ambour et à Gingi formaient la haie. Le canon des remparts et de la citadelle tirait des salves répétées.

Mousafer-Singue entra le premier dans la tente et prit place sur un des trônes, ayant à ses côtés toute la noblesse du Dékan. Tout à coup les détonations de l'artillerie devinrent si formidables qu'on vit trembler des seigneurs hindous. Cette recrudescence dans les salves annonçait l'arrivée de Dupleix. Il paraît, et saluant le soubab, lui offre les présents habituels. Aussitôt Mousafer-Singue prend par la main le gouverneur et le conduit vers le trône qui lui était réservé. Alors commença un long défilé des nababs et des officiers de Mousafer-Singue, qui, couverts de velours et de soie, étincelants de diamants et de pierreries, vinrent l'un après l'autre s'incliner devant Dupleix, entouré de ses officiers au simple costume, et déposer à ses pieds des présents, honneurs réservés aux seuls soubabs.

Cette sorte d'hommage accompli, Mousafer-Singue se lève, fait revêtir Dupleix du serpeau, habit éclatant, composé d'une robe à la maure, d'une toque et d'une ceinture, avec le sabre, la rondache et le poignard. Ce serpeau avait été donné par l'empereur Aureng-Zeb au fameux Nizam el Molouck. Le gouverneur resta toute la journée dans ce costume. Il le proclame nabab de toute la région au sud de la Chichena jusqu'au cap Comorin. Suivant l'usage des princes de l'Asie, il lui donne un nom nouveau : il l'appele Zapher-Singue-Bahadour, ce qui signifie *toujours brave et victorieux*. Il lui accorde comme apanage la ville de Valdaour et son territoire pour en jouir en propre par lui et ses descendants. Il ajoute à l'octroi de ce domaine une pension de 240,000 livres et une autre de pareille somme pour madame Dupleix. Il lui confère le titre de munsub ou commandant de sept mille chevaux. Il établit que la monnaie de Pondichéry sera la seule ayant cours dans l'Inde méridionale, reconnaît la souveraineté de la Compagnie sur Mazulipatam et Yanaon, et accorde une extension de territoire à Karical. « Se tournant ensuite vers Dupleix, comme un vassal vers son seigneur, il s'engage à ne jamais rien accorder, même une faveur, sans l'approbation du gouverneur. »

Dupleix se leva à son tour, et, après les compliments d'usage, il déclara, en ayant l'air de céder aux élans d'une générosité naturelle, qu'il n'avait pas soutenu cette guerre pour conquérir des royaumes, mais pour obéir aux ordres du Mogol ; que c'était à la fois lui faire un grand honneur et lui imposer une charge trop lourde que lui confier la nababie du Carnate ; qu'il serait assez payé de ses services si on lui laissait le titre sans l'autorité. Montrant alors Chanda-Saïb qui se tenait près de lui : « Je demande en grâce, s'écria-t-il, qu'on confie le gouvernement de cet immense territoire à ce héros si fidèle. » Un murmure d'admiration s'éleva dans la salle. Ce désintéressement chevaleresque, si rare chez un homme au faîte de la puissance, impressionna vivement les Hindous, qui ne devinèrent point les calculs politiques cachés derrière l'abnégation, et demeurèrent persuadés qu'ils n'avaient rien à redouter d'un tel homme. Le pouvoir moral de Dupleix fut désormais hors de toute atteinte ; et pour incarner en quelque sorte l'idée de sa puissance dans un symbole matériel, il ordonna la fondation d'une ville sur les lieux témoins de la défaite et de la mort de Naser-Singue ; elle porterait le nom de Dupleix Fatey Abab (lieu de la victoire de Dupleix).

Surexcité par les derniers événements, Mousafer-Singue ne voyait plus de bornes à son ambition ; il ne lui suffisait plus d'avoir triomphé de son adversaire et de régner sur Golconde et le Dékan, il voulait Aurungabad ; mais réduit à ses seules forces, il ne pouvait rien entreprendre. Il eût été à la merci de la première révolte, et elle était inévitable. Mousafer-Singue n'avait pas d'illusion sur la fidélité des seigneurs ralliés à sa cause, et savait qu'il ne devait leur soumission qu'à la terreur inspirée par les armes françaises. Retenir autour de lui les bataillons français pour s'en servir comme d'une garde, était donc pour le soubab une nécessité inexorable. Il le déclara à Dupleix, et comme il craignait un refus, il n'épargna ni supplications ni promesses pour amener le gouverneur à ses vues.

Rien ne servait mieux les projets de Dupleix, qui considérait comme le principe de sa politique d'avoir près du souverain du Dékan des troupes pour protéger celui-ci, en le maintenant dans la fidélité, et un représentant pour donner des ordres, sous forme de conseils. Cependant Dupleix montra une certaine froideur, demanda à réfléchir, fit des objections.

Pour une pareille expédition il fallait des soldats éprouvés et un général qui unirait les qualités d'un stratége à la clairvoyance d'un politique. Il ne pouvait confier cette mission qu'au vainqueur de Gingi, à Bussy et à ses troupes. Or, le moment était-il opportun pour se priver de tels auxiliaires ? N'avait-on plus d'ennemi dans le Carnate? Méhémet-Ali était vaincu, mais vivant. Après le désatre et la mort de Naser-Singue, l'héritier d'Anaverdikan s'était enfui à Trichinapaly : il s'y tenait renfermé, dans l'isolement de la défaite. Les Anglais avaient-ils des velléités de l'appuyer? Étaient-ils en état de fomenter de nouveaux troubles ? Ils paraissaient avoir abandonné le fugitif d'Ambour, il est vrai ; eux-mêmes donnaient des signes visibles de découragement. Mais tant que Méhémet-Ali serait en possession de Trichinapaly, il y aurait un danger pour la France et ses alliés. On ne pouvait le laisser maître d'une citadelle aussi importante. Pour la prendre, il fallait un siége, et si le siége durait, que de complications pouvaient surgir ! Si les Anglais prêtaient secours au nabab dépossédé, si d'anciens partisans de Naser-Singue se prononçaient pour le prince qui avait combattu aux côtés de leur ancien maître ? Dans ces conditions, songer à la conquête d'Aurungabad était de la dernière imprudence. Il fallait, avant de tenter des opérations dans le Dékan, être sûr du Carnate.

La résistance de Dupleix enflamma l'ambition de Mousafer-Singue. Il offrit des avantages plus considérables encore. Tous les tributs de la province d'Arcate, au lieu d'être versés à Golconde, seraient payés à Pondichéry, où ils serviraient de caution à la fidélité du soubab. Dupleix nommerait les gouverneurs de toutes les villes du Carnate.

Les choses en étaient là, quand Méhémet-Ali fit parvenir des propositions de paix à Pondichéry. « Il offrait de reconnaître Chanda-Saïb comme nabab du Carnate, de lui remettre Trichinapaly et ses dépendances, à condition qu'il serait mis en possession des trésors laissés par son père, qu'aucune enquête ne serait faite sur son administration, enfin que le soubab s'engagerait à lui donner un autre gouvernement dans le Dékan. » Il paraissait sincère ; ses lettres portaient la marque du découragement ; ses désirs pacifiques étaient une preuve de son isolement et de son impuissance. Dupleix, encore un peu inquiet, mais dominé par la nécessité d'avoir dans le Dékan une garnison qui assurerait Mousafer-Singue contre toute défaillance, pressé aussi par l'intérêt qu'il y avait de montrer aux Hindous le soubab installé dans Golconde et assis sur ce trône fameux, n'hésita plus. Il écrivit à la Compagnie pour demander un secours de 1,300 hommes. « La chose vous sera d'autant plus facile, disait-il, que la réforme des troupes qu'on fait en France vous met en état de choisir, et que la dépense ne sera pas pour votre compte, ainsi que l'entretien ici pendant leur séjour, et que vous aidez Chanda-Saïb sans frais de votre part. »

Il accorda à Mousafer-Singue un secours d'une batterie d'artillerie, 1,800 cipayes, 60 Cafres et 300 soldats français, dont 10 officiers. On a oublié leurs noms comme leurs exploits : c'étaient Kerjean, le major Vincent, les lieutenants Dugray, Aimard, les enseignes Ligny, Fejac, le Normand, Aumont, Clérac, et Gaveau, maître canonnier. Ils partaient gaiement, sous la conduite de Bussy, pour aller porter la gloire du nom français dans des contrées presque inconnues. Dupleix leur assurait à chacun une petite fortune, ainsi qu'aux soldats. Il ne se séparait pas d'eux sans un serrement de cœur ; c'étaient les compagnons des jours de lutte et d'angoisse ; il les avait toujours trouvés prêts à marcher sous les balles pour l'intérêt du pays, et dans l'adieu qu'il leur disait au départ, il y avait un accent de sympathie et de mélancolie profonde. Il voulut faire partager à Mousafer-Singue la sollicitude qu'il ressentait pour ses troupes ; il lui disait : « Je ne vous donne l'appui de tels hommes que parce que vous m'avez assuré que les Français seraient dans vos États plus considérés que vos sujets. Votre reconnaissance pour eux ne doit pas avoir de bornes. Souvenez-vous qu'ils ont tout sacrifié pour votre fortune, et ne perdez jamais de vue leurs services et vos serments. »

Il lui donnait enfin un ministre qui était comme un conseiller et un surveillant. C'était le brame Ragnoldas. Lui-même l'avait dressé et rompu à toutes ses vues. C'était un de ces diplomates comme l'Orient seul en possède, d'une finesse et d'une habileté à toute épreuve, très-précieux contre des musulmans, dont ils ne partageait ni les idées ni les ambitions.

Bussy était bien le général désigné pour une telle expédition ; il se détachait déjà parmi les officiers de l'armée coloniale comme un aigle au milieu d'éperviers. Il était alors dans toute la maturité de son esprit. Ses services étaient déjà brillants. Né en 1718, au petit village de Bucy, près de Soissons, n'ayant pour toute fortune que sa généalogie [1] et son titre de marquis, arrivé à vingt ans aux Indes, il avait montré du sang-froid et de la vigueur au siége de Pondichéry ; son impétuosité avait assuré le gain de la bataille d'Ambour ; enfin c'était lui qui avait pris Gingi. C'était un personnage fait pour ne pas rester en chemin. Dupleix l'avait distingué parmi la foule et l'aimait comme son fils.

Au feu, il est magnifique. Brillant, fougueux, calme,

---

[1] Il se nommait Charles-Joseph Patissier, marquis de Bussy-Castelnau.

selon les vicissitudes du combat. Il sait communiquer aux troupes la flamme qui le dévore. Pour mener une charge, il n'a pas son pareil. Et comme il sait, sur le champ de bataille, reconnaître le point faible de l'ennemi ! Il n'a pas seulement le coup d'œil du tacticien, il a aussi la profondeur de calcul du stratége. Avec cela, une allure toute de vivacité et de résolution, de la bonhomie, de la franchise, une gaieté communicative, qui le rend séduisant au plus haut point. Et par-dessus tout cette dignité naturelle, ce je ne sais quoi de haute race et d'altier, qui impose, tout en s'alliant merveilleusement à la grâce des manières.

Il montre un grand amour de l'étude ; il connaît à fond l'histoire, les mœurs et la langue de l'Inde. Avec cela, c'est un Athénien qui aime le luxe et l'élégance, et tient en horreur le pédantisme et la morgue. Mais la profonde originalité de ce caractère, c'est le don qui est comme le secret de sa force et l'explication de son rôle : ce soldat est un homme d'État. Il en a la promptitude de décision, la clarté de conception, avec cela le tact, la finesse du diplomate, le sens d'organisation de l'administrateur. Sa qualité dominante, c'est le bon sens. Il préfère le solide à l'éclat; sa prudence refrène souvent la fougue d'action de Dupleix.

C'est cet instinct de modération qui l'amènera plus tard à ressentir les atteintes du découragement, quand il jugera que Dupleix embrasse trop pour ses forces et pour ses moyens. Il aura alors besoin d'être soutenu, raffermi, sinon il trébuchera ; puisqu'il ne voit plus où l'on va, il sera tenté de s'arrêter et de faire des remontrances. Mais qu'à ce moment-là viennent des ordres nets et clairs, comme il a les vertus du héros, l'abnégation de soi-même, le patriotisme, l'esprit de discipline, le sentiment profond du devoir, la vigueur d'intelligence, il les exécutera merveilleusement.

Mousafer-Singue et Bussy sortirent de Pondichéry le 15 janvier 1751 pour se rendre à Golconde. Il emmenait dans ce voyage de deux mois son fils et les enfants de Naser-Singue, qui, des marches du trône, étaient tombés dans une prison dorée. Tout se passa sans encombre pendant les quinze premiers jours. On conçut alors des craintes sur la fidélité des nababs de Canoul, de Cadapa et de Savanor; l'insolence de leurs prétentions allait croissant. Selon eux, Mousafer-Singue était leur œuvre; il leur devait la couronne et la vie. Et on leur marchanderait quelques grâces! Au fond, ils voulaient faire la loi au soubab, et comme on leur résistait, ils accentuaient leur attitude de mécontentement amer et de protestations sourdes. Ils avaient des conciliabules fréquents et se tenaient obstinément, au milieu de leurs troupes, en arrière de l'armée. Kerjean alla les trouver, et naturellement n'en put rien tirer qu'une « antienne de négations » sur les projets qu'on leur prêtait.

Leurs protestations, leurs serments de fidélité à Dupleix et à Mousafer-Singue ne trompèrent pas Kerjean, qui revint inquiet. On traversa pourtant sans encombre les monts et les gorges qui séparent le Carnate du pays de Cadapa. Les nababs rejoignirent l'armée avant d'arriver à Rachioty, forteresse construite au milieu de défilés sauvages, dans le pays des patanes, cette race, née de pères arabes et de femmes indiennes, qui a gardé les armes et la turbulence de ses ancêtres masculins. Ils invitèrent Kerjean à aller se divertir avec eux dans la ville, qui faisait partie du fief de l'un d'eux ; ils y avaient rassemblé des danseuses et chanteuses du pays. Kerjean refusa, sans se douter que cette fête était le prélude d'une tragédie.

On prévint tout à coup le soubab que des soldats des généraux suspects, campés à deux lieues du contingent français, pillaient les bagages de la couronne et avaient arrêté un chariot chargé de fusils, destinés à Bussy. Dans la rixe, presque toute l'escorte avait été tuée, ainsi que plusieurs cipayes. Mousafer-Singue envoya aux nababs pour leur demander des explications. Ils répondirent que leur responsabilité n'était pas en jeu; que l'arrière-garde de l'armée avait ravagé le pays, et que le pillage dont on se plaignait n'était qu'une représaille de victimes exaspérées, qu'eux-mêmes ne pouvaient permettre qu'on saccageât leurs domaines, mais qu'*on avait outre-passé leurs ordres,* et qu'ils donneraient des satisfactions.

Mousafer-Singue, excité par son entourage, crut à un défi des nababs. On criait à ses oreilles que c'était le manque d'énergie qui avait perdu Naser-Singue, et qu'à de telles insolences il fallait un châtiment exemplaire. Il dépêcha Kroumikan, l'interprète français, pour intimer aux nababs l'ordre de venir se jeter à ses pieds. Le messager ne revint pas. On l'avait forcé par dérision à prendre part à l'orgie. Le prince, impatient, envoya d'autres députés; on les chassa, avec des huées et des coups. A la nouvelle de cet affront, Mousafer-Singue eut un accès de fureur. Il appelle ses esclaves, se fait armer, et avec des imprécations donne à ses officiers l'ordre de rassembler les troupes et de courir sus aux rebelles. Kerjean, un des premiers avertis, supplie le soubab de ne point aventurer la majesté royale dans une sédition dont on peut triompher avec une compagnie française. Il ne demande que quelques heures pour soumettre les nababs ou rapporter leurs têtes. Mousafer-Singue ne veut rien entendre. Bussy lui-même, qui arrive au moment où le vice-roi monte sur son éléphant, n'obtient qu'un regard dédaigneux du prince, qui lui demande avec aigreur s'il veut être de la partie. Bussy réclame quelques minutes de délai pour rassembler ses troupes. Sans répondre, Mousafer-Singue se met à la tête de sa cavalerie, qui s'ébranle aussitôt.

Les nababs, qui n'avaient guère autour d'eux plus de quatre mille hommes, — leurs forces principales étant restées en arrière, — mais qui tenaient Rachioty dont le canon assurait leur retraite, n'espérant pas quartier s'ils étaient pris, connaissant l'éloignement des Français, résistent énergiquement et repoussent les charges des cavaliers de Mousafer-Singue, qui lui-même est forcé de reculer. L'arrivée des Français contraint les rebelles à fuir. Mousafer-Singue s'aventure dans la poursuite, seul, suivi de quelques fidèles. Les nababs l'aperçoivent et le chargent avec fureur. Un combat terrible s'engage autour de lui. La poignée de Français qui sert de garde à Mousafer-Singue lutte en héros. Le nabab de Cadapa, celui de Savanor succombent tour à tour. Le soubab pousse son éléphant sur celui de Canoul, essuie sans être atteint deux coups de feu de son adversaire, le joint, et d'un coup de sabre le jette à terre. On lui coupe la tête, on l'arbore au-dessus de l'éléphant de Mousafer-Singue. Dès lors tout s'enfuit. La victoire était complète, et le vice-roi donnait l'ordre aux trompettes de sonner, quand une flèche décochée par un de ses serviteurs l'atteignit. Il tomba pour ne plus se relever. On l'abandonna aussitôt. Seuls les Français restèrent près du cadavre et le rapportèrent au camp.

Bussy eut un moment d'angoisse, à la pensée des conséquences que la mort de Mousafer-Singue pouvait entraîner. Le péril était plus grand qu'au temps où Naser-Singue sillonnait le Carnate avec ses hordes. Les projets de Dupleix étaient encore une fois menacés, renversés peut-être, le salut de l'armée compromis. Au lieu du triomphe à Golconde, la perspective d'une guerre. A la place d'un roi protégé et ami de Dupleix, quatre prétendants en bas âge, destinés à servir de jouets aux ambitieux. Lequel des enfants de Naser-Singue ou du fils de Mousafer-Singue devait rallier le plus de partisans? Qui pouvait le savoir? Il n'y avait aucune règle, aucune tradition pour servir de guide, rien que le caprice d'une féodalité heureuse des troubles qui apportaient un aliment à ses appétits.

Les grands seigneurs divisés, le Dékan et le Carnate ravagés de nouveau, les Anglais rentrant dans la lutte, tous les avantages acquis par la Compagnie au prix de si grands sacrifices perdus en un moment, la petite armée française entourée par trois cent mille Hindous, ennemis peut-être, obligée d'accomplir, pour regagner Pondichéry, une marche d'un mois à travers des pays hostiles, le soldat effrayé de l'éloignement, l'officier songeant aux épreuves de la retraite des Dix-Mille, la lutte pouvant éclater d'un moment à l'autre, Bussy vit cela tout d'un coup. Il avait trop d'énergie pour se dérober à la responsabilité qui lui incombait. Il résolut de faire tête à tous les dangers, et, rassemblant ses troupes, il marcha sur le camp hindou, prêt à repousser les attaques, tout en gardant l'air amical qu'on montre à des alliés, et en se posant en arbitre désintéressé, en conciliateur des prétentions de chacun. Il n'y avait pas de conduite plus habile à suivre. C'était le seul moyen d'empêcher de nouvelles catastrophes et de maintenir notre influence.

Déjà un grand nombre de seigneurs voulaient proclamer pour roi un des fils de Naser-Singue. On avait délivré ceux-ci, on les avait fait monter sur un éléphant, on les conduisait en triomphe à travers le camp. Bussy, à son entrée dans les lignes hindoues, aperçut le cortége et comprit ce qui se passait. Il n'y avait pas à penser à reculer; on était forcé de se rencontrer face à face. Qu'allait-il arriver? Tout le monde, dans l'armée française, eut pendant un moment la crainte d'un conflit.

« Qu'on connaissait mal, dit Kerjean, l'impression que les Français avaient faite sur les Hindous! A peine avions-nous joint le gros d'éléphants qui entouraient celui des trois frères, que les rangs s'ouvrent pour nous faire place. On nous demande à mains jointes notre protection… Nous sommes les meilleurs amis.

« Il faut que nous nous hâtions de désigner un maître à cette multitude, sinon elle va s'entre-égorger, selon la coutume des musulmans de l'Inde, qui dans une bataille perdent leur général et ne le remplacent pas sur l'heure. Nous n'avions pas à délibérer sur le parti à prendre. » On répondit qu'ayant entrepris le voyage avec Mousafer-Singue, et le prince défunt ayant un fils, il n'était pas naturel d'abandonner tout d'un coup les intérêts de ce dernier, qu'enfin il fallait que Dupleix fût informé de la révolution qui venait de s'accomplir, que lui seul pouvait décider de la fortune des quatre prétendants, que pour tout sauvegarder, la France se chargerait de leur garde.

Tout le monde applaudit. Salabet-Singue, l'aîné des trois frères, dit à Bussy : « Dupleix regardait Mousafer-Singue comme son frère; le nabab était mon oncle. Je suis donc le neveu de Dupleix. S'il cessait d'être généreux, je voudrais moi-même renoncer aux droits que ma naissance me donne à l'héritage de mon frère. Dupleix saura que nous n'avons trempé en rien dans la mort de son frère Mousafer-Singue. Il autorisera les marques d'amitié que vous pouvez me donner. S'il vous rappelle, mes frères et moi nous vous suivrons. Nous ne voulons tenir notre pouvoir que de lui et des Français. »

Ce discours, inspiré évidemment à Salabet-Singue par un groupe de politiques qui déjà gouvernaient le prince, frappa Bussy, dont les appréhensions se dissipèrent. Il résolut d'accentuer encore l'attitude de protecteur et d'arbitre qu'il avait prise au début.

Il fit placer les trois frères au milieu de son état-major, et s'achemina avec eux vers le quartier royal, au milieu d'une foule d'Hindous qui accablaient le général de leurs bénédictions, tout en laissant voir leur haine pour la famille de Mousafer-Singue, dont ils n'avaient reçu pourtant que des bienfaits. Une foule anxieuse entoura le cortége, quand il arriva aux tentes royales. La femme de Mousafer-Singue, éplorée, dans le désordre de la douleur, se précipita au-devant de Bussy pour le supplier de sauvegarder les droits de son fils. Autant pour la calmer que pour rester fidèle à son rôle de conciliateur, Bussy conduisit le jeune prince près de ses trois cousins, et les fit asseoir tous les quatre sur le même trône. D'un commun accord on décida que Salabet-Singue signerait les ordres. La conférence finit par une cérémonie symbolique. On apporta du sucre candi. Bussy en mit un morceau dans la bouche des princes, et l'on se sépara. Des sentinelles françaises gardèrent toutes les issues du pavillon royal.

La tactique de Bussy triomphait. Il avait empêché la tragédie annoncée de s'accomplir. Pas une goutte de sang n'avait coulé. Mais rien n'était décidé; tout restait suspendu. Et pour être reculée, l'énigme n'était pas moins menaçante. Il fallait un maître à cette foule, et la proclamation d'un soubab, ce dénoûment obligé de la crise, pouvait amener la guerre. Pourtant il n'était pas possible de prolonger indéfiniment une situation aussi tendue, et la nécessité de prendre un parti, sans attendre les ordres de Dupleix, s'imposait de plus en plus. Bussy le sentait; mais, pour agir, il lui fallait des appuis dans l'entourage d'un des princes, et il n'avait pas encore eu le temps d'en créer. On ne pouvait point tenter un coup d'État sans la complicité des ministres; on n'était pas sûr de ceux-ci.

Le rajah Ragnoldas, l'habile diplomate que Dupleix avait placé auprès de Mousafer-Singue en qualité de premier ministre, vint alors trouver Bussy. Ragnoldas voyait sa fortune renversée; il voulait la reconquérir. Il avait une foule d'ennemis parmi la noblesse du Dékan, qui le jalousait et ne lui pardonnait pas d'être d'une religion différente de la leur. Il était entièrement à la dévotion de Dupleix; au fond, il ne pouvait se maintenir sans notre appui. Il demanda à Bussy vingt-cinq grenadiers pour sa garde personnelle. On lui accorda. Se sentant alors en sureté, il pensa à donner un maître à l'armée et au Dékan, et pour être certain de réussir, il résolut de s'appuyer sur les Français. Il eut avec Bussy un long entretien où il exposa ses idées sur la situation, ainsi que les plans à suivre. Selon lui, il y avait tout avantage à se prononcer nettement pour Salabet-Singue. C'était le candidat désigné par la force des choses. Héritier légitime de Naser-Singue, il jouissait de la popularité que celui-ci avait eue. En le proclamant soubab, les Français pouvaient créer une sorte de fusion des partis. C'était un prince sans caractère, sans expérience, sans génie marqué; on le gouvernerait comme on voudrait; il serait trop heureux d'abandonner les affaires à son ministre, et Ragnoldas ajoutait qu'il serait ce ministre. Quant à la candidature du fils de Mousafer-Singue, elle lui paraissait ne pas devoir être discutée, tant elle avait peu de chance. C'était folie de penser à soutenir contre les cabales des seigneurs, contre les entreprises des Mahrattes, un prince enfant, sans argent, sans crédit, sans popularité, abandonné des troupes et de la noblesse. C'était vouloir éterniser les troubles; si l'on désirait la paix, il fallait hardiment appuyer Salabet-Singue; mais il était nécessaire de se hâter. Si l'on tardait à se déclarer, l'armée, sortie de Golconde depuis deux ans, se débanderait, les trois héritiers de Naser-Singue, circonvenus par les ambitieux, cabaleraient l'un contre l'autre, et il ne serait plus temps de rien faire alors, dans l'hypothèse où Dupleix prendrait le parti de soutenir les droits de l'un d'eux. « Ce qu'il faut, c'est se décider sur-le-champ, sans attendre les ordres de Dupleix qui ne peuvent arriver avant quinze jours, et proclamer Salabet-Singue soubab du Dékan. Que ne devez-vous pas attendre de ce prince, qui vous sera redevable de la liberté, de la vie et d'une couronne? Dupleix vous approuvera, soyez-en persuadé. Je connais ses vues, ses projets. Il verrait votre retour et vos doutes avec désespoir. »

Ragnoldas ajouta que d'ici à deux jours il serait plus puissant que jamais. Le lendemain, il déclara à Salabet-Singue que, n'ayant accepté le ministère que par force, il se retirait, et remit les sceaux. Au premier conseil, après le premier épanouissement des ennemis du rajah passé, on s'aperçut que personne n'avait la moindre notion des affaires, qu'on n'avait pas la solde des troupes, qu'on ne savait comment faire rentrer l'argent.

Force fut bien de rappeler le rajah, qui aussitôt instruisit Salabet-Singue de sa conversation avec Bussy et obtint du futur soubab les avantages les plus larges pour la Compagnie française. Il retourna alors trouver Bussy et lui mit dans les mains un acte par lequel Salabet-Singue non-seulement confirmait les concessions octroyées par Mousafer-Singue, mais les augmentait encore du côté de Mazulipatam, et donnait en propre à la France la province du Carnate et doublait les gratifications et les pensions.

Il y avait de quoi être tenté, et Bussy l'était; il sentait que Dupleix ne pouvait pas blâmer la conduite d'un général qui, livré à lui-même, sans moyens de communication avec le gouvernement, obligé de se décider sur-le-champ, assurerait les intérêts d'une politique dont l'inspirateur lui avait expliqué à maintes reprises le but et les évolutions nécessaires. Il croyait que les propositions qu'on lui apportait cadraient entièrement avec les vues de Dupleix; mais le sentiment du devoir militaire l'arrêtait; avait-il le droit, lui, un soldat, d'engager d'une façon irrémédiable la politique de son pays, de conclure avec une puissance étrangère une convention, quelque bonne qu'elle fût? Ragnoldas, avec sa finesse, dissipa ces scrupules, en proposant une transaction, que Bussy accepta joyeusement. Il fut convenu que le contingent français marcherait, avec l'armée de Salabet-Singue, jusqu'à la hauteur de Mazulipatam. De là les troupes, si Dupleix les rappelait, gagneraient facilement Pondichéry. Si, au contraire, le gouverneur se décidait à appuyer le candidat de Ragnoldas, on continuerait à s'avancer vers Haïderabad; on n'aurait pas perdu de temps, on n'aurait pas allongé le chemin. Les Français se chargeraient de garder Salabet-Singue, et sans traiter celui-ci ouvertement en roi, on montrerait pour lui la déférence dont on entoure les princes appelés à régner. On envoya à Dupleix des courriers montés sur des dromadaires, et l'on continua à marcher.

L'inquiétude de Dupleix avait été grande à la nouvelle de la mort de Mouzafer-Singue. Il voyait tout compromis et redoutait surtout le retour de ses troupes; c'eût été une abdication, au moment où il fallait plus que jamais exercer sur l'Inde l'ascendant moral du génie européen. Depuis le départ de Bussy, des complications étaient survenues dans le Carnate. Méhémet-Ali n'avait pas encore rendu Trichinapaly, et il devenait évident qu'il voulait garder cette ville. Il intriguait en dessous avec les Anglais, tout en colorant de prétextes spécieux et de paroles mielleuses sa lenteur à exécuter le traité. Aussi Dupleix suivait-il avec anxiété les phases d'une révolution dont l'effet pouvait être de relever les affaires de Méhémet-Ali, si le nouveau soubab n'était pas dans nos mains. Il se désespérait d'être éloigné du théâtre des événements, de ne pouvoir rien sur leur marche, quand il apprit la transaction imaginée par Ragnoldas et acceptée par Bussy. Dans sa réponse, Dupleix approuva entièrement les actes de son lieutenant et n'eut que des éloges pour la prudence et l'habileté dont Bussy avait fait preuve en dénouant si rapidement une situation en apparence inextricable.

Le 18 février 1751, Bussy et Ragnoldas, ayant pris les mesures nécessaires, sûrs de tout, réunirent les troupes françaises et l'armée hindoue. Kerjean déclara solennellement que les ennemis de Salabet-Singue devenaient les ennemis de la France, que chacun eût donc à reconnaître ce prince pour soubab du Dékan et roi de Golconde; puis se tournant vers Salabet-Singue, entouré de l'appareil royal, il l'assura de l'attachement de Dupleix, et lui présenta, au nom de celui-ci, le *salami*, l'offrande accoutumée de vingt et une pièces d'or.

Des acclamations enthousiastes accueillirent les paroles de Kerjean, et toute la noblesse du Dékan se précipita vers le nouveau soubab pour lui jurer fidélité.

Ainsi, la révolution qui venait de s'accomplir n'avait eu d'autre effet que de démontrer d'une façon éclatante l'ascendant pris par Dupleix sur les Hindous. La politique du gouverneur sortait triomphante de l'épreuve, plus forte que jamais.

Avant de reprendre la marche vers le Dékan, Bussy résolut de s'emparer de Canoul, ville forte, qui constituait l'apanage du nabab, tombé sous le sabre de Mousafer-Singue, dans le combat où ce prince avait trouvé la mort. La place commandait la route de Pondichéry à Hyderabad; il eût été de la dernière imprudence de laisser aux mains de peuplades ennemies une forteresse si gênante pour nos communications. L'armée prit donc position devant Canoul. Sababet-Singue, en véritable Hindou, essaya d'en corrompre les défenseurs et envoya des officiers chargés de conclure le marché. On lui jeta leurs têtes pour toute réponse. Un moment, le nabab craignit de se voir arrêté pendant des mois devant ces remparts, dont la hauteur l'intimidait. Bussy le rassura. Il promit à Salabet-Singue, qui l'écoutait en souriant d'un air de doute, que le soir venu, les Français seraient maîtres de la ville et du château.

Kerjean eut la mission de reconnaître la place. Il vit que la muraille, à la suite d'un débordement du fleuve, s'était écroulée en partie sur un espace de vingt toises; à la rigueur, on pouvait passer. Les Français se formèrent en colonne, franchirent le fossé et entrèrent dans la ville, chassant devant eux les bandes ennemies, qui se réfugièrent dans la citadelle. On tournait autour de celle-ci, ne sachant comment tenter l'escalade, car les échelles manquaient, quand Lenormand découvrit à son tour une brèche dans le mur du fort. Malheureusement elle était peu praticable. Le premier assaut échoua malgré la bravoure des officiers et l'élan du soldat. On tenta une seconde attaque, une grêle de balles dispersa les cipayes et les Cafres. Kerjean, Lenormand, et une dizaine de Français restés sur la brèche, sans soutiens, redescendirent pour s'abriter dans l'angle d'une tour et de la courtine voisine. Cherchant à s'esquiver, ils se faufilaient en rasant le rempart, lorsqu'ils atteignirent une grosse tour, qui formait un saillant de l'ouvrage. Elle était à demi écroulée. Ils rallièrent leurs hommes, et quoique la rampe eût un escarpement « diabolique », malgré un feu des plus vifs, ils gagnèrent le haut de la tour, dont ils tuèrent ou mirent en fuite les défenseurs. La garnison du château s'enfuit dans la campagne, où la cavalerie la tailla en pièces.

Ce fait d'armes inspira à Salabet-Singue une vive admiration; il ne parlait plus que de l'irrésistible furie des Français et de la puissance de son « oncle » Dupleix, qui, avec de tels soldats, deviendrait le maître du monde. « Le jeune nabab n'est que votre esclave, écrivait Bussy au gouverneur général, et dit que si vous lui donnez quelques terres, il les prendra de vous, sinon qu'il s'en ira vivre à Pondichéry... Tout le Dékan vous appartient, et on vous laisse le maître d'y installer qui vous voudrez. Tout le pays en deçà de la Chichena est à vous, et encore une fois pour l'autre partie, le nabab ne se regarde que comme votre fermier. »

Il fallait maintenant exécuter l'opération du passage de la Chichena. Bussy voulait traverser le fleuve au plus vite. Il éprouvait de vives inquiétudes. L'armée mahratte, commandée par le Peishwa en personne, Balladgi-Rao, s'avançait contre nous. Ce mouvement était le résultat d'une intrigue ourdie par Gazendi-Kan, le frère de Naser-Singue, qui ambitionnait secrètement le trône du Dékan et s'efforçait déjà de rassembler tous les matériaux qui pouvaient servir à son œuvre de prétendant. Passer la rivière devant les Mahrattes, c'était bien difficile ! Bussy réussit à les gagner de vitesse. Le 20 mars, la Chichena était derrière nous.

Salabet-Singue, d'accord avec Bussy, entama des pourparlers avec Baladgi-Rao. Celui-ci demandait une forte somme d'argent et la cession de quatre forteresses. On négocia pendant huit jours. Rien ne se décidait; on n'était pas plus avancé qu'au début des conférences. Bussy s'impatienta. Il sentit qu'il fallait intimider les plénipotentiaires mahrattes et leur dit hautement que si l'on n'avait pas tout de suite la paix, il se placerait à la tête de ses troupes et attaquerait immédiatement. Les Français étaient au faîte de la gloire; on les tenait pour invincibles; aussi ce langage exerça la plus vive impression sur les ambassadeurs de Balladgi-Rao. Ils ne mirent plus en avant que des propositions raisonnables. La paix fut enfin conclue moyennant un présent de deux lacks de roupies, offert à Balladgi-Rao. On atteignit Hyderabab le 12 avril et Aurungabad le 20 juin. C'est dans cette dernière ville qu'eurent lieu les fêtes du couronnement de Salabet-Singue. Le jour de son entrée triomphale à Aurungabad, le soubab envoya à madame Dupleix, la bégum Jeanne, comme disaient les indigènes, un paravana qui lui octroyait à tout jamais pour elle et ses descendants la souveraineté de l'aldée de Cadapa ; c'était un petit royaume.

Quoique régnant sans partage sur l'esprit du soubab, Bussy croyait qu'il était de la plus élémentaire prudence de s'emparer de garanties matérielles, étant donné la versatilité de l'Asiatique ; ses instructions le lui recommandaient. Quelques revers pouvaient nous enlever rapidement la renommée et l'éclat qui nous entouraient. Notre pouvoir serait alors bien compromis si nous n'avions pas au moment décisif un appui matériel pour l'étayer. Bussy voulait donc, mais sans effrayer personne, occuper la citadelle d'Aurungabab, qui commandait la ville. La position du général était délicate : il fallait être le maître du soubab et ne paraître que son allié ; il était nécessaire d'occuper la forteresse et de ne pas avoir l'air de tenir la cité sous ses canons.

Bussy se tira en diplomate avisé de toutes ces difficultés ; il colora de prétextes spécieux ce qu'il y avait d'alarmant dans sa conduite, redoubla de caresses vis-à-vis du soubab, enfin manœuvra si bien que lorsqu'il s'installa avec ses troupes dans la citadelle, cette action parut naturelle à tout le monde. Il la mit aussitôt en état de défense et l'arma de ses canons. Dupleix approuvait entièrement les actes de son ami. Il l'encourageait et le soutenait par des instructions nouvelles et précises que Bussy exécutait merveilleusement. « Il établit la plus sévère discipline ; aucun soldat ne pouvait sortir de la forteresse qu'à un jour et à une heure fixes, et jamais sans une permission écrite du commandant. Le résultat fut tel qu'on pouvait le prévoir ; il n'y avait ni excès de boisson chez les soldats, ni querelles, ni rixes avec les habitants de la ville. » Bussy ne tolérait aucune maraude. Campant un jour près d'un jardin, il fit défendre aux soldats et aux cipayes de toucher aux fruits de ce verger. Un grenadier, enfreignant l'ordre, cueillit une orange. Le jardinier vint se plaindre au général. Bussy l'écouta attentivement et lui promit justice. Séance tenante, il fit venir le coupable, et après une verte semonce, le condamna à payer cent roupies au propriétaire de l'orange volée. « La conduite des Français fut si exemplaire que les indigènes en vinrent rapidement à les admirer pour leur courtoisie autant qu'ils les avaient craints et estimés pour leur valeur. Les marchandises les plus précieuses étaient journellement placées sous la protection des soldats français. »

Bussy gardait vis-à-vis du soubab une attitude aussi habile que vis-à-vis des habitants ; il enveloppait très-adroitement les ordres sous la forme d'un conseil et s'arrangeait de façon que les résolutions qu'il suggérait et qu'il était décidé à imposer, n'eussent jamais l'air d'être le résultat de la contrainte. Bussy était véritablement l'esprit qui dominait le Dékan ; le soubab n'était que l'instrument de ses volontés. Le général avait le droit d'écrire à Dupleix : « Il faut soutenir la réputation de nos armes. Si vous m'envoyez des renforts, l'empereur lui-même tremblera au nom de Dupleix. » Il lui était permis d'être fier : « La France ne comptait-elle pas désormais au nombre de ses vassaux de très-grands seigneurs et plusieurs têtes couronnées ? »

Dupleix, quoiqu'il fût de fait le nabab du Carnate et que Chanda-Saïb ne fût que son second, sentait la nécessité d'être investi d'un mandat régulier et officiel, pour exercer l'autorité suprême s'. en était besoin et quand il le voudrait. Il chargeait donc Bussy de négocier cette affaire avec Salabet-Singue. C'était une mission assez délicate à remplir. Le général réussissait pourtant à la mener à bien, mais non sans peines et sans ennuis.

« L'affaire du Carnate vient d'être terminée, écrivait-il, le 13 octobre 1751, au gouverneur. Je vous avais promis sur ma tête de vous faire nabab de cette contrée, la voilà dégagée. Le Divan m'en a promis le paravana en votre nom, et après vous, à la nation française... On a envoyé cent mille roupies à Delhy pour les présents nécessaires, afin d'avoir la confirmation de cette cour... Je crois qu'il convient à la réception du paravana que vous fassiez venir Chanda-Saïb père et fils et leur dire : Soyez les bienvenus, restez tranquilles, je suis nabab du Carnate, et prendre à votre compte toutes les troupes. » Dupleix, une fois le paravana entre ses mains, ne le rendit pas public; il le garda comme une arme contre des circonstances imprévues dans l'avenir.

C'est le moment où Bussy suit minutieusement les instructions de Dupleix; il n'éprouve aucun doute, aucune timidité; il est comme une incarnation de son chef, qu'il imite en tous points. Il ne néglige rien pour frapper et éblouir l'imagination orientale des peuples parmi lesquels il vit. Il copie le faste et l'ostentation du gouverneur de Pondichéry Comme celui-ci (1), « il se plaît à mêler la pompe asiatique à l'élégance française. Il porte des habits de brocart couverts de broderies, un chapeau galonné, et par une coquetterie de goutteux, des souliers de velours noirs richement brodés. Quand il se laisse voir en public, c'est au fond d'une immense tente haute de trente pieds, assez vaste pour contenir six cents hommes. Il est alors assis sur un fauteuil orné des armes du roi de France et placé sur une estrade élevée, couverte elle-même d'un tapis brodé en velours cramoisi ; à droite et à gauche, mais sur des chaises, on voit une douzaine de ses principaux officiers.

« A l'entrée de la tente se tient la garde européenne et la garde hindoue. La table était toujours servie en vaisselle plate, à trois ou quatre services. Il montait pendant les marches ou les revues un magnifique éléphant, tandis qu'une troupe de poëtes et de musiciens le précédait, chantant ses louanges et les récents exploits des Français, ou bien de vieilles ballades guerrières. » Son pouvoir était aussi absolu que celui de Salabet-Singue et indépendant en somme, car il était fondé sur cette triple base : la crainte, l'amour des peuples, la nécessité de ses services. De nouveaux exploits allaient le revêtir d'un éclat plus vif encore.

La paix trop facile qu'il avait conclue avec Salabet-Singue n'avait fait qu'irriter les convoitises de Balladgi-Rao ; il croyait que les maîtres du Dékan avaient peur de ses cavaliers ; il n'avait pas senti le poids de nos armes. Plein d'illusion, il lui semblait que c'était un jeu

---

(1) Seir Mutakherin.

de rompre, du poitrail de ses chevaux, la poignée d'étrangers qui se serraient autour du soubab. Il se proposait d'envahir les provinces limitrophes de ses États, de les piller d'abord, de les garder ensuite. A la tête de près de cent mille cavaliers, il entra dans le Dékan entre Ahmed-Nagar et Beder.

La nouvelle de cette incursion affola Salabet-Singue. Les prouesses des Mahrattes inspiraient une universelle terreur. Il ne savait plus s'il fallait implorer la paix, quitter Aurungabad, marcher à l'ennemi, fuir ou résister; tous les courtisans tremblaient. Il appela Bussy à son secours. Celui-ci, avec l'air tranquille d'un homme qui a la certitude du succès final, rassura tout le monde.

« Ne vous inquiétez pas, dit-il, de l'armée qui envahit; j'ai le moyen de préserver le Dékan, c'est de marcher sur Pounah, la capitale des Mahrattes. Vous avez vu les Français à l'œuvre sur les champs de bataille. Vous connaissez leur valeur; ils vaincront facilement de misérables pillards comme les Mahrattes. Mes soldats sont prêts, mes canons attelés; il faut agir sans retard. » Grâce à l'activité de Bussy, on réunit sans trop perdre de temps une armée d'un effectif très-fort, mais d'une qualité détestable. Cette multitude, qui était comme une ville ambulante, ne se mouvait qu'avec une lenteur et une apathie qui désespéraient les officiers français, dont l'énergie et l'activité restaient impuissantes. On atteignit enfin Ahmed-Naggar; Bussy fit déposer les bagages du soubab dans cette ville, située à environ vingt lieues de Pounah, au milieu d'une vaste plaine, légèrement ondulée, coupée de nombreux cours d'eau, ceinte de montagnes boisées. Les Mahrattes étaient proches. En apprenant que sa capitale était menacée, Balladgi-Rao et ses hordes étaient revenus en toute hâte. Le Peishwa avait perdu sa jactance du début ; il laissait voir des dispositions pacifiques et envoyait des émissaires. « C'eût été folie que de se fier à ses paroles. » On continua donc à s'avancer dans cet ordre : à l'avant-garde, Kerjean avec une compagnie de grenadiers, 60 Cafres, 500 cipayes et 4 canons ; à la droite, Dugray avec une compagnie française, 300 cipayes, 3 canons et 600 Hindous ; à la gauche, Ruflet avec pareilles forces. L'arrière-garde, sous Vincent, comptait une compagnie de grenadiers, 500 cipayes, 4 canons et 20,000 indigènes. L'artillerie indienne, les éléphants, 12,000 cavaliers et une multitude d'irréguliers venaient ensuite.

Au sortir des défilés, où cent hommes résolus eussent arrêté l'armée, on rencontra les Mahrattes. L'issue de la guerre dépendait réellement du combat qui allait s'engager. Les Français formèrent le carré, les canons au centre. Les cavaliers mahrattes exécutèrent une charge vigoureuse et désordonnée. Le feu de la mousqueterie, la mitraille brisèrent l'élan de l'ennemi, qui, après des pertes cruelles, tourna bride et disparut. Les troupes de Salabet-Singue sentirent dès lors le courage leur revenir.

Balladgi-Rao demanda la paix ; on ne lui répondit point. Il fallait le dompter par des coups plus terribles. Cependant sa cavalerie caracolait sans cesse devant le camp ; elle paraissait et disparaissait sur les crêtes des collines, inquiétant perpétuellement les fourrageurs, mais prenant régulièrement la fuite à la vue de l'avant-garde française. Le 9 décembre, le ministre de Salabet-Singue, le rajah Ragnoldas, vint éveiller, à onze heures du soir, Bussy et Kerjean. Il devait y avoir une éclipse de lune. Ragnoldas remontra à Bussy que les Mahrattes, selon leur usage, passeraient la nuit à battre leurs cymbales et à crier après le dragon qui dévorait l'astre, qu'ils ne se garderaient point, qu'ils étaient campés imprudemment à une lieue en arrière du camp, derrière un monticule qui abriterait notre mouvement, que rien n'était plus facile que de les surprendre. Bussy donna aussitôt l'ordre de rassembler les troupes, qui se mirent en marche. La surprise fut complète. Le feu de l'artillerie et de la mousqueterie causa à l'ennemi des pertes cruelles. Il ne fallut qu'un quart d'heure pour renverser le camp ennemi. Les Mahrattes ne résistèrent pas, et, sautant sur leurs chevaux, qu'ils n'avaient pas eu le temps de seller, s'enfuirent au hasard. Balladgi-Rao, sans vêtement, se sauva à pied, et au moment d'être pris, rencontra un cheval abandonné, dont la vitesse assura son salut. « Si, au lieu de canonner le camp, on l'eût, dit Kerjean, emporté à la baïonnette, rien n'eût échappé. » Le butin fut immense. Ces deux défaites détruisirent le prestige des Mahrattes.

Quelques jours après, les seigneurs hindous, piqués de nos victoires, voulurent attaquer Baladgi-Rao. Celui-ci chargea vigoureusement leurs troupes et les culbuta. Elles se rejetèrent sur Vincent et ses grenadiers, qui, noyés dans ce flot de fuyards, furent entraînés un moment dans la déroute, perdant deux canons. Vincent rallia ses soldats, qui marchèrent de nouveau contre l'ennemi, en le couvrant de feu. Ils réussirent à reprendre les pièces dont les Mahrattes coupaient les bricoles, mitraillèrent cette cavalerie et la mirent en fuite. Ils restèrent seuls sur le champ de bataille, abandonné des Mahrattes et des Hindous. Bussy n'était plus qu'à vingt milles de Pounah. La prise de cette ville était certaine; mais il n'entrait pas dans les plans du hardi général de faire des conquêtes sur les Mahrattes. Les garder était plus que problématique, et ce qui était certain, c'est qu'il faudrait les défendre au prix des plus grands sacrifices.

Il y avait un parti à prendre, plus sage, qui assurait des avantages précieux pour l'avenir : c'était de ne pas abuser de la victoire, de traiter généreusement le vaincu. Qui sait si l'on n'en ferait pas un allié plus tard? Dans ses lettres, Dupleix conseillait cette politique au moment même où Bussy la proposait. Le vainqueur des Mahrattes conclut un armistice avec le Peishwa, dans les premiers mois de l'année 1752. Balladgi-Rao était dompté ; il n'y avait plus qu'à laisser faire au temps.

Dupleix était au faite de la puissance. Il régnait sur le Carnate, dont il était nabab. L'immense Dékan lui obéissait. « Le pouvoir moral de Dupleix s'étendait sur les royaumes de Maïssour, Tanjore, Madura, Tinivelly. S'il n'était pas le souverain titulaire de toutes ces villes, c'est qu'un des principes de sa politique était de toujours se tenir au second plan et de gouverner par les princes du pays. » L'ère des dangers paraissait close. Les Anglais étaient bien encore là ; mais, sans prestige, vaincus sur les champs de bataille où ils s'étaient montrés, ils semblaient à tout jamais avoir perdu le pouvoir de contre-balancer l'influence française. Méhémet-Ali n'était pas soumis; mais il n'avait plus qu'une ville et une poignée d'hommes. Dupleix, fier du progrès de ses plans, regardait sans peur ces débris, qui se rassemblaient pour une lutte suprême. Il croyait les vaincre encore : il était près de la défaite. Jusqu'ici il avait triomphé de tout par son génie même. Il n'aura plus de généraux; c'est l'Angleterre qui va avoir l'homme de guerre. Peut-être encore en viendrait-il à bout; mais la patrie elle-même se lève contre Dupleix. Il est arrivé à l'heure où lui, l'innocent, payera les fautes du gouvernement de Louis XV. Tout le système politique du temps va se dresser contre lui pour l'abattre. En vain il déploiera toutes les ressources de son génie : la fatalité l'a condamné. Il va combattre, il va souffrir. Désormais il se brisera contre les pires ennemis de l'intelligence humaine : l'inertie et l'abandon.

CHAPITRE VII.

LE DÉSASTRE DE TRICHINAPALY.

Méhémet-Ali refuse d'évacuer Trichinapaly. — Dupleix se décide à entreprendre le siége de cette ville. — Le plan de campagne. — Défaite des Anglais devant Volcondapuram. — Lenteurs de d'Autheuil. — Description de Trichinapaly. — Blocus de cette forteresse. — D'Autheuil remplacé par Law. — Marche de Clive sur Arcate. — Défaite des Français. — Diversion tentée par Dupleix. — Elle échoue. — Les Anglais veulent ravitailler Trichinapaly. — Law laisse passer le convoi. — Son incapacité. — Il se retire à Sheringam malgré Dupleix. — Il y est bloqué. — Il ne fait rien pour s'ouvrir un passage. — Il refuse de quitter Sheringam et de battre en retraite sur Karical. — Capitulation de Law. — Mort de Chanda-Saïb.

Cependant, il fallait en finir avec la question de Trichinapaly, qui une fois déjà avait manqué de tout perdre. Dupleix avait temporisé jusque-là, attendant le dénoûment du drame qui se déroulait devant Bussy. Rassuré sur les conséquences de la révolution amenée par la mort de Mousafer-Singue, il somma Méhémet-Ali d'exécuter la convention conclue depuis trois mois et d'évacuer Trichinapaly. Il essuya un refus. Méhémet-Ali s'était allié avec le rajah de Maïssour et les Mahrattes. A force d'argent, il avait obtenu l'appui des

Anglais, qui, au commencement de mars 1751, envoyèrent, pour tenir garnison à Trichinapaly, le capitaine Cope avec deux cent trente soldats de la Grande-Bretagne et trois cents cipayes. A la fin du mois, ils expédièrent une nouvelle colonne composée de cinq cents Anglais, cent Cafres, mille cipayes, avec huit canons, sous le commandement de Gingen. Méhémet-Ali se crut dès lors en état de tenir tête « au grand nabab de Pondichéry ». Le contingent de Madras entra aussitôt en campagne et, pour son début, essuya un échec devant Madura, forteresse qui relevait de la nababie d'Arcate.

Dupleix retrouvait donc une nouvelle coalition devant lui ; il n'en était ni surpris ni inquiet. Il croyait la dissiper aussi facilement que les précédentes et par la même tactique faite d'audace et de coups de foudre. Malheureusement, il n'avait plus Bussy à la tête des troupes. Le seul général, c'était d'Autheuil, et la maladie allait encore accroître l'apathie naturelle du vieil officier.

Dupleix espérait pourtant lui communiquer le feu qui l'animait. Il lui donna des instructions très-précises, et, dans une conversation avant le départ, lui expliqua tout ce qu'il attendait de la campagne qui allait s'ouvrir. L'objectif, c'était la prise de Trichinapaly. Dupleix voulait prendre l'offensive. D'Autheuil avait sous ses ordres quatre cents Français et dix mille Hindous de Chanda-Saïb. Avec de telles forces, on était maître des événements. Aux premières nouvelles de la marche de nos troupes, les Anglais sortiraient de Trichinapaly pour en disputer les approches ; leur premier acte devait être de chercher à occuper Volcondapuram, ville située à quarante-cinq milles de

Trichinapaly et qui en formait comme un ouvrage avancé. Il fallait les gagner de vitesse, s'établir dans la forteresse et marcher sur eux, les rejeter sous Trichinapaly et y entrer avec les fuyards, comme on avait fait à Gingy. Le plan était très-réalisable. D'Autheuil ne fit aucune objection et partit avec l'air d'un homme convaincu.

Le début de la campagne montra combien Dupleix avait jugé sainement la tactique de ses adversaires. Gingen, informé de notre approche, assura ses communications avec Saint-David par l'occupation de la pagode de Veradechelum, et aussitôt s'avança à marche forcée vers Volcondapuram, dont il comprenait toute l'importance, malgré son ignorance en matière de stratégie. Il arriva avant nos troupes et s'établit devant la ville, dans une position dont la force en imposa à d'Autheuil quand il parut. L'espoir de Gingen, c'était d'intimider le musulman qui gouvernait la forteresse au nom de Chanda-Saïb. Il perdit quinze jours dans de vaines négociations avec le rusé Hindou, et cela devant d'Autheuil, qui restait immobile.

Dupleix, dans des lettres pressantes quotidiennes, remontrait à son général la nécessité d'attaquer, d'en finir; il lui indiquait les moyens. Il ne parvenait pas à dissiper la torpeur du vieil officier. Heureusement, Gingen se décida à tenter devant les Français l'assaut de la place. Il enleva facilement le rempart et la ville; il remit au lendemain l'escalade de la citadelle; le gouverneur fit entrer pendant la nuit les troupes de d'Autheuil. Les Anglais, ignorant l'entrée des Français dans la citadelle, l'attaquèrent au matin.

Au bruit du canon, le compagnon de Dupleix, quoique malade de la goutte, retrouva son énergie. Il fit une défense terrible, et les Anglais, écrasés, en proie à une panique honteuse, s'enfuirent, abandonnant leurs alliés et leur artillerie. Ce soubresaut de vigueur s'éteignit chez d'Autheuil avec les dernières rumeurs du combat. Il laissa l'ennemi se retirer tranquillement. C'était pourtant le cas ou jamais d'obéir aux instructions de Dupleix, de poursuivre l'Anglais l'épée dans les reins ! Rien n'était plus facile que de l'empêcher de se rallier, de le couper de Trichinapaly et de le rejeter sur Saint-David. On terminait ainsi la guerre. L'Angleterre, les cinq cents hommes de Gingen anéantis, ne pouvait plus mettre une compagnie en ligne. Il ne lui restait plus que la garnison de Trichinapaly, les cent quatre-vingts soldats de Cope; car pour cette expédition on avait entièrement vidé Madras et Saint-David. Méhémet-Ali était hors d'état de résister. La chute de Trichinapaly, le prétendant prisonnier, tel était le prix d'une poursuite vigoureuse. La fortune nous offrait une dernière fois le moyen de tout terminer, et tout échoua, parce qu'un général avait la goutte, qu'aucun officier n'était digne de le suppléer, et qu'enfin Chanda-Saïb, malgré son impétuosité, n'osait rien entreprendre sans l'aide des Français. Les Anglais, chargés des imprécations des partisans de Méhémet-Ali, gagnèrent Trichinapaly, où ils se réorganisèrent.

Trichinapaly, qui commande d'un côté la route du Maïssour et du Tanjore, de l'autre toute la partie méridionale de Carnate, est bâti à un demi-mille de Cauveri, dans la plaine fertile qui borde le fleuve. Une triple enceinte aux hautes tours, aux larges fossés pleins d'eau, où nagent paresseusement de grands crocodiles, entourait la ville, dont la forme rappelle celle d'un rectangle. Au centre de la ville, un rocher de granit, haut de cent soixante mètres, excellent observatoire pour l'assiégé, profile sur le ciel ses lignes imposantes. Des éminences coniques s'élèvent isolément dans la plaine. Au sud et à l'est, elles se rapprochent pour former de courtes chaînes aux lignes tranchées, baignées par les vapeurs lumineuses de l'horizon. Le Cauveri coule au nord et, en face de Trichinapaly, laisse à découvert une grande île où se dressent, au milieu de cocotiers et de mangluiers, les *gopurams* ou tours pyramidales d'un des temples les plus célèbres de l'Inde, la pagode de Sheringam, avec ses portiques, ses galeries, ses statues colossales, ses sept tours fermées chacune par une muraille couverte de sculptures bizarres.

L'occupation de l'île et la pagode étaient pour la ville d'une importance capitale.

Le passage du Cauveri devenait dangereux, le blocus impossible. Il fallait, avant de penser à entreprendre quoi que ce fût sur la ville, réduire Sheringam. Les Anglais manifestèrent d'abord des velléités de garder cette position ; mais, à la vue de nos troupes, l'effarement les reprit ; ils repassèrent le Cauveri en toute hâte et se renfermèrent dans Trichinapaly. D'Autheuil laissa des troupes dans Sheringam, mit garnison dans la redoute de Coilady, que les Anglais avaient construite à la pointe est de l'île, passa le fleuve et, contournant la forteresse, établit son quartier général près de la colline de l'est, la plus rapprochée de la place, et qu'on appela dès lors le *Rocher français*. On y éleva des batteries, qui commencèrent aussitôt le bombardement de la ville.

Dupleix attendait avec impatience des nouvelles de l'attaque. Malgré ses ordres, à son grand désespoir, elle n'eut pas lieu. D'Autheuil n'était même plus en état de répondre aux lettres de son ami, qui l'adjurait d'agir. Absorbé par la maladie, il lui restait à peine la force d'écrire pour demander son rappel. Il le faisait dignement. Cette nécessité de se séparer d'un homme dont le sang avait coulé pour cimenter l'édification de la puissance française dans l'Inde, affectait douloureusement Dupleix, qui, tout en faisant la part des lenteurs inhérentes au caractère du vieux général, savait bien qu'il ne trouverait jamais un serviteur plus honnête et plus dévoué. Cependant il fallait le remplacer, et il y avait une extraordinaire pénurie d'officiers. L'opinion désignait Law, le neveu du célèbre financier. Dupleix le choisit ; ce fut une de ses plus cruelles fautes.

Law avait montré de l'énergie et de la vigueur au siège de Pondichéry. La grande situation de son oncle l'avait mis en relief. On le croyait plein d'idées ; au conseil, avec de la facilité de parole, il manifestait de la hardiesse dans les vues et de la décision. Au fond, c'était une nature vulgaire ; sa hardiesse n'était que de l'arrogance, sa décision que de la vanité. Un peu d'étude, une vigoureuse mémoire, un peu de tact, beaucoup d'outrecuidance, lui servaient à masquer le vide de l'esprit. Dans le commandement, il apparut ce qu'il était réellement, le plus entêté des incapables. Il ne vit

dans son élévation qu'un moyen de satisfaire ses goûts
de despote; bientôt les officiers le détestèrent et perdirent la confiance. Law était brave, mais sans caractère.
Dans l'action, il restait hésitant ou sans idée; il était de
ceux qui ne voient jamais que le lendemain ce qu'il y
avait à faire la veille. Avec cela Écossais, et par cela
même suspect au soldat.

En arrivant en face de Trichinapaly, le premier sentiment du nouveau général fut le doute. Bussy eût
tenté l'assaut; Law pencha pour la temporisation et le
blocus. Il écrivait à Dupleix pour lui remontrer toute
l'absurdité d'une attaque de vive force. Était-il possible de s'emparer par un coup de main d'une place
protégée par une triple enceinte de solides murailles,
défendue non plus par de misérables Hindous, mais par
des soldats anglais? C'était folie d'y songer. Il fallait un
siége, des travaux réguliers, une brèche. Que de temps
perdu! que de difficultés à vaincre! En resserrant la forteresse au contraire, en empêchant les vivres d'y entrer,
on la prenait aussi vite et sans sacrifice. Quelques mois
suffisaient.

Dupleix, qui connaissait ses ennemis, préférait l'escalade et « les sacrifices d'hommes » qui répugnaient à
Law. Ce qui importe, disait le gouverneur, ce n'est pas
tant de perdre du monde que d'en finir. La démoralisation des Anglais est entière. L'insuccès d'une attaque
ne compromettrait pas nos affaires, et si elle réussit!
Pourtant, il se contenta de souligner les avantages « du
coup de vigueur ». Éloigné du théâtre de la guerre,
malade lui aussi, en proie au chagrin, il subissait les atteintes d'une de ces crises qui terrassent les plus forts.

Il venait d'apprendre la mort de son frère. Il se voyait enlevé son ami le plus sûr, son unique défenseur à Paris, au moment où cet appui eût été le plus utile, au moment où l'opinion prévenue par les pamphlets que La Bourdonnais, du fond de la Bastille, lançait sans se lasser, se prononçait avec passion contre le « dictateur, le proconsul vindicatif et cupide » dont l'ambition et la folie bouleversaient l'Inde en ruinant la Compagnie. C'était pour lui une perte amère, irréparable. Il eut un moment d'accablement; il crut aux impossibilités matérielles que lui signalait Law. Il accepta le blocus. Cette diminution momentanée d'énergie eut de terribles conséquences.

L'Angleterre, aux jours du péril, a souvent eu la fortune de rencontrer un homme, pour sauvegarder les intérêts du pays. En ce temps-là ce fut Clive; il était encore obscur; mais il avait l'intuition et la foi. Il vit le danger et alla trouver Saunders, le gouverneur de Madras. « Il lui représenta que si on ne faisait pas un vigoureux effort, Trichinapaly succomberait, que la maison d'Anaverdikan périrait, et que les Français deviendraient les véritables maîtres de l'Inde. Il était absolument nécessaire de frapper un coup hardi; il fallait attaquer Arcate. » Cette capitale était dégarnie. Il n'était pas impossible de faire lever le siége de Trichinapaly ou tout au moins « de transporter le théâtre de la guerre sur un nouveau terrain, et de conquérir des avantages qui compenseraient la perte de cette ville si elle succombait ». Saunders accueillit avec joie la proposition de Clive, et comme la veille des renforts d'Europe étaient arrivés à Madras, il lui confia

200 Anglais et 1,000 cipayes. Quelques jours après, le 11 septembre 1751, Clive entrait en vainqueur à Arcate.

Cette nouvelle, si elle surprit Dupleix, ne l'effraya pas. A son sens, la manœuvre du général anglais, c'était à la fois un brillant fait d'armes et un piége. Le voir, c'était le détruire. La capitale du Carnate aux mains de l'ennemi, ce n'était qu'un accident de guerre. L'important, c'était toujours la prise de Trichinapaly. L'héritier d'Anaverdikan et ses auxiliaires prisonniers, que pouvait Clive? Menacé par l'armée que la chute de Trichinapaly rendrait disponible, il évacuait forcément Arcate ou y capitulait à son tour. Dupleix expédia à Law des renforts en artillerie et en infanterie, et en le mettant au courant des événements qui venaient de s'accomplir, il lui remontrait la nécessité d'agir avec vigueur et de réduire la place dans le plus bref délai.

Malheureusement Law n'obéit pas et ne sut pas maintenir l'impétuosité irréfléchie de Chanda-Saïb, qui, en proie aux alarmes, détacha de son armée un corps de quatre mille hommes sous le commandement de Rajah-Sahib, son fils, pour reprendre Arcate. Law, après le départ de la division hindoue, se prétendit trop affaibli pour se battre.

Dupleix sut la résolution de Chanda-Saïb trop tard pour en suspendre les effets. Mais il était facile de bloquer Clive dans sa conquête, tout en continuant le siége de Trichinapaly. S'arrêtant à ce parti, pour mettre les Hindous en état de lutter sans désavantage contre les Anglais, il donna à Rajah-Sahib une centaine de soldats de ligne.

C'est alors que commença cette défense, qui illustra Clive et que Macaulay a si éloquemment racontée. Comme Law, Rajah-Sahib fit juste le contraire de ce qu'il aurait dû. Au lieu d'établir un blocus sévère autour du fort, il essaya de le prendre de vive force. Dupleix apprit en même temps la défaite du nabab, la dispersion de l'armée, la poursuite de Clive. Aussitôt il envoya au contingent français un renfort de deux cents hommes. Réunies, ces troupes firent aussitôt face à l'ennemi. Quoique supérieures en nombre à l'Anglais, elles ne purent tenir contre les habiles dispositions de Clive. Après une lutte sanglante, elles battirent en retraite sur Gingi. Dès lors le héros d'Arcate était libre d'agir pour délivrer Trichinapaly. Il se rendit au fort Saint-David afin d'y préparer la nouvelle campagne.

Dupleix n'était pas d'humeur à le laisser organiser en paix une telle expédition. Puisque c'était par une diversion que Clive avait réussi à relever les affaires de l'Angleterre, il n'y avait qu'à l'imiter. En dessinant une marche sur Madras, on forçait le général ennemi à changer l'économie de ses plans. On gagnait du temps, et le temps était devenu la grosse question ; les vivres commençaient à manquer à Trichinapaly ; la démoralisation de la garnison était à son comble. La mésintelligence régnait entre Méhémet-Ali, Cope et Gingen. Le roi de Maïssour faisait demander à Dupleix quelles conditions il obtiendrait, s'il abandonnait le parti de l'héritier d'Anaverdikan. C'étaient là des symptômes précurseurs d'une capitulation ; mais il fallait empêcher Clive d'introduire dans la ville des secours. Dupleix ne désirait pas arriver à ce résultat par une bataille ; il ne voulait rien risquer. Il comptait manœuvrer, et tout en donnant des inquiétudes perpétuelles à l'ennemi, en lui laissant toujours espérer la possibilité d'un combat décisif, ne jamais se laisser joindre. En un mot, il croyait que l'art, dans cette campagne, était d'amuser Clive et de le retenir loin de la ville assiégée, sur la ligne Saint-David, Madras, Arcate, jusqu'au jour où la famine et le découragement nous auraient livré Trichinapaly.

Rajah-Sahib et le commandant du contingent français se conformèrent d'abord aux instructions de Dupleix. Leur approche excita à Madras une panique. Clive, suspendant tous ses préparatifs, sortit de Saint-David en hâte, comptant en finir rapidement avec cette armée, dont la venue bouleversait ses plans. Les généraux de Dupleix abandonnèrent les environs de Madras et esquissèrent un mouvement offensif sur Arcate, entraînant à leur suite Clive, qui, malgré tous ses efforts, ne réussissait pas à leur gagner une marche. Ils le paralysaient ainsi depuis assez longtemps, et ils ne pouvaient plus avoir de doute sur la valeur de la tactique pratiquée, quand ils s'arrêtèrent tout à coup et occupèrent la forte position de Covrebauk, avec la résolution d'y livrer un combat défensif. Clive parut bientôt, et quoique un peu inquiet à la vue de l'attitude de l'ennemi, n'en donna pas moins le signal de l'attaque. La victoire pencha d'abord pour les Français. Leur artillerie, très-bien placée, écrasait littéralement les Anglais, dont la retraite semblait imminente, lorsque Clive réussit à tourner le camp ennemi. Pris entre deux feux, les Français lâchèrent pied, en abandonnant leurs canons. Le vainqueur reprit aussitôt le chemin du fort

Saint-David pour mettre en mouvement le convoi destiné à secourir Trichinapaly. Mû, lui aussi, par un sentiment politique, il rasa en passant la ville que Dupleix faisait élever sur le lieu témoin de la mort de Naser-Singue.

Ainsi, par la faute de ses généraux, Dupleix perdait tout le fruit de ses efforts. Il n'y avait plus moyen de tenir la campagne, de couvrir l'armée occupée au blocus. Celle-ci allait supporter le fardeau de la guerre; et au moment critique où toutes les opérations se trouvaient forcément reportées devant Trichinapaly, Dupleix croyait de moins en moins à la capacité de Law, qui se laissait assiéger dans son camp par des bandes de Mahrattes, alors qu'en jetant en avant quelques partis de cavalerie, il aurait débarrassé les chemins; qui enfin, dans la situation où l'on se débattait, demandait un congé pour aller à Pondichéry assister aux couches de sa femme, et s'étonnait en recevant cette réponse de Dupleix :

« Je croyais que vous n'étiez pas homme à vous prêter aux idées d'une femme..... Les maris fuient ordinairement ces sortes de scènes, qui sont fort dégoûtantes..... Vous choisissez le moment le plus critique qui fut jamais et qui doit décider du sort de Trichinapaly. Si vous continuez dans ce sentiment, vous perdez dans le moment tout le mérite que vous avez acquis jusqu'à présent. Faites vos réflexions là-dessus; vous êtes d'âge à les faire ou jamais. Je serais aussi bien mortifié de chanter la palinodie sur vous, comme je l'ai fait pour tant d'autres. » Il cût dû lui retirer le commandement, mais par qui le remplacer? Il n'avait personne. Il résolut de le surveiller, et de lui indiquer les manœuvres que la stratégie exigerait.

La pensée dominante de Dupleix, c'était d'empêcher l'entrée du convoi dans Trichinapaly. Il mit en campagne une foule d'espions, recrutés parmi les brahmes, les parsis, dans les sectes hostiles à l'islamisme ; leurs rapports lui apprirent bientôt le lieu de réunion de l'expédition, le nombre des voitures, la force de l'escorte, l'activité des Anglais, l'itinéraire tracé, la date du départ. On était au 15 mars, le convoi ne pouvait se mettre en route que le 27 ou le 28 ; on avait le temps pour soi et la supériorité numérique sur l'ennemi. Les troupes française de Law se montaient à neuf cents hommes renforcés de deux mille cipayes ; l'armée de Chanda-Saïb se composait de trente mille Hindous. Malgré tous leurs efforts, les Anglais n'avaient pu réunir que quatre cents Européens et onze cents cipayes pour protéger la multitude de chariots, de bêtes de somme, de coolies, qui, dans le désordre et la confusion causés par la chaleur et la fatigue, allaient s'allonger à l'infini sur les routes poudreuses de Gondelour à Trichinapaly. Ils avaient onze rivières à traverser ! Battre l'ennemi, le disperser, emmener ou brûler les voitures de vivres, c'était l'opération la plus élémentaire. Il n'y avait, selon Dupleix, qu'à laisser devant Trichinapaly trois cents Français et vingt mille Hindous, forces bien suffisantes pour repousser une sortie de la garnison, et avec le reste, c'est-à-dire cinq cents Européens, deux mille cipayes et dix mille soldats de Chanda-Saïb, se porter le plus loin possible en avant de la place, dans une position bien choisie, et, sous le poids des

masses dont on disposait, écraser l'escorte et capturer
le convoi. Dupleix, dans les instructions qu'il donnait à
son général, insistait fortement sur la nécessité de cette
manœuvre, et, pour la faciliter encore, il lui expédiait
des renforts nombreux. Il fit partir en hâte les Français,
Topazes, Portugais et cipayes armés de fusils, qui com-
posaient la garnison de Gingi. Il leur donna l'ordre de
marcher de nuit et de doubler les étapes, d'arriver enfin
au camp de Law avant que l'ennemi fût à plus d'à
moitié chemin de Divicotta à Trichinapaly.

Law parut d'abord comprendre l'importance de ce
mouvement; il se déclara prêt à s'avancer au-devant
des Anglais et à faire son devoir, puis tout à coup se
montra hésitant, plein de doutes sur l'issue de l'entreprise. Des projets absurdes lui passaient par la tête, qui
lui tournait littéralement. Un jour, il envoyait à Dupleix
un mémoire pour lui remontrer la nécessité de se retirer
avec toute l'armée dans l'île de Sheringam, où l'on
serait « dans une belle concentration » et en sûreté. Le
lendemain, c'était une autre proposition pour envoyer
un raid de cavalerie dans le Maïssour, moyen infaillible,
selon lui, d'arrêter net l'élan de Clive, inquiet d'une
diversion si grave. Et puis il émettait la crainte de voir
arriver au secours de Méhémet-Ali Balladgi-Rao, le
Peishwa des Mahrattes, entraînant derrière lui une
nuée de cavaliers. Dupleix tomba des nues à cette lecture; il opposa à de telles chimères les conseils de la
raison. « Je ne trouve que de l'indécision dans ce que
vous me marquez, lui écrivait-il. Le feu de l'imagination vous présente trop d'objets, et vous ne vous attachez
à rien de sérieux. Avant que d'en venir à une retraite à

Sheringam, j'espère que vous rappellerez tout le monde que vous avez de dispersé. Peut-être que quand tout vous aura joint, ainsi que ce qui est parti de Gingi, vous penserez autrement. La vue de ce renfort remettra le courage à ceux que des coquins intimident. » Au fond, Dupleix ne s'imaginait pas que son général eût l'intention arrêtée d'évacuer ses positions, pour s'établir dans l'île. Il crut à une défaillance d'un instant, qui se dissiperait d'elle-même. Pourtant il voulut prendre des précautions et parer à tout. Il signifia donc à Law qu'aucun général n'avait le droit de prendre un parti aussi extrême sans le consentement de ses officiers, sans une délibération solennelle où chacun était tenu d'émettre son avis. Il savait bien que c'était là le moyen de couper court aux défaillances. Dans l'armée, il s'élèverait un cri de réprobation à l'annonce de la retraite; on contraindrait Law à marcher. Quant au projet sur le Maïssour, il le repoussa dédaigneusement. Rien n'était en effet plus étrange que cette conception de Law, qui, pour arrêter une expédition venant de l'est, concentrait tous ses efforts à l'opposé et prenait l'ouest pour objectif.

« Je ne comprends rien, disait Dupleix, à ce projet d'envoyer de la cavalerie dans le Maïssour, ce qui, dites-vous, empêchera le convoi de Divicotta. Je croirais au contraire que ce serait le moyen de lui faciliter le passage. Il vaudrait beaucoup mieux, qu'elle se portât dans le Tanjore avec tout le monde que je vous ai dit d'y envoyer, et rappeler tous les gens inutiles que vous avez dehors et surtout à l'ouest. Laissez l'avenir venir et Balladgi-Rao. Ne songez qu'au présent;

tâchez de vous persuader de l'importance de détruire le convoi; laissez-moi le soin du reste. »

Cependant le convoi était parti de Gondelour sous le commandement d'un vétéran des guerres de l'Inde, le major Lawrence, qui avait sous ses ordres Clive, l'âme de l'expédition. Dupleix en informa aussitôt le commandant de l'armée : « Veillez sur la route que suivent les Anglais, lui disait-il; vous avez été averti à temps; il est de votre honneur de détruire le secours... Tout dépend de ce coup. Ne négligez rien pour réussir. Je vous laisse carte blanche. » Law, certainement, à l'approche du danger, allait oublier ses doutes et se mettre à la hauteur des circonstances. Dupleix le croyait déjà en marche, à la rencontre du convoi. Il n'en était rien. L'idée de se réfugier à Sheringam hantait plus que jamais la cervelle de Law, qui s'en ouvrait de nouveau à Dupleix. « Sans doute que vous n'oserez pas prendre ce parti sans consulter vos officiers, répondait le gouverneur. La chose en vaut la peine. Vous sentez bien qu'elle ne jettera pas un grand lustre sur notre réputation. Il me paraît que toutes les réflexions que je vous ai faites ne vous ont pas touché. Au moins, si ce parti pouvait servir à détruire le convoi, il y aurait de quoi se consoler, mais c'est à quoi il me paraît que vous pensez le moins, ce qui me chagrine infiniment... Je vous avertis de tout; qu'en arrivera-t-il ? Dieu le sait... Je vois de plus en plus à quoi m'en tenir. J'y suis résigné, et ce que j'apprendrai ne me surprendra plus... Il sera pourtant difficile de persuader en France que trente mille hommes en aient laissé passer deux mille, embarrassés d'un charroi et d'un transport effroyables... Quand cesserez-vous de remettre d'un jour à l'autre pour aller au-devant du convoi? »

Le convoi arriva le 7 avril sur les rives du Cauveri. Lawrence et Clive n'étaient pas sans inquiétude. Ils s'attendaient à tout moment à voir paraître l'armée de Law, à l'avoir tout entière sur les bras, quand ils tombèrent inopinément sous le canon du petit fort de Coilady, situé à l'extrémité est de l'île Sheringam. Les boulets enlevèrent une vingtaine d'Anglais; il y eut un désordre affreux, et si la garnison de la forteresse, composée de deux cents Français et de trois cents indigènes, avait tenté une sortie, ou si Law se fût montré en ce moment, c'en était fait des Anglais; mais le commandant de Coilady resta immobile comme son chef. Lawrence put reprendre sa marche vers Trichinapaly. Il était loin de se considérer comme sauvé; il pouvait même éprouver un désastre. N'était-il pas entre les troupes de Coilady et l'armée de Law? Si celui-ci combinait ses mouvements d'une façon rationnelle, il pouvait attaquer le convoi en tête et en queue; mais il rappela le détachement de Coilady et chercha à barrer la route de Trichinapaly; il s'aperçut alors de la faute qu'il avait commise en ne marchant pas au-devant de l'ennemi. Il ne put, en effet, ranger son armée à cheval sur la ligne suivie par les Anglais, car c'était s'exposer à être pris à revers par l'assiégé. Il fut « forcé de se placer de manière à ne pouvoir être attaqué que de front par ses deux antagonistes ».

Cependant Lawrence, dont l'intérêt était de refuser le combat tant qu'il pourrait, avait quitté la route directe et incliné vers le sud pour contourner dans une marche de flanc les positions françaises. C'était évidemment jouer le tout pour le tout. Attaqué dans un tel ordre de formation, il était perdu. Mais si Law restait à surveiller le chemin ordinaire, la ville était ravitaillée. Le succès couronna l'audace de Lawrence. En arrivant près des éminences qui s'élèvent au sud de Trichinapaly, au rocher appelé le *Pain de sucre,* il fut rejoint par deux cents hommes de la garnison. Ce fut à ce moment-là que Law détrompé se présenta pour assaillir l'ennemi.

Lawrence et Clive s'arrêtèrent aussitôt et formèrent leurs troupes en ordre de bataille, pendant que le convoi filait sur la ville. Law, voyant la jonction faite, refusa de s'engager sérieusement. Tout se borna à une canonnade plus bruyante que dangereuse.

Law rentra au camp affaissé, dans une prostration complète, jugeant tout perdu. La vue des collines escarpées qu'on occupait, la force des positions, la protection des retranchements, dont la solidité permettait de repousser tous les assauts de l'ennemi, l'attitude du soldat, qui, quoique mécontent, n'était pas ébranlé et n'aspirait qu'à se battre, la chance presque certaine d'infliger aux Anglais une défaite sanglante, s'ils osaient assaillir nos lignes, les exhortations de Chanda-Saïb et des officiers ne purent réveiller l'énergie dans le cœur du général. Il était comme affolé. L'idée de se retirer dans l'île de Sheringam le domina entièrement. Il était depuis deux jours absolument inerte, renfermé dans sa tente, quand les Anglais firent un détachement de quatre cents hommes, pour surprendre les quartiers de Chanda-Saïb. Le commandant des troupes britanniques,

Dalton, s'écarta dans l'obscurité de la nuit et se vit avec terreur, au lever du soleil, sous les canons du Rocher français.

La fortune offrait à Law l'occasion de tout réparer. Rien n'était plus facile que de détruire le corps anglais, pris dans un angle rentrant de nos lignes; il n'y avait qu'à prononcer sur l'infanterie de Dalton un mouvement de flanc et de tête, pendant que la cavalerie en chargerait les derrières. On avait assez de monde sous la main; il n'y avait qu'à donner l'ordre de sortir. Law ne le donna pas. Il laissa les Anglais effectuer tranquillement leur retraite, et crut avoir échappé par miracle au plus formidable péril.

Avec un air accablé, il commanda de lever le camp et de prendre position dans l'île de Sheringam. Chanda-Saïb arriva au quartier général juste au moment où l'évacuation commençait. Il supplia Law de suspendre un mouvement si dangereux; il lui répéta tous les arguments de Dupleix, il lui remontra que rien n'était plus favorable aux Anglais que cet abandon volontaire d'un système de retranchements dont la force défiait toute attaque; que rien n'était désespéré; le convoi était entré à Trichinapaly, il est vrai, mais l'armée française n'avait pas subi une défaite; elle était intacte, encore supérieure en nombre à l'ennemi, qui n'avait pas la prétention de combattre dans leurs lignes des troupes éprouvées; que la seule chose à faire, c'était de s'accrocher, pour ainsi dire, au terrain où l'on était; qu'enfin on ne pouvait pas battre ainsi en retraite, sans combat; qu'il valait mieux s'exposer à la défaite et à la mort, que de se retirer dans une île où l'on passait de l'action à un rôle purement passif, où l'on finirait par être forcé de se rendre.

Law n'opposa à ces objurgations qu'un air distrait et la froideur d'un homme qui a pris son parti; il finit par répondre qu'il savait ce qu'il faisait; qu'en restant où l'on était, on allait à un désastre; qu'il avait pour mission d'assurer le salut de l'armée; qu'enfin Chanda-Saïb était parfaitement libre de garnir les épaulements qu'on quittait. Désespéré, le nabab s'écria que si Dupleix était présent, nul n'oserait commettre de telles lâchetés, et, les larmes aux yeux, il déclara qu'il allait à la mort en suivant la fortune des troupes françaises, mais qu'il aimait mieux périr que de déserter le drapeau d'un pays à qui il devait tout. Le soir même, l'armée traversait le Cauveri et établissait ses bivouacs dans l'île de Sheringam. Law avait agi avec tant de précipitation qu'il avait abandonné la majeure partie des approvisionnements; on brûla une immense quantité de voitures de vivres, pour ne pas les livrer à l'ennemi. Le temps n'était pas loin où l'on regretterait amèrement une telle imprévoyance. L'effet moral de la retraite fut désastreux; le Français n'a confiance que lorsqu'il va en avant. Le soldat ne vit point dans la largeur du fleuve une protection contre l'impétuosité de Clive; il n'y vit qu'une barrière élevée à dessein entre son audace et Trichinapaly; il méprisa son chef.

L'humble avait raison. Sheringam, sous le feu de la forteresse, n'était défendable qu'à la condition d'avoir la possession incontestée des deux rives du Cauveri et de la route qui va à Pondichéry. C'était, en un mot, une position à couvrir en opérant à distance; mais Law ne comprit point les nécessités stratégiques imposées par la configuration du terrain. Il se croyait en sûreté et ne pensait pas que, resserré dans un étroit espace, il pouvait être entouré, et que la rivière formerait contre lui la plus solide circonvallation.

Le cœur de Dupleix « saigna » à ces nouvelles. Persuadé que Law, avant d'en venir à une telle extrémité, avait pris l'avis solennel des officiers, il crut qu'un désastre encore ignoré avait précédé la retraite. Il ne pouvait s'imaginer que Law, alors que rien ne l'y forçait, avait pris un parti désespéré, de gaieté de cœur, sans même songer à s'abriter derrière l'opinion d'un conseil de guerre. Quand il sut la vérité, quand il apprit que l'armée était intacte, sa colère éclata. Il n'eut pas de mots assez durs pour caractériser la conduite du général dont l'incapacité ruinait en une minute les affaires du pays. « Je ne veux plus être prophète, disait-il, j'ai trop averti en vain. Il faut retirer le commandement à cet homme. » Il fit appel à d'Autheuil, ne lui cacha rien de la situation, lui en montra toutes les conséquences et termina en disant qu'il comptait sur lui pour tirer l'armée de là. Le vieux général frémit, et, quoique perclus de goutte, avec l'héroïsme du devoir, il accepta la terrible mission. Dupleix annonça à Law que d'Autheuil le remplaçait à la tête de l'armée ; il finissait sa lettre par une ironie cruelle : « Je suis persuadé, disait-il, que cet arrangement va faire plaisir à madame votre femme, qui ne désire que le moment de vous tenir dans ses bras. »

Dupleix apprit le lendemain que Law était à peu près bloqué dans Sheringám par Clive, qui avec 400 Anglais, 700 cipayes, 3,000 Mahrattes, gardait la rive nord du Cauveri et fermait la route de Pondichéry par l'occupation du village de Samiaveram. Le « prophète » ne fut point surpris; c'étaient ses dernières prédictions qui s'accomplissaient. Tout autre général que Law se fût débloqué de lui-même. Cela sautait aux yeux de Dupleix, qui écrivait le 24 avril : « Si, comme vous le dites, votre armée est en sûreté à Sheringam, qui vous empêche de faire un détachement assez fort pour chasser l'ennemi de Samiaveram? Ce n'est pas le manque de monde qui peut vous arrêter ; vous en avez le double de l'ennemi. Je vous vois déterminé à laisser là le détachement anglais jusqu'à ce que je vous en aie envoyé un. Il est honteux que vous vous laissiez bloquer ainsi. » Se battre, c'était évidemment le seul parti que Law eût à prendre; mais puisqu'il ne l'avait pas voulu jusqu'ici, le voudrait-il maintenant? Comment tout cela finirait-il? que deviendraient les neuf cents Français enfermés dans Sheringam? Leur sort était dans les mains de Law. Il était probable qu'avec ses défaillances perpétuelles, il les conduirait à quelque honte. Et comme par une raillerie du destin, on ne pouvait plus le remplacer au moment décisif, d'Autheuil, le général désigné, était obligé, pour atteindre Sheringam, de passer sur le corps de Clive.

Dupleix se trouvait dans une singulière situation; il n'avait plus de troupes disponibles à Pondichéry, et il était obligé d'organiser une expédition pour aller secourir neuf cent soldats bloqués par quatre cents. « J'ai bien de la peine, écrivait-il à Law le 24 avril, à rassembler quarante blancs qui partent avec d'Autheuil et deux pièces de canon. Ils se joindront à ceux que vous avez fait passer à Volcondapuram. Faites-lui en passer encore, et de concert avec lui, tombez sur l'ennemi. Marquez-lui comme il doit s'y prendre..... Je fais ce que je puis ; je souhaiterais que chacun en fît autant. »

D'Autheuil partit le 25 avril pour accomplir avec un si faible effectif l'opération la plus difficile et la plus dangereuse. Pour réussir, il fallait que ses mouvements et ceux de Law fussent combinés avec une précision mathématique. Un retard, un moment d'hésitation, et tout était perdu. Dupleix se demandait même si l'expédition ne s'effectuait pas trop tard. Les dernières lettres de Law accusaient un accablement profond. Déjà il correspondait avec l'ennemi ; il avait avec les officiers britanniques des conciliabules fréquents. Des émissaires allaient sans cesse du quartier général à Trichinapaly, et ces démarches mystérieuses, ces intrigues ébranlaient l'esprit du soldat, qui commençait à soupçonner une trahison. Il était à craindre qu'on ne capitulât, avant que d'Autheuil fût entré en ligne.

Dupleix eût tout donné pour éviter une telle honte. Il écrivait à d'Autheuil le 21 mai : « Vous êtes sans doute à Sheringam, vous y aurez trouvé nos affaires dans le plus triste état. Si vous ne voyez pas le moyen de les rétablir, il faut faire la paix. Il faudrait d'abord une suspension d'armes. Le traité doit se faire entre Chanda-Saïb et Méhémet-Ali ; ni nous, ni les Anglais n'y devons paraître..... La situation où l'avidité de Law a mis nos affaires me font penser que c'est le seul parti qui nous reste. » Déjà il avait pensé à corrompre Lawrence, chose facile selon lui, si l'on offrait un prix assez élevé pour faire taire les surexcitations de l'amour-propre. Mais toutes ces négociations demandaient du temps, et le temps allait manquer.

D'Autheuil, arrivé sur le théâtre des opérations, expédia à Law deux émissaires, chargés d'une dépêche identique, pour l'informer de son approche, l'avertir que leur objectif commun était Samiaveram, qu'il attendait l'attaque et qu'il marcherait au canon. L'un des messagers fut pris par Clive, l'autre put remplir sa mission. Clive aussitôt courut à la rencontre de d'Autheuil. Le général français n'était pas en état de résister aux forces anglaises avec ses cent vingt hommes, dont il avait pris la plus grosse partie à Volcondapuram; mais il ne voulait pas s'éloigner. Il manœuvra parallèlement au Cauveri, espérant toujours que les troupes allaient sortir de Sheringam pour se mettre à la poursuite de Clive.

Par un hasard miraculeux, Law avait appris la marche de Clive quelques heures après la lecture de l'avis de d'Autheuil. C'était le cas où jamais d'aller de l'avant. En se portant rapidement sur Samiaveram, il en enlevait la garnison, il était libre de se rejeter sur Clive, occupé avec d'Autheuil et pris dès lors entre nos deux armées! Mais il fallait faire donner toutes les troupes, entassées dans Sheringam. Law ne comprit pas cette nécessité; il ne mit en mouvement que quatre-vingts Européens et sept cents cipayes pour cette action dont le prix était l'empire de l'Inde. Après un combat sanglant, ce petit corps fut anéanti, sans que Law pensât à le secourir. Quelque jours plus tard, d'Autheuil, surpris à Volcondapuram, dont les Anglais avaient acheté le gouverneur, était forcé de mettre bas les armes, et le cercle de fer se refermait sur Sheringam.

On commençait à avoir faim dans l'île. Law disait qu'il savait où trouver des vivres, mais qu'il n'avait pas d'argent pour les acheter..... Il eût été pourtant assez simple de les prendre..... Les entrevues de Law et des Anglais étaient presque quotidiennes. Il était littéralement fasciné ; il laissait ses troupes l'arme au pied, s'user peu à peu dans l'inaction. Il ne paraissait pas se douter que le rôle d'un général, c'est de se battre, et que, comme le fer, l'énergie a été donnée à l'homme pour s'en servir. Son devoir, c'était d'attaquer Clive, de sortir de Sheringam pour gagner un établissement français ; ce n'était pas impossible et c'était glorieux. Toutes les lettres de Dupleix lui en remontraient la nécessité. « Tenez le plus longtemps possible, lui disait-il, et représentez-vous la situation dans laquelle les Anglais ont été à Trichinapaly. » Il lui prescrivait, dans le cas où les vivres manqueraient entièrement, de se mettre en retraite sur Tanjore. « C'est le parti qui peut nous faire le moins de tort. Il est d'autant plus naturel que, le Coleron et le Cauveri n'étant plus guéables en cette saison, on peut se rendre à Karikal sans risque. » Il prêchait enfin l'héroïsme et la fermeté. « Il faut se battre, disait-il, se battre vigoureusement ; ce n'est pas en restant sous les banyans de Sheringam que vous vous tirerez d'affaire. » Mais Law n'avait plus aucun ressort. Quand il s'aperçut que les vivres manquaient et qu'il allait être bombardé, au lieu de se jeter sur l'ennemi pour se frayer un passage, ou pour mourir les armes à la main, il envoya au camp anglais pour prévenir de l'extrémité où il était, et capitula. L'armée française était prisonnière de Méhémet-Ali ! Le 13 juin,

35 officiers, 785 soldats, 2,000 cipayes mirent bas les armes devant le commandant anglais, qui agissait au nom de l'héritier d'Anaverdikan. Quarante et un canons furent livrés. Au même moment, un esclave de Méhémet-Ali apportait la tête de Chanda-Saïb à son maître. Law avait voulu le sauver en le mettant sous la protection de Manokgi, le général de l'armée du rajah de Tanjore. Celui-ci accepta avec empressement la mission d'assurer le salut du nabab vaincu, et reçut une forte somme d'avance. Chanda-Saïb, confiant dans les serments du rajah, se livra sans inquiétude aux gardes de Manokdgi, et monta dans le palanquin qui, dans l'obscurité de la nuit, devait le transporter aux camps de son libérateur. Il en descendit pour être jeté en prison.

Une querelle avait éclaté entre les Mahrattes, Méhémet-Ali et les Maïssouriens au sujet de la possession de Chanda-Saïb. Manokdgi, dont l'intention tout d'abord avait été peut-être de sauver le prisonnier [1], « terrifié à la pensée de collisions qui allaient avoir lieu s'il donnait la préférence à l'un des compétiteurs, ne trouva pas de meilleur moyen de mettre fin à la querelle que d'ôter la vie au nabab. Cependant, comme le major Lawrence avait exprimé le désir qu'il fût remis aux Anglais, il crut nécessaire de s'assurer s'il comptait sérieusement sur cette déférence. En conséquence, le matin de la capitulation, il se rendit auprès du major, avec lequel il eut une conférence, qui le convainquit que les Anglais étaient résolus à ne pas se mêler de cette

---

[1] Orme.

dispute. » Cette attitude de Lawrence était le résultat d'un calcul perfide. L'Anglais voulait la mort de Chanda-Saïb qui le gênait, mais il lui répugnait de se charger de l'exécution. Il savait qu'en ne réclamant pas Chanda-Saïb, celui-ci périssait, mais qu'en agissant ainsi, il n'assumait pas l'odieux du meurtre. Manokdgi, de retour au camp, ordonna de faire sauter la tête du nabab.

La situation où Dupleix se débattait était terrible. Il n'avait plus un soldat. Méhémet-Ali était au pinacle; les Anglais, en possession du prestige et de l'influence vers lesquels avaient tendu tous les travaux et les désirs du gouverneur, pouvaient l'écraser en quelques jours. Et pourtant il ne désespère pas. Il arrive, à ce moment de sa vie, à l'apogée de la grandeur morale. Seul, n'ayant pour aide que sa femme, il recommence la lutte, et par la puissance de son génie tient tête à tant d'adversaires, triomphe, et ne cède que lorsque la patrie elle-même vient le frapper au cœur.

CHAPITRE VIII

L'ŒUVRE DE RÉPARATION.

La situation. — Dupleix ne veut pas faire la paix; ses motifs. — Il refuse d'évacuer le Dékan. — Son plan d'action. — La discorde au camp de Méhémet-Ali et des Anglais. — Madame Dupleix négociateur. — Les pourparlers avec le rajah du Maïssour et Morari-Rao. — Ces deux princes abandonnent l'alliance anglaise. — Ils bloquent Trichinapaly. — Dupleix reçoit des renforts.

Au lendemain de la capitulation de Sheringam, il semblait que c'en était fait de Dupleix et de ses projets. Il avait essuyé coup sur coup les plus graves revers; il avait perdu Arcate et presque toutes les places conquises naguère par d'Autheuil. Il n'avait plus de prétendant à opposer à Méhémet-Ali-Kan, puisque Chanda-Saïb avait été assassiné. L'armée du Carnate était prisonnière. Pondichéry, gardé par une centaine d'invalides, était hors d'état de résister à une attaque vigoureuse, qu'on croyait prochaine. Repoussé sur un étroit coin de terre, Dupleix n'avait plus en son pouvoir que les forteresses de Chinglepet, Villenour, Gingi, Tiravadi, qui formaient comme une ceinture de pierre autour de Pondichéry; c'était là notre frontière, et les garnisons manquaient pour la défendre. En outre, les nouvelles qui arrivaient de Delhy signalaient comme imminente l'explosion d'une révolution de palais, qui pouvait être pour la politique de Dupleix une source d'embarras et une cause d'affaiblissement. Enfin, dans le Dékan même, l'influence française n'était pas à l'abri du danger. A la vérité, on ne se battait plus dans cette province, mais la guerre semblait devoir s'y rallumer promptement. Il y avait bien un armistice conclu avec Balladgi-Rao, mais il n'engageait en rien ce dernier, qui, à la nouvelle du désastre de Trichinapaly, serait tenté de venger ses défaites et de reconquérir son antique renommée. Il trouverait l'appui de Gasendi-Kan, le frère de Naser-Singue, qui, de Delhy, entretenait des intelligences avec tous les mécontents du Dékan et avait déjà réuni une armée considérable. Comment résister à deux invasions, qui viendraient l'une du nord, l'autre de l'ouest, et qui seraient simultanées? Le seul remède à une telle détresse paraissait être la prompte conclusion de la paix; c'était l'opinion de tout le monde.

Il y avait en effet comme une panique dans la colonie; elle avait gagné jusqu'aux plus énergiques. On disait partout que ce serait folie de penser à continuer la guerre, après un désastre comme celui de Trichinapaly. On n'avait pas seulement vingt hommes à mettre en campagne! Et puis quelles alliances espérer? Pas un nabab ne nous prêterait son appui. La cause du brusque développement de notre puissance, il fallait la chercher dans le désarroi que les premières victoires de d'Autheuil et de Bussy avaient jeté dans les cours indiennes; un moment celles-ci nous avaient cru invincibles; elles allaient reconnaître leur erreur à la vue des prisonniers que Méhémet-Ali-Kan traînait derrière lui. Or, nous ne pouvions rien faire sans des secours étrangers ; au fond, nous étions faibles. La Compagnie n'avait jamais eu plus de mille hommes sous les armes. Si par miracle, dans l'avenir, on atteignait ce chiffre, on ne le dépasserait pas. Que faire avec un si petit nombre de soldats ? Rien qu'en se serrant autour d'eux, les Indiens les étoufferaient du poids de leur multitude. Mais c'était encore une hypothèse, dont il n'y avait pas lieu de s'occuper, puisqu'il n'était pas seulement possible de songer à tenir la campagne, puisqu'on ne pouvait même pas garnir de défenseurs trois des bastions de Pondichéry.

Une poignée de Français allait donc rester seule devant les peuples de l'Inde, soutenus par les Anglais. L'issue d'une telle lutte n'était pas douteuse. On serait vite jeté à la mer. Au contraire, en cédant au temps, à la nécessité, en faisant la part du feu, en abandonnant des conquêtes impossibles à garder à cause de leur éloignement, on sauvegardait les anciennes possessions de la Compagnie et l'on pouvait espérer conserver au moins quelques-unes des nouvelles acquisitions. En tout cas, on avait assez fait pour la gloire ; il fallait désormais penser à l'existence.

Au milieu de la crise, Dupleix, loin d'éprouver la lassitude générale, montrait au contraire une héroïque fermeté. Il restait sourd aux représentations, qu'on lui faisait de tous côtés sur la nécessité d'une entente avec les Anglais. Il pensait que rien n'est plus dangereux que de chercher à traiter au lendemain d'une défaite, et estimait qu'en pareil cas le devoir d'un homme d'État est de rétablir les affaires de son pays, autant qu'il est possible et de n'accepter de paraître à des conférences qu'après quelques succès, qui restaurent l'équilibre rompu. Au fond, la capitulation de Sheringam n'était pas pour lui ce qu'elle était pour tout le monde, un irrémédiable désastre ; ce n'était à ses yeux qu'un échec cuisant, grave, mais réparable après tout. Il devinait des ressources là où les autres n'en soupçonnaient pas.

Aussi avait-il la volonté très-arrêtée de continuer la guerre, et en cela il n'obéissait pas à l'impulsion d'un orgueil irréfléchi, mais à des mobiles de l'ordre le plus politique. Il voyait plus haut et plus loin que l'opinion et que les directeurs de la Compagnie, qui lui écrivaient dans une dépêche datée du 5 mais 1751, arrivée le 22 juin 1752, « qu'ils attendaient avec la plus grande impatience d'apprendre que la paix règne sur la côte de Coromandel, que nul autre avantage ne peut tenir lieu de la paix, qui seule est capable d'opérer le bien du commerce, dont le ministre et la Compagnie désirent qu'il s'occupe essentiellement ». Le bien du commerce, c'était là pour Dupleix un intérêt secondaire dans le moment présent ; on s'en occuperait plus tard quand la question politique serait vidée. Il s'agissait bien d'une querelle de prépotence entre deux Compagnies rivales ! C'était un duel à mort entre la France et l'Angleterre, dont l'Inde était l'enjeu.

Il voulait assurer la victoire à son pays. Il s'appliquait donc à écarter tout ce qui pouvait nuire au succès, à se servir de tout ce qui devait le hâter. Or la paix lui apparaissait comme le plus sûr moyen de ruiner la cause de la France dans la péninsule, puisqu'elle détruisait cet ascendant moral qui constituait la base même de tout le système de Dupleix.

Le temps était loin, en effet, où les Anglais n'avaient en vue qu'un intérêt d'argent, en louant leurs troupes aux princes indigènes. Ils avaient maintenant des visées plus hautes; les victoires de Dupleix les avaient éclairés; ils s'efforçaient d'imiter la tactique dont celui-ci s'était servi pour amener les nababs à devenir ses vassaux. Ils sentaient que pour établir leur domination, il fallait anéantir le prestige de la France et la réduire à un état d'infériorité politique et militaire, seul moyen de rompre les liens qui rattachaient les princes hindous à sa cause. Grisés enfin par leurs derniers succès, ils pensaient n'avoir plus que quelques efforts à accomplir pour nous imposer l'humiliation et la servitude. Ils nous jugeaient à la dernière extrémité et réduits à accepter toutes les hontes. Ils n'avaient opposé qu'un froid dédain à quelques ouvertures indirectes de Dupleix pour entamer des négociations. L'intérêt de leur politique leur commandait de rester sourds à toute demande qui ne serait pas une reconnaissance de leur état de victorieux et une consécration de notre état de vaincu. Ils voulaient nous forcer à implorer la paix.

Alors qu'arriverait-il? Il était évident que l'ennemi ne nous proposerait que des conditions détestables, l'abandon de nos conquêtes dans le Carnate, l'évacuation du Dékan peut-être. Que ferions-nous? De deux choses l'une : ou nous accepterions de céder nos possessions sans les défendre, ou bien nous repousserions toute discussion pour courir aux armes. Mais dans les deux cas, le but des Anglais était atteint : l'Inde avait assisté à notre humiliation ; elle nous avait vus paraître en suppliants devant Méhémet-Ali-Kan et Saunders. Elle avait pu se repaître du spectacle de notre colère et de notre douleur, au cruel exposé des prétentions de l'ennemi. Nous-mêmes nous avions fourni la démonstration de notre impuissance.

Un moment Dupleix avait pensé à contracter quelque trêve, quelque « paix plâtrée » qui permettrait de réorganiser une armée; mais la réflexion l'avait détourné de ce projet. N'était-ce pas toujours s'humilier aux yeux de l'Inde, perdre le prestige et cet « air de demi-dieu » auquel nous devions nos victoires?

« Tout peut être sauvé au contraire, s'écriait Dupleix, si on continue la lutte. Nos ressources ne sont pas épuisées. Pour le moment, nous manquons de troupes; mais nous sommes à la veille de l'arrivée des vaisseaux qui tous les ans, à pareille époque, nous amènent des renforts et des secours. Quelques jours encore, et j'aurai reconstitué une armée. Je n'ai pas été battu parce que mes plans sont mauvais; ma politique n'est ni chimérique ni téméraire. Mon prestige est compromis, non détruit. Je puis le reprendre, si j'ai un général et quelques succès.

« La seule alternative redoutable, c'est une marche de Méhémet-Ali sur Pondichéry; mais les Anglais n'oseront pas violer le territoire de la Compagnie, alors que la France et la Grande-Bretagne sont en paix, et seul le nabab ne tentera jamais l'attaque d'une place dont les canons ont repoussé Boscawen.

« Et puis il y a d'autres obstacles plus sérieux encore pour arrêter Méhémet-Ali. Le premier, le plus fort, c'est la discorde, qui va éclater dans le camp ennemi. Je connais les Hindous, et je suis sûr que le dissolvant le plus certain de leurs coalitions, c'est la victoire! Voilà mon plus redoutable moyen de défense. Maintenant qu'ils ont le succès, chez les alliés, toutes les rivalités, toutes les convoitises vont s'étaler au grand jour. Le Maïssour a des appétits énormes; il va vouloir les assouvir. Le Mahratte, jaloux par nature, se cabrera à la pensée qu'il édifie de ses mains un royaume pour autrui. Donc, des chocs furieux chez ces amis d'hier et en face de moi, qui les guette pour enflammer ces haines et profiter de ces divisions.

« Mon devoir, c'est de combattre, au moins jusqu'à l'entier rétablissement de nos affaires ; alors nous verrons. Jusque-là, je ne veux pas abandonner même une parcelle de mes prétentions. La paix, je l'accepterais, si elle n'était pas la servitude. J'ai démasqué les Anglais, le jour où j'ai insisté pour que nos prisonniers nous fussent rendus, comme ceux des Anglais l'ont été. Ma démarche, on ne pouvait s'y tromper, c'était un préliminaire. Il m'a été refusé. C'est là un fait qui découvre le joug que la Grande-Bretagne veut nous imposer. Il faut se roidir pour ne point avilir notre pays, qui a acquis tant de gloire dans cette partie de l'Asie. »

On lui conseillait de restreindre le théâtre de la guerre, de rappeler Bussy et ses troupes. Si l'on combattait à la fois dans le Dékan et dans le Carnate, lui disait-on, on serait faible sur les deux points. Tandis que si l'on se concentrait fortement dans cette dernière contrée, il serait impossible à l'ennemi de nous entamer. Le seul parti à prendre, c'était d'abandonner le Dékan et de faire revenir l'armée à marches forcées. Dupleix s'y refusait énergiquement, et sa femme l'encourageait à la résistance. Quoi! alors qu'après de pénibles travaux on était parvenu à imposer à tant de peuples la domination française, on se retirerait d'Aurungabad, cette ville fameuse dans toute l'Inde, dont la possession jetait sur nos armes un éclat tel que dix désastres comme celui de Sheringam ne suffiraient pas à le ternir! Il était alors absolument inutile de continuer la guerre, car le plan de Dupleix reposait entièrement sur la tête du soubab. Pour dominer l'Inde, il était nécessaire que la France exerçât un ascendant impérieux sur les souverains du Carnate et du Dékan. On avait perdu le premier de ces princes. C'était une raison pour se cramponner au second. En l'abandonnant, quel prétexte et quel moyen avions-nous pour établir notre empire? Il ne nous serait plus possible de suggérer, dans le tête-à-tête, nos propres désirs au représentant du Mogol et de nous faire donner solennellement, à la face de l'Inde, la mission de les exécuter. C'était vouloir se tuer.

L'occupation du Dékan, c'était comme le pivot sur lequel évoluait tout le système de Dupleix. Le soubab de cette immense contrée n'était-il pas le plus puissant prince de l'Inde après le Grand Mogol? « Séparé par la chaîne du Vindya de l'empire désorganisé de Delhy, le possesseur de la province mahométane du Dékan semblait en position de dicter des lois à toute l'Inde méridionale. Il commandait à une grande armée et régnait sur une population guerrière. Il était seigneur suzerain du nabab du Carnate et exerçait dans cette province l'autorité du Mogol. Il possédait ainsi la puissance morale et le pouvoir physique. Il avait et le droit d'employer la force et la force prête à être employée. Or, dans ces temps où le nom du Mogol était tout et la réputation des colons comparativement rien, ce double pouvoir était un levier en réalité très-puissant et en apparence irrésistible [1]. »

« Non, disait Dupleix, ce n'est pas lorsqu'on a dans les mains de tels éléments de force et de succès, qu'on les jette sous ses pieds. Si j'abandonnais le Dékan, je serais un fou ou un traître. C'est à la fois mon plus redoutable moyen de défense, mon plus solide instrument de domination. Mon devoir est de m'y cramponner. » Dupleix avait raison contre tout le monde.

Sans se dissimuler les dangers, il était convaincu qu'encore une fois il sauverait tout. Il avait assez réfléchi ! Le problème se posait nettement : il fallait 1° que la vice-royauté de Salabet-Singue ne reçût aucun ébranlement de la révolution annoncée à Delhy; 2° que le changement d'empereur n'amenât point une diminution de l'influence française à la cour du soubab ; 3° qu'on conclût une alliance avec Balladgi-Rao ; 4° que, dans le Carnate, on réussît à arrêter les progrès de Méhémet-Ali-Kan et de ses auxiliaires.

Dupleix traça alors un plan d'action, qui était un chef-d'œuvre d'énergie et de raison politique. En même temps qu'il ferait tous ses efforts pour désunir la coalition qui l'avait fait échouer devant Trichinapaly, — et il était permis d'espérer que cette œuvre ne serait point trop difficile, étant donné la divergence de vues

---

[1] MALLESSON, les Français dans l'Inde.

entre les alliés et l'effroi que leur causerait l'apparition d'une nouvelle armée française tenant la campagne, ce qui ne pouvait tarder, puisqu'on était à la veille de l'arrivée des renforts habituels, — il s'appuierait plus fortement que jamais sur Salabet-Singue. Puisqu'il était impossible d'empêcher la révolution de Delhy, Dupleix s'efforcerait de l'annuler. Enfin il s'adresserait à Balladgi-Rao et lui offrirait notre alliance et des avantages considérables. Le Mahratte, qui, l'année précédente, avait senti le poids de nos armes et notre générosité, accepterait sans doute et abandonnerait Gazendi-Kan. Non-seulement on serait alors en état de repousser l'agression du nouvel empereur, si elle se produisait, et de tenir tête au frère de Naser-Singue, mais encore de prendre à revers dans une attaque soudaine et imprévue les plus redoutables alliés de Méhémet-Ali-Kan, dans le cas où l'on ne parviendrait pas à rompre l'entente de celui-ci avec Morari-Rao et le rajah de Maïssour. Le temps ! c'était la grosse affaire pour l'exécution de ce hardi projet. L'aurait-on ? Dupleix n'en doutait pas. Il connaissait ses ennemis, et puis il savait qu'à la guerre le vainqueur, lui aussi, a ses timidités et ses inquiétudes. Ses espions lui rapportaient que sous Trichinapaly, dans le camp de l'adversaire, on ne distinguait aucun de ces préparatifs qui sont comme les préludes obligés d'une marche offensive, mais qu'on devinait plutôt un trouble dont la cause pouvait aussi bien provenir de l'apathie du général que de tiraillements entre les coalisés.

Depuis quelques jours, Dupleix avait fait pressentir à Bussy, dans des lettres presque quotidiennes, la conduite qu'il entendait tenir dans le Dékan. Le moment était venu d'envoyer au général des instructions plus détaillées. « Vous devez être attentif, lui écrivit-il, à ce qui se passe du côté de Delhy..... Il faut se lier entièrement avec Balladgi-Rao pour se soutenir réciproquement dans cette partie de l'Inde, soit pour rétablir l'empereur détrôné, s'il l'est, soit pour empêcher que le nouveau venu ne fasse des progrès, soit pour profiter des circonstances qu'une telle révolution peut présenter.

« Il est certain que si Salabet-Singue était joint aux Mahrattes et soutenu de nos forces, on serait en état de faire la loi à toute l'Asie. Si la révolution de Delhy a lieu, après que l'on aura vu quelle tournure elle acquiert, et ce que devient la famille royale, on pourra faire prendre le titre de roi du Dékan à Salabet-Singue. Cette dernière idée ne doit pas être mise au jour jusqu'à ce que le fruit ne soit mûr... Ma conviction est que l'on doit travailler à une union intime de Salabet-Singue avec Balladgi-Rao. Le premier point de cette alliance doit être l'accomplissement en entier du dernier traité de paix conclu avec celui-ci et une garantie réciproque des possessions respectives, envers et contre tous. Je ne doute même pas qu'il serait facile de tirer de Balladgi-Rao une bonne somme. La joie que causerait une telle alliance à ce Mahratte le porterait à l'accorder sans peine. On pourrait encore convenir avec lui des pays conquis par chacun et qui demeureraient en la puissance de celui qui les prendrait...

« *Naturellement, je serais l'arbitre des différends à survenir* entre Salabet-Singue et Balladgi-Rao ; tout resterait dans le *statu quo* jusqu'à ma décision à laquelle les parties seraient obligées de se soumettre. Pour nous, nous exigerions la ville de Surate et un territoire de cinq ou six cent mille roupies aux environs. On se préterait réciproquement un certain nombre de troupes pour faire les conquêtes dont on aurait fait le partage, et toutes les troupes des parties contractantes seraient obligées de marcher au secours de l'allié attaqué...

« Songez à tomber sur le Maïssour, si les circonstances l'exigent, à l'abattre, et à entrer ensuite en ligne (?) dans la province d'Arcate. Pendant que vous opérerez de votre côté, je tiendrai un corps tout prêt à agir, qui réglera ses mouvements sur ceux des Anglais, car ils secoureront Méhémet-Alikan ; mais par les mouvements que vous et moi nous ferons, ils se trouveront pris entre deux feux et jamais assez en force pour résister à votre armée et à la nôtre. Pour couvrir toutes ces opérations, il faut que le nabab dissimule. »

Dupleix concentra alors son attention sur Méhémet-Ali-Kan et ses auxiliaires. La situation s'était en quelques jours profondément modifiée dans le Carnate ; les rapports des résidents que Dupleix entretenait près des princes indiens ne laissaient subsister aucun doute sur la portée du travail de désorganisation qui se produisait au sein de la coalition. Morari-Rao, le chef des Mahrattes, se montrait indigné du meurtre de Chanda-Saïb, son ancien ami. Il accablait Méhémet-Ali de reproches et manifestait une colère qui n'était pas jouée, sans s'avouer peut-être qu'au fond de ces regrets, il y avait une pointe de dépit de s'être vu enlevé un prisonnier dont la possession assurait de précieux gages pour l'avenir. Il manifestait une haine farouche et contre

14.

Manokdgi, le général de l'armée de Tanjore, et contre Lawrence et les Anglais.

D'un autre côté, le rajah de Maïssour, dont les prétentions sur Trichinapaly n'étaient un secret pour personne, déclarait hautement que cette ville lui revenait de droit et qu'il en voulait la possession immédiate. Il ne cessait pas de la réclamer, et troublait régulièrement chaque conciliabule des alliés par l'âpreté de ses revendications. Il n'avait pas encore perdu pourtant toute espérance de se voir octroyer l'objet de ses convoitises ; mais la lenteur qu'on mettait à le satisfaire le froissait et l'aigrissait.

Quant au roi de Tanjore, il était las d'une guerre qui ne lui rapportait rien. Les Anglais demandaient de l'argent et encore de l'argent. Ils concevaient les craintes les plus vives sur la fidélité de leurs alliés et ne voulaient céder Trichinapaly à personne. Au milieu de tous ces mécontents, Méhémet-Ali-Kan, assiégé par tant de sollicitations opposées, sans argent, perdait la tête ; « ne sachant quel parti prendre et comment contenter tous ces gens-là », il les berçait de vagues promesses, jamais tenues, qui redoublaient l'aigreur et le malaise. Ainsi la prédiction de Dupleix s'accomplissait : la victoire avait amené la discorde dans le camp ennemi.

C'était le moment pour Dupleix de mettre en œuvre les artifices de sa diplomatie, afin de briser tout à fait le faisceau d'alliances, qui l'avait mis à deux doigts de sa perte. Il mit en campagne « une armée d'émissaires, qui soufflaient le feu tant qu'ils pouvaient ». Madame Dupleix, qui était devenue le ministre des affaires étrangères, se chargea de conduire la négociation et de correspondre avec les princes qu'il fallait séduire. Sa réputation, son rang dans la hiérarchie des grands feudataires de l'empire mogol, — elle était souveraine de plusieurs nababies, — sa connaissance des mœurs et des préjugés de l'aristocratie du pays, sa science des cours asiatiques, ce terrain semé de piéges, sa perspicacité à démêler les intrigues qui s'y tramaient, son art à les nouer, son tact, sa libéralité, sa finesse, faisaient d'elle l'intermédiaire diplomatique le plus redoutable. Elle s'attaqua tout d'abord à Morari-Rao, dont elle flatta les ressentiments, et n'eut pas beaucoup de peine à le convaincre et à l'amener à servir ses projets.

A l'instigation de son mari, elle avait tout mis en œuvre pour créer un parti français dans le divan et le harem du Maïssour. Elle avait réussi et s'appuyait sur une fraction déjà puissante, qui, en prêchant l'alliance française, semblait plutôt avoir à cœur des intérêts nationaux que des désirs d'argent, quoique ce métal fût pour beaucoup dans le mouvement. Les partisans de madame Dupleix se livraient à ces menées souterraines et patientes, à ces intrigues compliquées, qui, dans les palais de l'Orient, produisent les revirements politiques.

Circonvenu par la majorité de ses officiers et de ses eunuques, gourmandé par la favorite elle-même, excité par son ministre, Naude-Rajah arriva insensiblement à croire qu'il était le jouet des Anglais et de Méhémet-Ali-Kan, et qu'il y avait peut-être profit à abandonner la cause de ceux-ci, pour se rapprocher de Dupleix et de Salabet-Singue. Le prince était donc au point où madame Dupleix avait voulu l'amener, et le moment était venu d'irriter encore les convoitises et les espérances de Naude-Rajah, en faisant miroiter devant ses yeux la perspective de l'acquisition de Trichinapaly. Elle lui écrivit alors directement ; sa lettre était habile et bien faite pour séduire le roi, dont elle caressait les prétentions. L'intelligente femme déclarait que si quelqu'un avait le droit d'occuper Trichinapaly, c'était le maître du Maïssour ; que les Français verraient avec joie cette ville entrer dans le domaine d'un prince pour lequel ils professaient de l'estime, et qu'ils étaient tout prêts à solliciter de leur auguste allié le soubab du Dékan (qui, au nom du Mogol, donnait l'investiture des royaumes) le paravana de cession d'une forteresse et d'un territoire détenus au mépris de toute justice par Méhémet-Ali-Kan et ses alliés.

La lecture de cette lettre exerça une vive impression sur l'esprit de Naude-Rajah. Il sentait toute la portée des offres qu'on lui faisait ; mais le souvenir de la capitulation de Law était récent. Il était bien tenté pourtant, mais craignait de se décider trop vite et de perdre, par une fausse manœuvre, le moyen d'acquérir Trichinapaly. Il hésitait à rompre ouvertement avec ses alliés, dont l'armée entourait presque la sienne, mais ne voulait pas ruiner toute possibilité d'entente avec Dupleix et le soubab. Il prit alors le parti de louvoyer et s'efforça de traîner la négociation en longueur, tout en se montrant favorable au projet d'une alliance offensive et défensive avec Salabet-Singue.

Morari-Rao, aiguillonné par les émissaires du diplomate en jupon, l'imagination montée par le souvenir de Chanda-Saïb et par l'espoir de lui succéder sur le trône d'Arcate, se rapprochait de l'autocrate du Maïssour, dont il excitait les ambitions de conquête. Il mettait tout en œuvre pour le jeter dans les bras des Français et portait au comble la méfiance du rajah pour les Anglais et sa haine pour Méhémet-Ali-Kan. Les deux princes refusaient d'accompagner ce dernier au siége de Tiravadi. Le roi de Maïssour déclarait qu'avant de passer à de nouveaux combats, il voulait toucher le prix de ses sacrifices et être mis en possession de Trichinapaly.

Le but de madame Dupleix était atteint : la situation était retournée, et c'était au tour des Anglais de concevoir des inquiétudes et des craintes. Ils n'osaient pas quitter Trichinapaly, sentant bien qu'eux seuls la défendaient d'une attaque des Mahrattes et des Maïssouriens. Leur intérêt leur commandait, d'une part, de ne pas laisser tomber une forteresse si importante aux mains d'un prince en train de devenir leur ennemi; de l'autre, de marcher sur Tiravadi et de réduire la place au plus vite. Ils furent dès lors contraints de diviser leurs forces pour protéger la ville menacée et d'y laisser une garnison de deux cents Européens. Celle-ci se vit soumise, lorsque l'armée de Méhémet-Ali-Kan se fut éloignée, à une sorte de blocus exercé par Morari-Rao et Naude-Rajah. Ce n'était pas encore la guerre, mais c'en était un état voisin. Les deux princes, retranchés dans l'île de Sheringam, guettaient l'occasion d'entrer dans la ville. Il était clair qu'au premier succès des Français, ils se jetteraient sur les défenseurs de la forteresse.

Dupleix le savait bien, et il eût voulu agir immédiatement. Mais comment? Il n'avait pas un soldat à mettre en ligne. Il ne pouvait même pas entreprendre de secourir Tiravadi ; il lui fallait assister au cruel spectacle de la prise de cette petite place, qui tombait, en deux jours, au pouvoir du protégé de la Grande-Bretagne. Ce dernier échec, quoique prévu et ne constituant qu'un accident de guerre sans importance, blessait vivement l'orgueil du gouverneur. Il rongeait son frein. Il était irrité, mais non abattu. Il avait foi dans le succès final, dans la solidité de ses plans ; mais agité par l'impatience, il eût voulu avancer le moment de l'action. Il lassait ses yeux à chercher sur la mer les vaisseaux qui portaient les renforts attendus. Aucune voile ne se dressait dans la lumière de l'horizon ; rien ne troublait l'éclat de la nappe liquide. L'inquiétude redoublait à Pondichéry. L'attente dura jusqu'au 28 juillet. Ce jour-là, on signala deux voiles se profilant au-dessus des vapeurs qui le matin s'élèvent des eaux. C'étaient le *Bourbon* et le *Centaure*. Ces deux navires amenaient les secours tant désirés.

L'effectif des troupes débarquées était bien faible ; il ne comprenait pas plus de cinq cents hommes. Cet envoi n'en était pas moins précieux ; c'était le moyen de recommencer la lutte. Dupleix déploya son activité ordinaire ; il avait tout à faire. Les hommes qui arrivaient étaient mal équipés, mal encadrés, mal armés. Ils savaient à peine manœuvrer. Leurs officiers étaient sans valeur et sans esprit militaire. Les soldats avaient souffert de la traversée. Il tâchait de remédier à tout cela et au plus vite, car il lui fallait improviser tout et au milieu de l'action, pour ainsi dire. Il « écrémait » ce qu'il y avait de meilleur pour former le corps destiné à opérer dans le Carnate, et qui devait le premier marcher à l'ennemi. Ce procédé de sélection ne lui fournissait qu'environ deux cents hommes ; il expédiait les trois cents autres à Bussy, en donnant l'ordre de leur faire faire l'exercice en route et de les plier à la discipline pendant le voyage. Il faisait débarquer cent cinquante matelots, qu'on remplaça par des lascars, pour renforcer l'armée du Carnate, dont il confiait le commandement à son neveu, le chevalier de Kerjean, qui s'était distingué aux côtés de Bussy. Le 5 août, tous ces préparatifs étaient terminés. Il examinait alors sur quel point il devait porter l'offensive.

Les Anglais venaient de partager leur armée en deux corps. L'un, le plus gros, restait à la garde de Méhémet-Ali-Kan et occupait Tiravadi ; l'autre, composé de deux cents grenadiers et de mille trois cents cipayes, sous les ordres de Kinneer, était détaché contre Gingy.

Que devait faire Dupleix ? Le parti le meilleur, c'était évidemment de négliger l'armée de Tiravadi et de porter tout l'effort sur celle qui avait Gingy pour objectif. En effet, la première était la plus nombreuse ; elle s'appuyait sur une forte base d'opération, et il était évident que, pour en venir à bout, il faudrait toute une série de manœuvres. La seconde, au contraire, arrêtée sous les murs de Gingy, susceptible d'être prise entre les défenses de cette ville et l'expédition partie de Pondichéry, risquait d'essuyer une défaite. Dupleix résolut donc de jeter toutes ses forces sur le détachement de Kinneer.

Il envoya à Brenier, qui commandait à Gingy, l'ordre de se défendre jusqu'à la dernière extrémité, et fit partir Kerjean en lui donnant pour instructions de choisir au nœud des trois routes de Pondichéry et Tiravadi à Gingy, une position solide, Vicravandi par exemple, et de s'y établir fortement. De là l'armée française couperait les communications de l'ennemi avec sa base d'opération et pouvait lui infliger une série de défaites, peut-être même un désastre.

Il ne voulait rien donner au hasard, rien à la témérité du général, à qui il écrivait le 7 août : « Je compte que vous et le détachement êtes arrivés à Valdaour. Je n'ai pas de nouvelles de Gingy et je n'entends plus le canon. Sans doute que l'ennemi veut prendre d'autres mesures pour attaquer cette place, mieux munie qu'il ne s'y attendait. Votre marche aura dérangé ses desseins. Comme il est aisé aux Anglais de se monter sur un ton de présomption que rien n'égale, il est aisé aussi de leur faire prendre des sentiments bien opposés.

« Cependant ne mettez rien en compromis. Choisissez un camp, aux environs de Gingy, dont la situation puisse être avantageuse et vous permette de communiquer avec la place, tout en gênant l'ennemi dans ses opérations, dans ses convois, soit de Gondelour, soit d'ailleurs. Enfin faites en sorte d'éviter de pareils échecs à ceux que nous avons eus en dernier lieu. Le moindre petit avantage sur l'ennemi remettra le cœur au ventre à nos gens ; mais aussi si nous avons le dessous, le découragement reprendra bientôt.

« Ménagez donc vos opérations en tout, et surtout choisissez bien votre camp. Défendez-le par des retranchements. Il se trouve aux environs de Gingy des gorges de montagnes, qui peuvent servir au mieux pour ces camps, et l'on peut toujours se poster de façon que l'on ne peut être attaqué ni de droite ni de gauche, et que l'on a le front seul à défendre. Gardez-vous soigneusement... Ne tombez pas dans les fautes de Law, faisant détruire son armée par de petits détachements. Restez concentrés et agissez par masse..... Suivez autant que possible la méthode des Anglais, qui est de ne faire agir au début de l'action que les cipayes et de se tenir toujours en réserve avec les blancs, pour les soutenir sans trop les exposer au feu. Ainsi ils conservent les blancs, et c'est à quoi vous devez vous attacher.

« Je ne puis consentir que vous vous hasardiez en rien avec une troupe si gauche; malgré la bonne volonté des officiers et des volontaires, il y a bien du risque avec de tels gens. Persuadez-vous que vous n'êtes que d'observation et pour la conservation des deux places de Valdaour et de Gingy. »

Cependant Kinneer, déjà depuis quelques jours au pied des murs de cette dernière forteresse, avait reconnu l'impossibilité d'un coup de main pour s'en rendre maître [1]. « Il hésitait sur la conduite à tenir, quand il fut informé que les Français avaient pris possession de Vicravandi, en arrière de lui, et lui coupaient les communications avec Tiravadi. Kinneer, agissant en vrai soldat, se retourna aussitôt pour attaquer l'ennemi, et enhardi par les succès répétés des Anglais, ne prit pas le temps de faire une reconnaissance, mais marcha droit à la position française. Celle-ci était singulièrement forte. Pour attirer les Anglais devant le point le mieux

---

[1] MALLESON, *les Français dans l'Inde.*

défendu, Kerjean commanda un semblant de retraite.

« Les Anglais, avançant résolûment, se trouvèrent bientôt sous le feu des canons ennemis, abrités derrière un mur extrémement solide. Kinneer fut blessé, les cipayes reculèrent, et les troupes blanches elles-mêmes commencèrent à chanceler. A ce moment, Kerjean les attaqua par le flanc avec cent soldats français; cette manœuvre fut décisive. Les Anglais se retirèrent après une courte résistance, laissant quarante morts sur le champ de bataille. » Kinneer, sentant le danger de se trouver pris entre un mouvement combiné de la garnison de Gingy et des troupes de Kerjean, se hâta, pendant que la route était libre encore, d'opérer sa retraite sur Tiravadi.

Cette victoire rétablit l'ascendant de Dupleix. Méhémet-Ali-Kan, qui nous avait « crus morts », comme il disait, nous voyant plus redoutables que jamais, fut pris de découragement et d'effroi. Il fit à Dupleix des ouvertures pour obtenir le paravana de cession de Trichinapaly. Dupleix répondit qu'avant de négocier, il fallait donner des gages par une rupture éclatante avec les Anglais. Cela ne faisait pas l'affaire de Méhémet-Ali-Kan, qui écrivit alors à Salabet-Singue. La réponse qu'il en reçut, si elle fortifiait le crédit de Dupleix, n'était pas de nature à contenter le prétendant.

« La province du Carnate, disait le soubab, n'est pas à moi. Elle est au gouverneur de Pondichéry, mon oncle protecteur. Adressez-vous à lui. Accommodez-vous avec lui; ce à quoi il consentira sera bien fait, et j'y consentirai. »

Dupleix eut alors la pensée de rendre public le paravana, qui lui donnait la souveraineté du Carnate, et montra la velléité de se faire solennellement reconnaître comme nabab de cette province. Le calcul était des plus politiques, étant donné les idées indiennes sur le mode des investitures. En agissant ainsi, il se révélait plus puissant que jamais, au moment où on l'avait cru perdu. C'était le plus sûr moyen d'éblouir les princes indigènes.

Bussy, qui disait « que c'était vouloir cueillir un fruit qui n'était pas mûr », l'en détourna. « Ce qu'il faut, disait-il, c'est mettre en possession de la province un prince qui soit en état de donner une somme comptant et vous rembourser ainsi de vos avances. Dans les conjonctures présentes, le rajah de Maïssour ou le nabab de Velour sont les seuls en état de remplir cette condition. » Dupleix, à demi convaincu, entra en pourparlers avec Mortizy-Ali, le nabab de Velour, qui consentit à fournir une grosse somme d'argent et leva des troupes pour soutenir son nouveau titre. On avait donc un allié de plus.

Ainsi le désastre de Sheringam était effacé. Dupleix, seul, dans la lutte contre l'Angleterre, et les plus puissantes nations de l'Inde, sous le coup de la défaite, au milieu d'une panique, condamné par l'opinion, anéanti en apparence, n'avait pas désespéré une seconde, et soutenu par sa gloire passée, sa volonté inflexible et son génie, il avait en deux mois ramené sous le drapeau de la France la fortune et la victoire. Tout paraissait rétabli encore une fois.

CHAPITRE IX

NOUVEAUX EMBARRAS.

Les Anglais bloqués à Trichinapaly. — Dupleix cherche à entraver les communications de la place avec le fort Saint-David. — Lawrence vaincu et victorieux le même jour. — Gasendi-Kan envahit le Dekan. — Découragement de Bussy. — Les difficultés qu'il rencontre. — Dupleix cherche à raffermir le moral de Bussy. — Dupleix abandonné par la Compagnie. — État de l'opinion en France au sujet de la colonie. — Dupleix, pour éclairer le roi et la nation, envoie d'Autheuil à Versailles. — Bussy découragé de nouveau. — Dupleix le rassure.

Cependant Morari-Rao et Naud-Rajah maintenaient toujours le blocus autour de Trichinapaly. Entre ceux-ci et Dupleix les relations étaient devenues étroites. Le traité n'était pourtant pas encore signé, mais l'alliance existait de fait. Ne coopérait-on pas à la même œuvre, la guerre contre Méhémet-Ali-Kan et la Grande-Bretagne? Les Anglais, qui s'étaient concentré sous le fort Saint-David, regardaient du côté de Trichinapaly avec inquiétude. La garnison souffrait déjà. Il était clair qu'ils tenteraient quelque vigoureux effort pour la dégager.

L'intérêt et le devoir de Dupleix, c'était de tout faire pour empêcher la réussite d'une semblable entreprise dont les conséquences pouvaient être funestes à l'œuvre, si bien menée jusqu'ici, de la reconstruction de sa puissance. Il résolut d'entraver les communications des troupes anglaises, campées à Saint-David, avec le détachement de Trichinapaly. Dans ce but, il confia à Kerjean le commandement d'un petit corps de quatre cents soldats européens et de mille cinq cents cipayes avec cinq cents cavaliers, et lui donna l'ordre de s'avancer, par Bahour, vers le Pounar, sur la rive duquel s'élevait le fort Saint-David, afin de couper la route de Trichinapaly. Cette fois encore, il lui remontrait la nécessité de la prudence. Il lui recommandait de veiller attentivement sur les manœuvres de l'ennemi et de tenter, si les circonstances s'y prêtaient, des alertes de nuit, qui inquiètent l'adversaire et le mettent sur les dents.

A la nouvelle de ce mouvement hardi, le major Lawrence réunit quatre cents Européens, avec mille cipayes, et le 27 août s'avança à la rencontre des Français. Dupleix, informé par ses espions de la marche de l'ennemi, expédia à Kerjean l'ordre de se replier sur Villenour et de s'y établir. Le général obéit. Le camp, installé sur un coteau, protégé sur un de ses flancs par un grand étang, semblait solidement assis.

Lawrence n'en risqua pas moins l'attaque, le 6 septembre. Il fut repoussé, perdant beaucoup de monde, et se replia en bon ordre vers Bahour, suivi de près par les troupes françaises. A la nuit, Kerjean fit faire halte dans un endroit peu favorable à la défense ; on y établit le bivouac. « Le plaisir que l'on avait de voir fuir l'ennemi, la sécurité où l'on était qu'il ne songeait qu'à cette fuite, empêcha de prendre les précautions voulues; on ne se défiait de rien, quoique l'on ne fût qu'à une lieue de l'ennemi, campé à Bahour.

« Cette idée, dont Lawrence était sans doute bien instruit, ainsi que de notre mauvaise situation, l'engagea à attaquer de nuit notre campement. La surprise fut entière, et pendant qu'il amusait par un feu de cipayes à l'avant-garde, l'ennemi entrait par derrière sans que l'on s'en aperçût. Cependant chacun tint bon; mais il y avait de la confusion. La baïonnette jouait son jeu, et l'ennemi paraissait prêt à fuir, quand le bruit de la mort de Kerjean se répandit. Il n'y eut plus moyen de retenir le soldat ni les cipayes. Tout se débanda, et il ne fut pas possible de ramener les troupes au combat[1]. » Elles ne s'arrêtèrent que sous le canon d'Ariancoupan, où des officiers envoyés aussitôt par Dupleix les réorganisèrent. On avait perdu cinq canons et une vingtaine d'hommes.

C'est le moment où la fatalité semble s'acharner contre Dupleix. Il a beau déployer toutes les ressources de son génie, il a beau combiner, avec un art merveilleux les opérations de guerre, il ne peut communiquer à ses généraux ni son coup d'œil, ni sa décision, ni sa prudence, ni son élan. Aucun n'élève son âme à la hauteur des circonstances. Ils ne savent pas dominer les événements. Le succès les grise, la défaite les abat. Ses plus vieux compagnons, ceux qu'il croit à l'abri de toute défaillance, sont pris de lassitude et montrent du découragement et des doutes. Ils désespèrent du succès et s'effrayent à la pensée des luttes à soutenir. « Dupleix

---

[1] DUPLEIX, *Lettre à Bussy*. (Archives de Versailles.)

a trop embrassé, s'écrient-ils ; l'œuvre est surhumaine. »
Non ! l'œuvre n'a pas grandi outre mesure, ce sont les
instruments qui ont rapetissé.

Dupleix, dont les revers excitaient l'énergie, se
hâtait de reconstituer l'armée, pour l'envoyer à de
nouveaux combats, lorsqu'il reçut une nouvelle du
caractère le plus alarmant : Gasendi-Kan avait envahi le
Dékan à la tête d'une armée de plus de cent mille
hommes ! Ce coup semblait le renversement des projets
et des espérances du gouverneur.

C'était Bussy, qui annonçait la formation de cette
nouvelle tempête. Sa lettre peignait la situation sous
les couleurs les plus sombres. Il y avait une panique à
la cour du soubab. Tout le monde y avait perdu la tête.
On suivait avec un effroi indicible les progrès de Gasendi-Kan ; on croyait que rien ne pouvait l'arrêter. On
exagérait ses forces et la valeur de ses troupes. L'affolement était général. La résistance semblait une folie.
On avait évacué Aurungabad. Salabet-Singue et son
entourage ne voyaient plus de salut que dans une
retraite immédiate sur Mazulipatam. On se demandait
même avec anxiété s'il ne fallait pas s'enfuir jusqu'à
Pondichéry.

Bussy partageait ces craintes, et ce qui l'effrayait le
plus, c'est que la négociation avec Balladgi-Rao n'était
pas terminée. Il était convaincu que le Peishwa et
Gazendi-Kan s'allieraient fatalement. Dès lors comment
résister aux efforts combinés des deux princes ? Il n'avait
plus la confiance et la décision d'autrefois. Il oubliait
ses triomphes à Ambour et à Gingy, ses victoires sur
les Mahrattes ; le dédain qu'il avait montré jusqu'ici

pour les armées indiennes, avait fait place à une circonspection alarmante. Il était découragé. Il ne s'indignait pas à la pensée de la retraite ; il en parlait comme de l'opération la plus simple, la plus naturelle ; elle lui semblait la seule ressource.

Il y avait une explication et une excuse à cette défaillance du général. La froide raison et la perspicacité de Ragnoldas n'étaient plus là pour le soutenir. Le brame avait été assassiné. Bussy n'avait plus de guide fidèle pour l'aider à se débrouiller dans ce dédale d'intrigues qui agitent sans cesse une cour orientale. Il était en butte, depuis plusieurs mois, aux coups d'une hostilité puissante et insaisissable ; il marchait littéralement sur un terrain semé de chausse-trapes. C'étaient des difficultés qui s'élevaient à propos de tout. Bussy était d'autant plus irrité qu'il ne savait à qui s'en prendre ; il ne soupçonnait pas que l'auteur de toutes ces machinations, c'était le successeur de Ragnoldas, Saïd-Lasker-Kan, un traître qu'il avait élevé au poste de grand vizir de Salabet-Singue. Bussy était las d'une lutte sans objet avec la dissimulation et la fourberie froides.

En outre, l'anarchie régnait dans le Dékan. Les nababs n'obéissaient pas à Salabet-Singue, et l'on ne pouvait pas les soumettre. Le trésor était vide, et l'on n'avait aucun moyen pour le remplir. Les impôts ne rentraient pas ; les gouverneurs de province ne les levaient pas ou gardaient pour eux les contributions perçues. L'armée indigène mal payée, mal commandée, se révoltait fréquemment. On était en retard de plusieurs mois pour la solde des troupes françaises.

Bussy était réduit à user d'expédients pour faire vivre ses soldats. Pour échapper à toutes ces difficultés, à tous ces ennemis, il était prêt à sacrifier, sans le savoir, sa réputation et l'intérêt de la France.

La première impression de Dupleix, en lisant les dépêches de son ami, fut un mélange de colère et de douleur. Le découragement de Bussy était pour le gouverneur plus effrayant que l'invasion de Gazendi-Kan elle-même. Dupleix était sûr que les grenadiers du Dékan, éprouvés par tant de victoires, dissiperaient la multitude que le prétendant traînait derrière lui. Mais pour triompher il fallait se battre, et Bussy pensait à organiser la retraite.

Dupleix, qui connaissait à fond le caractère du général, vit qu'il fallait l'encourager, le raffermir en lui montrant toutes les ressources dont on disposait, pour surmonter le péril qui se dressait ainsi tout à coup, enfin et surtout lui donner des ordres. On pouvait alors être tranquille. En face d'injonctions précises, le vainqueur de Gingy reprendrait sa lucidité d'esprit ordinaire et exécuterait énergiquement et merveilleusement les instructions qu'on lui donnait.

Dupleix mit en route les trois cents hommes désignés pour renforcer le corps d'Arungabad et expédia à Bussy, par des dromadaires, la lettre suivante : «... La retraite du nabab à Pondichéry nous couvrirait de honte, la retraite à Mazulipatam serait plus convenable. Mais même ce parti-là ne doit être pris qu'à la dernière extrémité ; et, avec l'aide du Seigneur, vous n'y serez pas réduit. Les secours reçus par vous vous feront perdre cette idée de retraite. Soyez persuadé que

Gazendi-Kan tressaillera de peur à tous les avis qui lui viendront de l'augmentation de vos forces.

« Au cas où des négociations s'engageraient, il faudrait faire les propositions suivantes à Gazendi-Kan : 1° laisser au nabab le Dékan, moyennant une somme versée tous les ans; 2° en cas de refus, proposer de faire le partage de cette contrée; 3° si ces deux propositions étaient rejetées, il faudrait se contenter du titre de naïb pour Salabet-Singue.

« Si ces offres n'étaient pas acceptées, il faudrait s'accorder. A cause de notre réputation, l'ennemi cédera sans doute. Car enfin, ne prenant pas le parti de se battre, il ne nous resterait plus que celui de la retraite, et pourriez-vous la faire en présence de l'ennemi? Le moindre pas en arrière avec les gens de ce pays fait dissiper ceux du parti qui recule, et augmente le courage de ceux de l'autre. S'il y a risque à livrer bataille, il vaut donc mieux faire les offres de loin [1], que d'attendre à les faire en présence de l'ennemi. »

« Si le nabab, ajoutait Dupleix dans un dernier paragraphe qui révèle tout le secret de sa politique, nous était enlevé par trahison ou autrement, il faudrait faire offre de vous et de vos soldats à Gazendi-Kan, au moyen de la confirmation de tout ce que nous possédons et même plus, si vous pouvez, en lui faissant entendre que jusqu'à présent la nation n'a travaillé qu'à la conservation de sa famille. Il est nécessaire de lui faire voir que, dès que nous aurons quitté le Dékan, les Mahrattes en seront bientôt les maîtres. Si Gazendi-Kan

---

[1] Gasendi-Kan était encore sur la Nerbuda.

n'accepte pas vos offres, faites-les sans balancer à Balladgi-Rao, et tombez avec lui sur Gazendi-Kan. La victoire alors vous est assurée. »

Ainsi Dupleix ne perdait pas l'espoir de sortir vainqueur de cette nouvelle épreuve. Il attendait un navire, le *Prince,* qui portait sept cents hommes et un vétéran des guerres indiennes, le major de la Touche, dont il connaissait l'audace et la capacité. Avec ces renforts, avec ce général à la tête des troupes, Dupleix comptait reprendre le terrain perdu, secourir Bussy et triompher de ses ennemis du Sud et du Nord.

C'étaient là des illusions ; elles s'évanouirent peu à peu l'une après l'autre. Les jours s'écoulaient, et le *Prince* n'était pas signalé ; il n'arriva jamais, il avait brûlé en mer, avec tous les passagers. Du 22 août au 15 octobre, la situation changea entièrement ; de bonne, elle devint mauvaise. Dupleix, qui ne pouvait pas envoyer un homme à Bussy, commençait à partager les craintes de ce dernier.

« Ce que vous me mandez, écrivait-il le 16 septembre, me fait trembler, et si vous m'aviez informé plus tôt de votre extrémité, je vous aurais donné l'ordre de revenir... Votre salut doit être mon unique soin... Pourquoi le nabab ne met-il pas en gage ses joyaux? Enfin, si toutes les ressources manquent et que trois ou quatre lacs de roupies peuvent vous tirer de presse, je suis prêt à les sacrifier, dussé-je vendre jusqu'à ma dernière chemise. Il est juste que je supporte cette dépense. Je suis le seul moteur d'une entreprise à laquelle je n'aurais jamais dû penser. J'aurai bien des alarmes, avant d'être tranquille. »

La cause de la France semblait encore une fois perdue. Les Anglais et les hordes de Méhémet-Ali-Kan ravageaient le territoire de la Compagnie, saccageant tout; ils brûlaient entièrement Villenour, où l'on avait rassemblé à grands frais plus de douze cents familles de tisserands. On voyait l'incendie du haut des remparts de Pondichéry, et l'on en était réduit à se tenir coi et renfermé! Naude-Rajah, en apprenant l'invasion de Gazendi-Kan, avait arrêté brusquement son évolution vers Dupleix, tout en restant devant Trichinapaly. L'argent manquait tout à fait au gouverneur. Les lettres reçues de la métropole faisaient une peinture alarmante de la disposition des esprits à Versailles et à Paris. Le conseil, d'accord avec l'opinion, préférait la paix à des conquêtes, et redoutait que l'extension du territoire de la Compagnie ne fût la cause d'interventions répétées dans les guerres des princes indiens. Il désirait n'être mêlé en rien dans ces luttes, et ne voulait pas que la Compagnie devînt une puissance politique de l'Inde. Le programme des directeurs pouvait se résumer ainsi : point de victoires, point de conquêtes, beaucoup de marchandises et quelque augmentation de dividende. Le dividende! c'était là pour le public, en général, la pierre de touche pour juger du mérite des opérations de l'Inde. On ne comprenait rien aux projets de Dupleix. Il n'entrait dans la tête de personne qu'on pût fonder un empire français dans l'Inde. Quel effet la nouvelle du désastre de Trichinapaly allait exercer sur l'esprit timoré des directeurs, sur l'opinion à Paris et à Versailles!

Deux lettres des directeurs, datées du 1er février 1752, ne laissèrent à Dupleix aucun doute sur les dispositions de la Compagnie et redoublèrent ses inquiétudes :

« L'objet de cette lettre particulière, Monsieur, est de vous instruire de la décision du Roi et de la Compagnie, sur le secours de quinze cents hommes demandés par Mousafer-Singue. Vous avez bien senti vous-même tout l'inconvénient de cette demande ; mais il semble que vous soyez seulement porté à le réduire au nombre de mille hommes, et que vous ne trouviez pas un grand inconvénient à accepter la proposition sur cette réduction. Nous pensons autrement sur cet article ; nous voyons toute la peine que vous avez eue à terminer les troubles de l'Inde.....

« Nous craignons tout ce qui pourrait aguerrir les naturels du pays. Y a-t-il quelque chose plus capable de les discipliner, que d'avoir toujours sous les yeux un corps de troupes, qui deviendrait lui-même inutile si on ne le maintenait dans une exacte discipline ? Les naturels du pays, une fois aguerris, ne deviendraient-ils pas nos maîtres, et devons-nous hasarder de nous trouver dans un état si dangereux ? Il est temps de borner l'étendue de nos concessions dans l'Inde. La Compagnie craint toute augmentation de domaine. Son objet n'est pas de devenir une puissance de terre.

« Le parti que nous devons prendre est celui d'une exacte neutralité. Se lier avec Mousafer-Singue et Chanda-Saïb dans des engagements ultérieurs, ce serait s'exposer à servir leur ambition et à perpétuer dans l'Inde des troubles qui ne pourraient jamais manquer d'être funestes à notre commerce. Un revers seul peut suffire pour nous faire perdre la supériorité que nous avons acquise, et vous avez pu voir par les dernières lettres tant du ministre que de la Compagnie qu'une paix solide et durable était le seul but où vous devrez tendre, en écartant avec soin tout ce qui serait capable de la troubler.

« Tout se réunit donc pour refuser à Mousafer-Singue les troupes françaises qu'il demande à sa solde, et vous ne pouvez manquer de raisons pour adoucir et lui faire même approuver ce refus. »

« 1er février 1752.

« Nous ne pouvons approuver, Monsieur, le détachement que vous avez fait de vos cipayes et principalement de trois cents Français qui doivent conduire Mousafer-Singue et rester à sa solde jusqu'à ce qu'ils soient remis dans un de nos comptoirs. Ce détachement paraît inutile si tout le pays était tranquille et soumis, et ne paraît pas suffisant s'il y avait quelque révolution à craindre. Nous sommes d'ailleurs effrayés de la longueur du voyage et de l'incertitude du retour.

« Qu'est-ce que pourront faire ces troupes si Mousafer-Singue leur refuse les secours nécessaires pour traverser la grande étendue de pays qui sépare Aurungabad de nos comptoirs? Et si ces troupes sont forcées de rester à Aurungabad, ne craignez-vous pas que leur discipline et leur exemple ne tendent à aguerrir les peuples au préjudice de notre commerce et même de notre sûreté? Beaucoup d'autres raisons nous feront apprendre avec un sensible plaisir le retour de ce détachement.....

« Si Mousafer-Singue manque à sa parole et qu'il voulût retenir nos troupes, ne manquez pas de leur faire intimer l'ordre du Roi de rentrer dans nos comptoirs. Les troupes que la Compagnie envoie dans l'Inde sont destinées uniquement à la conservation et à la défense de ses établissements. Les frais et la difficulté du transport, et la conservation des citoyens, qui dans toutes les conditions sont infiniment chers à l'État, exigent qu'on ne s'en serve que pour les usages auxquels ils sont destinés. Vous ne devez donc point faire sortir de troupes de l'étendue de nos concessions, à moins que ce ne soit pour les changer, ou dans le cas d'une guerre défensive.....

« Vous voyez par là que l'intention de la Compagnie est d'éviter soigneusement d'entrer dans aucune guerre auxiliaire, à moins qu'on n'y soit forcé par les secours que fourniraient les autres nations européennes. »

C'était l'abandon. Éclairer le roi et la France devenait d'une nécessité absolue et urgente. Dupleix se décidait donc à envoyer d'Autheuil en France « pour y représenter le vrai des choses et le nécessaire ». « Après cette démarche, écrivait-il le 15 octobre 1752 à M. de Savalette, si on ne veut pas m'écouter, je prends congé de la Compagnie et de tout ce qui a rapport à elle. Il y a trop longtemps que je suis sa victime, et je ne trouve chez elle que de l'ingratitude ; c'est assez l'ordinaire de tout ce qui s'appelle Compagnie, où chacun ne regarde que son intérêt particulier. D'Autheuil ira se présenter à vous pour, de concert avec vous, se déterminer sur les démarches qu'il doit faire pour percer un labyrinthe qu'il connaît peu et pour lequel il a besoin d'un guide. Vous lui en servirez.

« L'honneur et la gloire du roi, les avantages de la

nation, sont les deux seuls points qu'il aura à traiter; mais les uns et les autres sont peu connus par la plupart de ceux qui composent la direction, et je ne crois pas que ce soit là où il doit le plus frapper. Il faut que le ministère agisse, que le roi donne des ordres, et qu'en se prêtant à l'activité de la Compagnie, il ait en même temps soin de sa gloire, à quoi je ne vois pas que les directeurs se prêtent..... Je ne vous dirai rien sur la lenteur que l'on affecte pour me faire obtenir le grade d'officier général. Je sais que la Compagnie a présenté un mémoire à ce sujet ; mais je sais en même temps qu'il n'a pas été appuyé comme il le devait être par ceux mêmes qui y sont obligés par devoir. »

Le même jour il écrivait à M. de Montaran : « On a affecté de n'avoir aucun égard à mes lettres. On n'ignorait pourtant pas que les Anglais faisaient passer des forces dans l'Inde. Cette connaissance seule eût suffi pour engager d'envoyer le double de ce qui m'était destiné en hommes, et en prenant le même parti que les Anglais, de faire passer ici tous vos vaisseaux de Chine, vous pourriez, sans aucun dérangement dans votre commerce, me jeter ici quinze cents hommes, qui m'eussent mis sur l'eau, moi et la Compagnie [1]... Mais l'on ne veut pas me croire, et l'on pense en savoir plus que moi. Je le veux ; mais au moins je suis en état de donner de bons conseils, et ceux que je donne n'ont point pour but un intérêt particulier. C'est de quoi je vous prie d'être persuadé ; j'ai été à même d'avoir cent

---

[1] Au lieu de lui envoyer des renforts, on venait de lui adresser le titre de marquis. Il l'avait fort bien payé, s'il en faut croire les bruits du temps.

millions de biens. Je les ai sacrifiés à l'honneur et à la réputation du roi et de la nation. Je ne vous en dirai pas davantage pour le présent. D'Autheuil vous dira le reste et dira vrai; je souhaite qu'on l'écoute. »

Madame Dupleix se préoccupait d'aider au succès de la mission de d'Autheuil. Elle adressait à son neveu, pour les offrir à madame de Pompadour, de magnifiques présents, en ayant bien soin d'ajouter dans sa lettre qu'il ne fallait pas les remettre à la marquise, si celle-ci était en disgrâce.

Sur ces entrefaites, Gazendi-Kan était entré sans coup férir à Aurungabad, où il avait été rejoint par Balladgi-Rao. Les deux princes avaient de longues et fréquentes entrevues, où ils discutaient les conditions d'une alliance, quoique le Mahratte n'en continuât pas moins les négociations entamées avec Salabet-Singue. La tactique du Peishwa était simple. Il voulait se faire acheter au plus haut prix possible, et se servait des propositions faites par l'un des partis pour pousser l'autre à enchérir.

Bussy, qui avait reçu à Hyderabad, où la cour de Salabet-Singue s'était réfugiée, la lettre écrite le 22 août par Dupleix, qui dans l'action oubliait ses alarmes, avait envoyé, pour surveiller ces conférences, Saïd-Lasker-Kan, qu'on feignit de destituer de son poste de divan [1], et qui devait, à Aurungabad, prendre l'attitude d'un transfuge, venant, pour se venger, s'unir aux ennemis de son ancien maître. Le rusé musulman avait proposé lui-même ce subterfuge.

[1] Ministre.

« Ainsi, disait-il, je pourrai mieux surprendre les secrets des deux adversaires du soubab, les diviser sûrement et choisir le moment opportun où il sera nécessaire de faire des propositions d'alliance à l'un ou à l'autre. » En réalité, son but était de cimenter l'alliance des Mahrattes avec Gazendi-Kan, dans l'espoir d'expulser avec Salabet-Singue le général français et ses troupes. L'action délétère de ce traître, l'importance des avantages offerts au Peishwa par le prétendant, dont une forte partie de la noblesse du Dékan reconnaissait les droits, allaient amener la conclusion d'un traité entre les deux princes, lorsque Gazendi-Kan mourut, empoisonné par sa belle-mère. Ses partisans se dispersèrent. Balladgi-Rao, assez embarrassé de la situation que lui faisait ce meurtre, resta seul en face du soubab; il était clair que son désir le plus vif, c'était la paix.

Jamais mort n'arriva plus à propos. Pour Salabet-Singue, c'était peut-être le salut; pour Dupleix, c'était le moyen de recouvrer sa liberté d'action dans le Carnate. Il pouvait maintenant, dans les négociations, « tenir la dragée haute » au Maïssour, et dicter ses conditions à Balladgi-Rao; la tragédie d'Aurungabad lui rendait l'ascendant perdu. On signa bientôt après la paix avec les Mahrattes. Morari-Rao et ses cavaliers passèrent au service de la France, moyennant un subside de cent vingt-cinq mille roupies par mois.

On termina les pourparlers avec Naude-Rajah par la conclusion d'un traité, qui obligeait ce dernier à donner à Dupleix quinze lacs de roupies et à fournir un contingent de trois mille cavaliers et de cinq mille fantassins pour coopérer aux opérations militaires contre Méhémet-Ali. Dupleix s'engageait en retour à user de son influence sur Salabet-Singue pour faire délivrer au rajah le paravana de cession de Trichinapaly. Une alliance étroite s'établissait enfin entre Balladgi-Rao et le souverain du Dékan.

Dupleix reprit le projet dont il avait déjà parlé à Bussy, résolut de combiner, avec lui et Salabet-Singue les mouvements d'une opération d'ensemble, dirigée contre les Anglais et Méhémet-Ali Pendant que l'armée de Pondichéry unie aux Mahrattes et aux soldats de Naud-Rajah, s'avancerait sur Tiravadi et sur la forteresse, témoin du désastre de Law, les troupes de Salabet-Singue entreraient par Bellary dans le Maïssour, pour descendre par la vallée du Cauveri sur Trichinapaly, pris à revers. Les Anglais, tournés, obligés de faire tête à l'est et à l'ouest, de diviser leurs forces, étaient menacés de défaites presque certaines.

Dupleix avait encore un autre but, et tout politique, celui-là. Il avait supporté impatiemment les lenteurs et les tergiversations du Maïssour; il n'avait qu'une foi très-médiocre dans la solidité de l'alliance conclue avec Naud-Rajah, qui nous abandonnerait vraisemblablement à la première défaite. Il voulait enchaîner le Maïssour à la cause française, et pour cela, le meilleur moyen, c'était de faire descendre cet État du rang de puissance indépendante à celui de vassal soumis et tributaire.

« Maintenant que Gazendi-Kan est mort, écrit-il à Bussy, il faut pousser plus loin les prétentions et faire *cracher* rudement tous ces gens-là. Pour le moment pourtant, il suffira de dire au Maïssour que, rien ne pouvant se faire sans que le nabab ne vienne en personne avec son armée, pour tirer des mains de l'ennemi Trichinapaly et mettre l'ordre dans le Carnate, il serait inutile de remettre actuellement à Naud-Rajah le paravana de cette place, qui ne lui servirait qu'autant que cet endroit serait soumis ; que lui seul, avec ce que je pourrais lui fournir actuellement, ne serait pas suffisant pour réduire Trichinapaly ; qu'il faut absolument pour en venir à bout que la grande armée s'y rende ; qu'en attendant, il doit toujours se tenir lié avec moi et agir pour la destruction de Méhémet-Ali ; qu'après la prise de Trichinapaly, on la lui remettra à des conditions raisonnables, qu'on doit lui faire entendre être celles dont je serai convenu avec lui, dans la ferme intention cependant de n'en rien faire.

« Une fois dans le pays de ces gens-là, sous le prétexte d'aller à Trichinapaly, on sera en état de les faire chanter, surtout en avoisinant de près la ville capitale, Seringapatam. D'abord il faudra les menacer de se rendre maître du pays, s'ils ne donnent au moins un couron, pour s'être déclarés contre le nabab et être entrés en marché avec Méhémet-Ali pour Trichinapaly ; il y a un compte à faire de plusieurs années de tribut. Cela arrêté, on mettra en avant l'article de la vente de Trichinapaly.

« De compte fait, il sera facile de tirer de ces gens-là deux courons ; mais, pour leur tenir le bec dans l'eau, il ne leur faut parler que de Trichinapaly, et leur dire que le voyage du nabab n'est qu'à dessein de réduire les rebelles de ce côté-ci. Pendant ce temps-là, j'en tirerai de l'argent et me servirai de leurs troupes, qui quoiqu'elles ne valent rien, font toujours nombre. »

A peine l'armée de Salabet-Singue eut-elle commencé la marche vers le Maïssour, qu'une sédition éclata parmi les soldats. Tous, jusqu'aux derniers coulies, déclarèrent qu'on ne leur ferait pas faire un pas de plus vers la Chichena. Peu s'en fallut que le *divan* ne subît le sort de Ragnoldas et ne fût assassiné par les cavaliers, qui criaient qu'ils ne voulaient pas entendre parler du Maïssour, et qu'on ne lèverait le camp que lorsque la solde serait payée.

Bussy, croyant que sa présence en imposerait aux mutins, vint au camp. On n'osa pas l'insulter, mais il surprit des regards farouches, des gestes menaçants ; il entendit des malédictions sourdes contre les étrangers. Il put se convaincre que cette émeute avait été préparée par d'habiles menées. Ainsi, au début d'une action, il se trouvait paralysé par un complot fomenté par cet ennemi insaisissable qui le poursuivait depuis plusieurs mois. Il était seul à lutter. Salabet-Singue, au lieu d'agir en maître irrité et de faire tomber quelques têtes, avait peur, se rangeait à l'avis de son entourage et cédait aux rebelles. L'armée reprenait le chemin d'Hyderabad. L'incapacité et la lâcheté du soubab écœurait Bussy, qui fléchissait sous le poids d'un nouveau découragement et écrivait à Dupleix : « Je vous le répète, il est impossible de soutenir longtemps Salabet-Singue. Dans les dispositions où sont actuellement les esprits, s'il paraissait sur la scène quelque nouveau compétiteur, il est hors de doute que tout le monde se rangerait de son côté !

« Je souhaiterais bien que vous prissiez des mesures

pour éviter l'extrême embarras où vous jetterait encore une pareille révolution..... »

A la pensée des dangers qui menaçaient notre allié, Bussy perdait quelque peu la tête. Il oubliait que la personne de Salabet-Singue comptait pour fort peu de chose dans le système de Dupleix, que c'était la possession du Dékan qui était tout, et que le gouverneur n'hésiterait pas à appuyer le prince qui renverserait Salabet-Singue, si c'était le moyen de conserver l'ascendant sur cette contrée.

Il voyait se dresser devant lui la perspective d'une lutte indéfinie contre tout un peuple ; le triomphe lui semblait impossible ; il valait mieux se retirer, alors qu'on pouvait le faire sans déshonneur. « Nous avons réussi, reprenait-il, à établir Salabet-Singue à la place qu'il occupe. Personne ne peut trouver à redire que vous songeassiez à retirer vos troupes, quelques changements qui arrivent dans la suite. Salabet-Singue même dût-il être dépossédé bientôt, tout cela n'intéresserait en rien l'honneur de la nation.

« Nous sommes à bout de ce que nous avions entrepris ; car apparemment que nous ne nous sommes pas engagés à rendre éternelle la domination de Salabet-Singue et de sa postérité. Il n'appartient pas aux hommes de rendre leurs ouvrages immuables.

« Je pense donc qu'après avoir conduit le nabab à Aurungabad ou dans quelque autre endroit qu'il veuille se retirer, il conviendrait que je prisse avec toutes nos troupes la route de Mazulipatam. Vous en laisseriez dans ce comptoir le nombre que vous en jugeriez nécessaire... Le reste se rendrait auprès de vous.... Je vous prie de me donner là-dessus des ordres précis, qui ne me *mettent point dans la nécessité* de rien prendre sur moi, et de me prescrire aussi ce qu'il faudra faire, si le nabab se trouve hors d'état, comme cela va arriver, de donner la paye à nos troupes. »

Quand cette lettre parvint à Pondichéry, Dupleix avait terminé les préparatifs de l'expédition combinée contre Trichinapaly et venait de mettre ses troupes en marche. A la lecture de la dépêche du général, il eut un cri de colère et de douleur. Il se voyait forcé de renoncer à un mouvement dont l'exécution, selon toute probabilité, entraînait la perte des Anglais; cela était dur; mais ce qui était plus cruel, c'était la persistance de Bussy à vouloir tout abandonner. Quoi ! c'était le héros de Gingi, l'audace même, l'homme qu'il aimait comme son fils, qui, lui aussi, doutait de l'œuvre commune et en proposait la destruction totale ! Il fallait à tout prix empêcher l'évacuation du Dékan. Grâce à sa femme, il ne lui répondit pas sous le coup de l'irritation où il était : il attendit que le calme fût revenu.

Après avoir réfléchi, Dupleix comprit que l'effarement de son ami provenait autant de l'isolement que du souci causé par les attaques de cet ennemi insaisissable dont Bussy lui avait parlé. Il devina tout de suite que l'auteur de toutes ces machinations, c'était Saïd-Lasker-Kan, le ministre de Salabet-Singue. Il résolut de remontrer encore une fois à Bussy l'absolue nécessité de garder le Dékan; il voulut surtout le prémunir contre lui-même; mais le début de la lettre du gouverneur portait encore le reflet des émotions qui l'avaient agité ! Il disait le 14 janvier 1754 à Bussy, comme autrefois à Law : « Je vous ai toujours laissé la liberté d'agir suivant les circonstances ; mais comme, d'après ce que vous me marquez, vous pencheriez pour l'abandon du nabab, je vous prie de ne le faire, si vous vous y déterminez, qu'après une délibération des chefs de troupe, puisque ce n'est que par une pareille pièce que vous pouvez rendre nul tout ce que je vous ai prescrit de contraire à cet abandon et à tout ce que vous m'avez écrit précédemment sur ce même objet.

« Qui aurait jamais pu prévoir que la mort de Gazendi-Kan et l'accommodement avec Balladgi-Rao eussent abouti à une démarche qui ne peut servir qu'à nous déshonorer, et que le nabab, à qui ces événements assuraient le revenu du Dékan, ne pût avoir chez les *serafs* [1] assez de crédit pour trouver la ressource ordinaire en pareil cas, un mois ou deux de solde pour les troupes ? Dieu ne m'abandonnera pas, et j'espère qu'il me fournira encore une fois le moyen de vous tirer de cet embarras, qui à la vérité n'est pas petit et que vous ne pouvez lever que par l'usage que je vous prie de faire de notre crédit.

« Autant que j'en puis juger, étant donné l'éloignement, je crois entrevoir que Saïd-Lasker-Kan est le moteur de tout ce qui se passe, et que si vous n'aviez pas attendu l'arrivée de cet homme pour vous déterminer sur le projet du Maïssour, vous n'auriez pas rencontré les mêmes difficultés. Je crois même que ce manége est concerté entre Balladgi-Rao et Saïd-Lasker-Kan. Le premier veut retenir le nabab dans le Sud, et

---

[1] Banquiers.

en même temps il veut vous donner des défiances contre ceux qui environnent le nabab, afin de vous dégoûter d'une entreprise qui lui sera bien plus profitable sans vous et le nabab.

« Saïd-Lasker-Kan le seconde au mieux, et ce sera nous et le nabab qui seront les dupes de cette bonne foi que vous croyez trouver en lui. Vous avouerez peut-être dans peu que mes conjectures sont vraies.....

« Je vous ai déjà marqué mon sentiment sur le nabab. Si celui-ci voulait prendre le parti de la retraite, vous pourriez vous accorder avec son frère.

« Je crois aussi que si vous faisiez cesser la jalousie de Saïd-Lasker-Kan en lui marquant que vous avez résolu de ne vous mêler que de la sûreté du nabab, cet homme reviendrait et abandonnerait tous les projets qui peuvent déranger tout ce que vous avez fait pour Salabet-Singue.

« En vous laissant la liberté de prendre un parti convenable aux circonstances où vous vous trouverez, il faut que vous ayez toujours pour point de vue l'honneur du roi, celui de la nation, le vôtre et le mien..... Je vous l'ai déjà dit, c'est vous qui avez fait le nabab ce qu'il est, qui l'avez soutenu et affermi, qui avez fait la paix avec Balladgi-Rao. La raison et votre honneur doivent vous engager à bien finir. »

Quelques jours après, le 17, il écrivait encore à Bussy au sujet du ministre de Salabet-Singue : « Votre jonction avec Saïd-Lasker-Kan, que vous avez jugée nécessaire pour détruire les complots, mérite nos attentions et celles du nabab. Obligé, comme il fait, de céder à la mauvaise volonté de cet homme, ne serait-

il pas convenable à son affermissement et à nos intérêts de faire sauter la tête de Saïd-Lasker-Kan? Un pareil acte de justice ferait le meilleur effet et tiendrait tout dans l'ordre pour l'avenir ; car enfin, avoir près de soi un homme de ce caractère, c'est vouloir être esclave ou malheureux toute sa vie. A de grands maux, il faut de grands remèdes, et c'est le seul et le vrai que je connaisse pour la sûreté du nabab et de nos affaires. »
Malheureusement Bussy n'écouta pas ce conseil si sage. Il se contenta de surveiller le musulman.

Saïd-Lasker-Kan trahissait Bussy et le roi son maître. Le ministre était ambitieux et supportait difficilement d'être le second dans les conseils du soubab. Le pouvoir de Bussy lui était odieux. Il voulait expulser les Français du Dékan, pour régner sans partage sur l'esprit de Salabet-Singue ; mais il ne pouvait pas employer la force pour venir à bout de cette œuvre : il eût été brisé d'un seul coup. Il résolut d'arriver à son but par des menées souterraines, à l'aide des moyens que fournissent la perfidie et la ruse. Son plan était de créer sans cesse les difficultés les plus irritantes aux Français, de n'opposer à leurs réclamations que l'inertie, dissimulée sous des paroles doucereuses, de les fatiguer, de les dégoûter afin de les faire partir. Grâce à sa patience et à son astuce d'Asiatique, il avait jusqu'ici mené très-adroitement son complot ; il avait mis, on le sait, Bussy dans un état d'agacement qui lui faisait désirer le retour. Enhardi par le désarroi du général, il s'était adressé au gouverneur de Madras, à Saunders, pour lui demander son appui. Il faisait luire aux yeux de celui-ci la perspective séduisante de remplacer les Français à Hyderabad et d'hériter de leur influence auprès du soubab. Des relations étroites s'établissaient en secret entre lui et les Anglais.

Il continuait ses machinations sourdes et ses fourberies, quand Bussy, souffrant depuis longtemps, vit son mal s'aggraver et fut obligé de quitter Hyderabad et d'aller à Mazulipatam demander aux brises de mer le rétablissement de sa santé! Il partait avec un vague sentiment d'inquiétude ; il n'avait qu'une médiocre confiance dans la valeur politique de l'officier à qui il lui fallait laisser le commandement. Goupil en effet n'avait rien du diplomate et de l'homme d'État ; il ignorait l'art de mener les Hindous ; il était peu ou pas au courant des vues de Dupleix et de Bussy ; c'était un soldat très-brave sur le champ de bataille, timide dans la vie ordinaire, peu séduisant.

Dupleix apprit avec tristesse la maladie de Bussy et son départ. « Avouez, écrivait-il à Moracin, que j'ai bien des mauvais quarts d'heure dans la vie et que j'ai des raisons de me plaindre, quand je vois ceux en état de me seconder, m'abandonner. »

L'éloignement momentané de Bussy donnait beau jeu à Saïd-Lasker-Kan. Il résolut d'augmenter encore les embarras des Français et de ne rien ménager pour les perdre dans l'esprit du soubab et de la population. Malheureusement il trouva une aide dans la mollesse de Goupil, qui laissa tomber les sages règlements édictés par Bussy et ne maintint pas la discipline. L'ivrognerie devint habituelle chez les soldats ; il y eut des rixes fréquentes. Les troupes, naguère les gardiennes de la cité, la troublèrent par leurs débauches et leur maraude. On détesta bientôt les Français.

Saïd-Lasker-Kan écrivait alors à Saunders : « Je me suis arrangé de manière à me délivrer de vos ennemis : le plan est en voie d'exécution, le résultat sera tel que vous le désirez, je compte être avec vous vers la fin des pluies et arranger toutes choses d'une manière satisfaisante. »

Le fourbe ne se vantait pas. Il allait porter aux Français un nouveau coup, décisif, croyait-il. Brusquement, il cessa de payer la solde des troupes que Dupleix avait placées près de Salabet-Singue. Dans les idées indiennes du ministre, c'était le meilleur moyen d'amener une sédition. Il se rappelait la révolte qu'il avait fomentée dans l'armée de son maître, au début de la marche contre le Maïssour, et il croyait à un soulèvement des soldats, habitués au luxe et à une vie relativement large. Sa déception fut grande quand il vit qu'aucune émeute n'éclaterait et que tout se bornerait à des réclamations vives, mais courtoises. La haine qu'il nourrissait contre la France lui suggéra alors une nouvelle perfidie, plus dangereuse que les précédentes. Hypocritement, il redoubla d'amabilités envers Goupil et ses officiers. Prenant l'attitude d'un homme désolé de la pénurie du trésor, il se répandit en lamentations sur l'état du pays, il éclata en malédictions contre les feudataires du soubab, vassaux parjures dont les révoltes mettaient l'empire à deux doigts de la perte ; il eut des cris de colère contre les percepteurs de l'impôt, les zémidars, dont les vols étaient la cause de la ruine des finances. Il dit avec amertume qu'il voyait les maux et qu'il était impuissant à y apporter un remède ; qu'il avait fait tout ce qu'il pouvait pour se procurer de l'argent ; qu'il n'en avait pas. Serrant les mains de Goupil, il ajouta que les Français eussent été dans leur droit en prenant par la force ce qu'on leur devait ; qu'il se prêterait donc à tout ce qu'on voudrait, qu'à ses yeux le problème se posait nettement et simplement : on manquait d'argent, non point parce que le pays était dépourvu de ressources, mais parce que les impôts ne rentraient pas et restaient dans les mains des tributaires ; qu'il n'y avait donc qu'une chose à faire, c'était d'envoyer des détachements français dans les provinces dont les contributions étaient en retard ; qu'à la vue des soldats vainqueurs dans tant de combats, les nababs s'empresseraient d'acquitter le tribut. Il dressa aussitôt une nomenclature des régions où les revenus restaient à percevoir, tout en s'arrangeant pour ne pas laisser voir qu'il les choisissait à dessein dans un rayon très-éloigné d'Hyderabad et à une distance très-grande les unes des autres.

Ces arguments captieux, l'air de sincérité répandu sur le discours, impressionnèrent vivement Goupil, qui ne soupçonna pas le piége caché sous cette rhétorique. Il obéit aux suggestions de Saïd-Lasker-Kan et affaiblit son armée en envoyant des détachements lever les impôts dans les provinces désignées par le ministre. Celui-ci se hâta d'écrire en secret aux nababs et aux zémidars de ces contrées. Il leur donna pour instructions de n'aider en rien les Français, de leur créer au contraire le plus d'obstacles possible, d'opposer la force d'inertie à toutes leurs demandes, de les empêcher enfin de toucher la moindre somme, tout en traitant les officiers et les soldats avec la plus grande courtoisie.

Les vassaux de Salabet-Singue et les zémidars suivirent ponctuellement les ordres du ministre; ils prirent un malin plaisir à susciter toutes sortes de difficultés aux commandants des détachements, qui bientôt ne surent plus où donner de la tête et se rendirent odieux ou ridicules.

Saïd-Lasker-Kan résolut alors d'enlever le soubab aux Français, pour le mieux dominer. Salabet-Singue était d'un esprit faible. Il ne verrait bientôt plus que par les yeux du ministre, et il ne serait pas alors difficile de lui faire signer l'ordre de renvoyer les troupes de Dupleix. Il persuada au monarque, en faisant valoir les raisons politiques les plus spécieuses, de retourner à Aurungabad et de ne se faire accompagner que d'une faible escorte française. Le temps était venu de montrer, disait le ministre, que s'il plaisait au souverain du Dékan de garder dans son royaume de valeureux auxiliaires comme les Français, il n'avait pas besoin de leur secours. Il fallait en un mot prouver que le pouvoir du soubab était solidement établi, et que son trône pouvait rester debout sans être étayé par les baïonnettes et les fusils de la France. Salabet-Singue, dont l'amour-propre était flatté, accepta joyeusement ce projet de voyage.

Il ne restait plus qu'à se débarrasser de Goupil, « qui, tout nul qu'il était, occupait, en vertu de sa commission de commandant par intérim des troupes françaises, une position qui, le complot étant arrivé à maturité, lui laissait auprès du soubab une influence suffisante pour le faire avorter. Il alla trouver Goupil, lui fit part des pérégrinations projetées, lui communiqua l'intention du soubab de ne prendre avec lui qu'une petite escorte de troupes françaises, et lui demanda de la commander. Goupil répondit que son devoir était de rester avec le gros de ses forces, et que, l'escorte étant si peu importante, il suffirait de la mettre sous les ordres d'un officier d'un rang inférieur. Il demeura donc à Hyderabad et envoya M. de Jainville, officier de peu de poids et d'expérience, pour commander l'escorte du soubab. » On atteignit Aurungabad sans incident [1].

Saïd-Lasker-Kan se croyait maître de la situation. Il comptait sans la vigilance de Dupleix, qui savait déjà la trahison du ministre. Dupleix, dont la méfiance était, comme on le sait, éveillée depuis longtemps, avait entouré Saïd-Lasker-Kan d'agents fidèles chargés d'épier toutes les actions de celui-ci. Ils interceptèrent une lettre adressée par le traître à Saunders. C'était le plan du complot. Ils l'expédièrent en hâte à Dupleix, qui écrivit aussitôt à Bussy pour lui donner l'ordre de quitter Mazulipatam au plus vite, même si sa santé n'était pas rétablie, et de retourner immédiatement à Hyderabad pour reprendre le commandement de l'armée. « Vous n'y serez pas rendu, lui disait-il, que vous sentirez toute la nécessité de ce voyage et que tout y était perdu sans votre présence. Toutes les lettres que je reçois me font dresser les cheveux. La débauche en tout genre y est poussée à l'excès, et la nation tombée dans un mépris que vous seul pouvez faire cesser. »

[1] MALLESON.

Le premier soin de Bussy fut de donner ses ordres pour opérer une concentration de l'armée. Il rappela tous les détachements que Goupil avait si imprudemment dispersés, leur ordonna de rejoindre immédiatement le gros de l'armée devant Hyderabad et se mit aussitôt en route. Dès qu'il fut au milieu des troupes, on sentit renaître la confiance. Il rétablit la discipline et marcha sur Hyderabad. Le gouverneur de cette ville, effrayé, consentit à payer l'arriéré de la solde.

Au milieu du danger, Bussy se sentait fort. Il avait oublié tous ses découragements, et, loin de penser à la retraite, il était uniquement préoccupé d'établir sa domination sur des bases inébranlables. Il résolut de marcher sur Aurungabad pour mettre fin aux trahisons en brisant les traîtres. Il voulait reprendre la personne du nabab et se faire céder un groupe de provinces dont les revenus serviraient à l'entretien des troupes. Dupleix louait son ami d'une idée si politique et l'exhortait à terminer au plus vite.

L'entreprise était audacieuse et difficile. Il fallait parcourir près de sept cents kilomètres avant d'atteindre Aurungabad[1], «et on ne pouvait savoir ce que tenterait Saïd-Lasker-Kan, qui avait en main toutes les ressources des provinces. Il pouvait arriver que cette poignée de Français eût à se frayer par les armes sa route jusqu'à Aurungabad, entourée d'ennemis et n'ayant pour toute aide que sa bravoure et la capacité de son commandant. » Prudemment Bussy, pour protéger ses derrières, avoir un point d'appui en cas de revers et tenir

---

[1] MALLESON, les Français dans l'Inde.

un gage dans ses mains, laissa une garnison dans la forteresse de Golconde, sous le prétexte de la garder au nom du soubab, au moment même où Dupleix lui écrivait pour lui rappeler la nécessité de prendre cette précaution, qui nous assurait la possession d'Hyderabad et nous faisait par cela même les arbitres obligés des différends entre les Mahrattes et les Mogols, « dont la puissance, disait Dupleix, ne se soutenait plus qu'à l'ombre de nos drapeaux ». Bussy se mit en marche dès que la saison des pluies fut passée.

Cependant la situation s'était encore une fois profondément modifiée à Aurungabad. Saïd-Lasker-Kan se trouvait pris à son propre piége. Le trompeur, croyant agir pour lui-même, n'avait travaillé que pour les Mahrattes [1]. « Sans le prompt retour de Bussy à l'armée, Saïd-Lasker-Kan perdait la possession du Dékan pour la famille du Nizam. Balladgi-Rao avait prévu les projets du ministre; il commençait à agir pour profiter de l'éloignement de l'armée française », et Saïd-Lasker-Kan était hors d'état de l'arrêter par la force ou par la diplomatie. Balladgi-Rao, ce n'était pas douteux, repousserait dédaigneusement toute tentative de négociation venant d'un fourbe, qui l'avait indignement trompé et avait essayé de faire révolter les principaux chefs marhattes. « Le malheur de Saïd-Lasker-Kan, disait Dupleix, est de ne penser qu'au jour le jour; il ne sait rien prévoir, ce qui le fait tomber dans des erreurs manifestes dont les ennemis savent profiter. »

Le ministre redoutait les Mahrattes comme le feu et

---

[1] Dupleix à Bussy.

regrettait les Français, puisqu'il en avait besoin. Eux seuls pouvaient en imposer à Balladgi-Rao. Il se retourna vers Bussy. Il devint rampant. Il écrivit à Bussy des lettres nombreuses pour lui offrir les avantages les plus grands et les garanties les plus sûres. Bussy continuait à marcher sans se laisser amuser. Il atteignit enfin Aurungabad.

Saïd-Lasker-Kan trembla à la vue de Bussy. L'air énigmatique de celui-ci, son silence, son attitude de froide dissimulation, sa promptitude à faire reprendre le service de garde autour du soubab, redoublèrent les terreurs du traître. Il espéra qu'une soumission entière apaiserait le général; il humilia son orgueil devant Bussy et n'eut plus qu'une préoccupation, deviner, pour les satisfaire aussitôt, les désirs du commandant des troupes françaises. Celui-ci, adroitement, les laissa percer. Saïd-Lasker-Kan, voyant le moyen de sauver sa tête, rédigea un projet de traité qui donnait aux Français, pour l'entretien de leur armée, quatre des plus belles provinces de la côte orientale de l'Inde, celles de Mastafœnagar, Ellore, Rajamendry et Chicacole, leur assurait la garde du soubab et une entière liberté d'action dans les affaires du Carnate. Saïd-Lasker-Kan s'engageait enfin, en son nom et en celui de son gouvernement, à ne rien entreprendre sans le concours et l'avis de Bussy. Il ne demandait en retour que d'être maintenu dans son poste de divan. Il mit ce projet de traité sous les yeux du représentant de la France.

C'étaient là des avantages précieux. Bussy était trop politique pour y renoncer, afin de satisfaire sa rancune.

Il pardonna au ministre. On signa bientôt après la convention qui rendait les Français « maîtres des plus grands domaines en étendue et en valeur qui eussent jamais été possédés par des Européens ». L'influence française sortait de la crise plus forte que jamais. Bussy était désormais le véritable souverain du Dékan.

CHAPITRE X

LE SECOND BLOCUS DE TRICHINAPALY.

Dupleix obligé de changer ses dispositions. — Mauvaise qualité des troupes. — Le camp retranché du Pounar. — Lawrence obligé de ravitailler Trichinapaly. — Dupleix renforce l'armée occupée au siége de cette dernière ville. — Les plans d'Astruc et les plans de Lawrence. — Les batailles sous Trichinapaly. — Incapacité des généraux français. — Dupleix refuse de lever le siége. — Mainville et l'escalade. — Nouvelles négociations. — Conférences de Sadras. — Victoire de Mainville à Trichinapaly. — Dupleix fait rompre la digue du Cauveri. — Le rajah de Tanjore prêt à quitter l'alliance anglaise. — Les Anglais menacés.

Pendant que ces événements s'accomplissaient dans le Dékan, d'autres soins avaient réclamé Dupleix. Il était dans l'obligation de modifier son plan de campagne, et heureusement il avait prévu le cas où l'armée de Salabet-Singue ne pourrait pas exécuter le mouvement tournant contre Trichinapaly ; mais il n'en devait pas moins changer toutes ses dispositions, et cela, dans l'action même. Quel parti prendre ? Fallait-il garder comme objectif Trichinapaly, toujours bloqué par les hordes de Naud-Rajah, concentrer toutes les forces disponibles contre cette ville et en recommencer immédiatement le siége ? C'était hardi, mais bien périlleux. Il y avait des chances pour terminer la campagne en un jour, si un assaut imprévu et vigoureusement mené réussissait; mais aussi on courait le risque d'essuyer une défaite, dont les conséquences seraient terribles, puisque l'ennemi détenait les forteresses qui fermaient la route à une armée en retraite sur Pondichéry. C'était trop risqué. Valait-il mieux, au contraire, nettoyer le Carnate des ennemis qui s'y étaient établis, reprendre les places principales de cette région, et cela fait, sûr de ses derrières, marcher à l'attaque de Trichinapaly? Ce mouvement était évidemment le meilleur. Dupleix prit la résolution de l'exécuter, en songeant que cette opération lui fournissait le moyen de rétablir le prestige de la France devant les Hindous par une série de petites victoires à peu près certaines. Un autre motif exerça aussi grande influence sur sa décision : la nécessité d'aguerrir les troupes, et celles-ci en avaient besoin !

Rarement on en avait vu d'aussi mauvaises. Parmi les officiers, il y en avait peu, ou pour mieux dire pas du tout, qui fussent en état de commander. Ce n'était pas la bravoure qui leur manquait, mais les talents; c'étaient des enfants, sans la moindre teinture du service. Ils ne possédaient aucune autorité sur leurs hommes, qui se moquaient de leurs chefs. Quant aux soldats, on ne pouvait faire aucun fond sur eux. Les dernières recrues arrivées étaient, selon l'expression même de Dupleix, un ramassis de la plus vile canaille. Au lieu d'imiter les Anglais, de lever des Suisses, de choisir dans les bataillons d'infanterie régulière des volontaires aguerris, l'agent de la Compagnie chargé du recrutement empochait la plus forte partie des sommes allouées pour chaque homme engagé et racolait un troupeau de coquins et de bandits échappés des bagnes, qu'il faisait figurer sur les états d'effectif sous le titre pompeux de grenadiers, d'artilleurs. Les Anglais méprisaient ces troupes qui n'avaient « vu le feu que dans leur chaumière », disait Dupleix, et en faisaient des gorges chaudes. C'étaient des bandes plutôt qu'une armée. Il fallait pourtant s'en servir.

C'était là le grand souci de Dupleix, qui s'efforçait d'établir une discipline sévère parmi ces hommes, n'ayant du soldat que l'habit. Penser à affronter avec de tels éléments l'ennemi en rase campagne, lui semblait une folie. Il résolut de n'opérer que dans des lignes, à l'abri de solides retranchements. Il expliqua à Maissin, le commandant de l'armée, la tactique qu'il entendait suivre, lui indiqua la reprise de Tiravadi comme le but de ses efforts pour le moment, et lui montra sur une carte le point où l'on devait établir le camp et les travaux destinés à le protéger. La position était bien choisie. De là on pouvait commencer l'attaque contre Tiravadi, tout en interceptant les communications avec le fort Saint-David, éloigné de sept milles, et en gardant le passage du Pounar, qui baignait un des côtés du camp.

Le 14 janvier, Maissin et Morari-Rao, avec trois cent soixante grenadiers français, deux mille cipayes, quatre mille cavaliers mahrattes, quittèrent Valdaour et occupèrent le terrain désigné par Dupleix. On y éleva aussitôt une série d'épaulements et d'ouvrages qui constituaient un ensemble de fortifications assez solides, et qui furent rapidement achevés.

Dupleix avait dit à Maissin, en le quittant : « Ce que j'attends de vous, ce n'est pas du brillant, mais du solide. Avec des troupes comme les nôtres, il faut être prudent. Nous ne pouvons pas être Annibal, tâchons d'être Fabius. Oublions pour le moment les grandes opérations, et contentons-nous d'une guerre de chicanes. Notre rôle doit se borner à harceler l'ennemi, à le fatiguer. Il faut attaquer et disperser ses convois, pour affamer Tiravadi. Avec cette tactique, nous referons des soldats, et alors, mais alors seulement, nous tenterons l'attaque de Trichinapaly, qui reste le but suprême de nos efforts. »

Maissin consacra toute son intelligence à exécuter ces ordres. Il surveillait d'un œil vigilant la route qui conduit du fort Saint-David à Tiravadi. Dès qu'il voyait un nuage de poussière s'élever sur le chemin, il donnait à ses Mahrattes l'ordre de tenir les chevaux prêts. Le convoi reconnu, il le chargeait aussitôt avec ses cavaliers, dont l'élan jetait le désordre dans cette multitude de bêtes de somme, de chariots, de coolies, qui constituent une caravane indienne.

L'arrivée subite d'une colonne d'infanterie européenne, sortie en hâte des retranchements, achevait l'œuvre en écrasant l'escorte. On conduisait au camp les approvisionnements qu'on pouvait amener. On brûlait le reste. Ces escarmouches, fréquemment répétées, enhardissaient le soldat. Méhémet-Ali, qui s'était cru en sûreté dans Tiravadi, prit peur et montra des dispositions à la fuite. Les Anglais se virent bientôt réduits à ne plus tenter aucun transport, sans le protéger par un déploiement de forces relativement considérables.

Cette résurrection de l'armée française mit Lawrence en fureur. Il était très-inquiet au sujet des troupes que Naud-Rajah tenait bloquées dans Trichinapaly ; il savait que celles-ci souffraient de la famine. Il eût voulu aller à leur secours, il avait déjà préparé le matériel d'une expédition destinée à ravitailler la forteresse qui lui semblait, à bon droit, le plus solide appui de la puissance anglaise dans l'Inde, et il était encore une fois arrêté de la façon la plus cruelle et la plus imprévue, par cet « infernal » gouverneur, qu'il croyait terrassé. Il fallait à tout prix chasser les Français de leurs fortifications improvisées.

Il réunit toutes les forces dont il pouvait disposer, six cents Anglais environ, avec deux mille cipayes, pour tenter un suprême effort contre les redoutes de Maissin.

L'élan des compagnies anglaises se brisa contre les retranchements ; après des pertes sensibles, elles reculèrent. L'impossibilité d'une escalade, d'un coup de main, était démontrée ; Lawrence changea le mode d'attaque. Il résolut de pratiquer, à l'aide de l'artillerie, une brèche dans le talus de l'ouvrage. Il amena des pièces de vingt-quatre et éleva une batterie, qui ouvrit le feu sur le terrassement. Au bout d'un jour ou deux, il demeura évident que ce n'était pas encore à l'aide de ce moyen qu'on délogerait les Français. Les boulets anglais s'enfonçaient dans le sable et ne causaient aucun dommage sérieux au parapet. Lawrence, désappointé, se vit forcé d'enlever ses canons. Il rôdait comme un loup autour du camp ; il cherchait un point faible et n'en trouvait pas. Il renonça enfin, mais non sans des frémissements de colère, à chasser les Français de leur position.

Lawrence restait devant Maissin, immobile, condamné à l'inaction et ne sachant trop que faire, quand il reçut de Trichinapaly un appel pressant, désespéré. Dalton, le commandant de la place, lui mandait que la garnison, réduite à un quart de ration, n'avait plus de vivres que pour quelques semaines, que tous ses efforts pour rompre l'investissement avaient été infructeux, qu'il avait succombé sous le nombre dans une dernière sortie, et qu'il serait dans l'obligation de rendre la forteresse, s'il n'était pas secouru à temps.

Sans hésiter, Lawrence, laissant à Tiravadi cent cinquante Anglais, retourna à Gondelour, chargea rapidement ses voitures et ses bêtes de somme, et à la tête de six cent cinquante grenadiers européens et de quinze cents cipayes, s'avança à marches forcées vers Trichinapaly.

Dupleix songeait déjà à reprendre Arcate, lorsqu'il apprit la résolution de Lawrence et le départ du convoi. Il ne chercha pas à le poursuivre et à l'atteindre. S'il avait le temps, il n'avait pas assez de forces pour oser se mesurer avec l'escorte ; il fallait pourtant répondre à la manœuvre de Lawrence, qui modifiait si profondément la situation. Il prit donc le parti de renforcer les troupes du Maïssour, occupées au blocus de Trichinapaly, et dans ce but il dirigea sur cette ville deux cents hommes, sous le commandement d'Astruc, en les faisant passer par Volcondapuram et Outatour, route parallèle à celle que suivaient les Anglais. Il chargea Mortiz-Ali, le nabab de Velour, à qui il confia cinquante Français, de nettoyer le sud du Carnate, opération qui eut un plein succès. Il donna en même temps l'ordre à Maissin de prendre l'offensive, d'emporter coûte que coûte Tiravadi, et cela fait de se rabattre comme la foudre sur Trichinapaly.

Maissin exécuta très-bien ces instructions. Tiravadi tomba après une courte, mais vigoureuse défense. On s'empara sans peine de Chelambron et de Vedrachelum. Maissin était libre d'opérer sa jonction avec Astruc. Il prononça aussitôt son mouvement en avant. Le Carnate était donc encore une fois délivré. Méhémet-Ali, épouvanté, n'avait pas voulu attendre l'attaque dans Tiravadi. Il avait couru, sans regarder derrière lui, jusqu'à Trichinapaly, entraînant son armée dans sa fuite. Dupleix avait repris les forteresses occupées par l'ennemi. Il reportait toute son attention sur Trichinapaly. C'était le dernier et l'unique boulevard des Anglais. Une lutte suprême allait s'engager autour de ses remparts. Celui qui en resterait le maître serait le dominateur de l'Inde. Dupleix n'a plus qu'une idée, réduire la ville.

Cependant Astruc avait atteint Sheringam vingt-quatre heures avant Lawrence et avait tranquillement opéré sa jonction avec les troupes de Naud-Rajah. Se sentant numériquement trop faible pour disputer le passage aux Anglais, il n'avait rien tenté pour empêcher leur entrée dans la ville. Retranché dans l'île et dans la pagode, qu'il regardait comme le réduit de ses fortifications, il refusait le combat que lui offrait Lawrence. Celui-ci, malgré tous ses efforts, n'avait ravitaillé la ville que pour quelques jours. L'intérêt du général anglais était de jouer le tout pour le tout, et en outre il avait le nombre de son côté et la valeur. Le devoir d'Astruc au contraire était de ne rien risquer; il devait maintenir le système de blocus. Comprenant très-bien la tactique à suivre, le commandant français se contenta de harceler l'ennemi à l'aide de sa nombreuse cavalerie, qui battait sans cesse l'estrade, chargeant les fourrageurs anglais, attaquant, pillant, brûlant les convois et disparaissant dans un nuage de poussière, aussitôt que les grenadiers de Lawrence arrivaient en masse.

Au cours de ces manœuvres, Maissin, dont Dupleix par des lettres quotidiennes avait pressé la marche, arriva avec ses grenadiers et ses Mahrattes. La situation des deux armées en présence changea tout à coup. La supériorité numérique passa aux Français. Ils comptèrent alors quatre cent cinquante soldats d'infanterie européenne, quinze cents cipayes, huit mille chevaux du contingent de Maïssour, quatre mille cavaliers sous Morari-Rao et quatre mille irréguliers à pied. Lawrence, lui, ne pouvait plus mettre en ligne que quatre cent cinquante habits rouges, mille trois cents cipayes et une centaine de chevaux. La maladie avait dévoré le reste. Quant aux bandes de Méhémet-Ali, elles se tenaient prudemment renfermées dans Trichinapaly et refusaient de sortir. Au reste, ces hordes constituaient plutôt un danger qu'une aide.

Lawrence fut véritablement alors l'incarnation du génie même de l'Angleterre. Il fit preuve de cette opiniâtreté, de cette persévérance, de cette vigueur, de ce sang-froid, de cette intrépidité, qui tant de fois a assuré la victoire à son pays. Quoique affaibli par la maladie, il ne désespéra pas, et, loin de penser à capituler, comme beaucoup d'autres eussent été tentés de faire, stoïquement il s'affermit dans sa volonté de remplir son devoir et de combattre jusqu'au bout.

Alors s'engagea entre les deux généraux un duel tragique, aux péripéties mouvementées et sanglantes. Par une coïncidence remarquable, tous les deux obéirent aux applications opposées d'une même loi stratégique. Astruc voulait chasser Lawrence du terrain environnant la forteresse, le forcer à s'enfermer dans l'enceinte des remparts ; Lawrence au contraire, avec une intuition claire des principes de la défense, refusait de se laisser acculer ; regardant la place comme un point d'appui et non comme un abri, il voulait tenir la campagne, rayonner dans toutes les directions, éloigner enfin autant qu'il pourrait l'ennemi des ces murs qu'il s'était donné la mission de sauvegarder.

Dupleix remontrait à Astruc la nécessité de sortir promptement de Sheringam et de réoccuper les anciennes positions de Law devant la ville. Il lui indiquait les Cinq Rocs et le Rocher d'Or, comme les clefs mêmes de Trichinapaly. Astruc, qui pensait comme le gouverneur, laissant à Sheringam une garnison suffisante, contourna la ville dans une marche de flanc et s'empara facilement des Cinq Rocs, dont Lawrence, par une négligence inexplicable, avait confié la garde à quelques cipayes. Fidèle au système de retranchement, que Dupleix entendait voir suivi par ses généraux, Astruc, en hâte, couvrit de tranchées et de parapets la base et les flancs de la montagne. Ce travail se fit si promptement qu'il était achevé lorsque Lawrence tenta le lendemain de reprendre la hauteur, dont la possession assurait aux Français le moyen de le refouler dans la ville. L'attaque des Anglais échoua complétement ; ils ne purent enlever les ouvrages. Le feu des grenadiers d'Astruc, dont les lignes s'étageaient sur les pentes abruptes de la colline, les força à la retraite.

La prise des Cinq Rocs mettait le camp anglais sous la gueule de nos canons. Lawrence se vit contraint de décamper et de se rapprocher de la ville. Il éprouvait de la fureur en se sentant ainsi resserré, lui qui s'était juré de garder toujours pour manœuvrer un vaste espace devant la forteresse. Il se promettait une revanche éclatante et disposait tout pour une nouvelle attaque des Cinq Rocs, quand il entendit tout à coup une vive fusillade retentir dans la direction du Rocher d'Or. C'étaient les grenadiers d'Astruc, qui, gravissant en courant les pentes, se jetaient sur les cipayes anglais, postés au sommet du monticule. Les dispositions d'Astruc avaient été bien prises. Le combat fut vif, mais court. Lawrence vit bientôt ses cipayes redescendre et regagner le camp en désordre.

Lawrence pâlissait sous ce coup. Si l'on ne réussissait pas à chasser les Français du poste qu'ils venaient de conquérir, c'était la capitulation inévitable, dans un délai plus ou moins long. « Le Rocher d'Or est pris, s'écriait-il, il faut le reprendre. » Mais il fallait agir avec une rapidité foudroyante. Il rassemble en hâte tout ce dont il peut disposer, quatre cent trente soldats européens, et au pas de course les entraîne. A son approche, un feu nourri de mousqueterie et d'artillerie part de la colline et le force à s'arrêter. La position est trop fortement occupée pour penser à l'enlever par une attaque de front. Il veut cependant en rester le maître. Le désespoir lui suggère une résolution décisive, c'est de tourner la ligne française. Il détache un corps de grenadiers et de cipayes, leur donne l'ordre de prendre la colline à revers, d'en gravir l'escarpement en silence, de charger vigoureusement les Français qui couronnent le plateau, de les rompre, de les rejeter sur l'armée d'Astruc, rangée en bataille à gauche de la hauteur, et de couvrir de feux ces dernières troupes. Lui-même attaquera de front et marchera sur les Français avec le reste des grenadiers et des cipayes.

D'Astruc reçut vigoureusement Lawrence. Quand il le vit à cinquante pas, il ordonna aux cavaliers mahrattes et maïssouriens de charger l'ennemi en queue et en flanc. Les escadrons s'ébranlaient, quand de violentes décharges retentirent à la droite des Français, qu'Astruc croyait la plus forte, puisqu'elle était appuyée sur la colline même. C'était le corps détaché par Lawrence, dont le mouvement tournant avait réussi. En un moment, la confusion se mit dans les rangs de l'armée assiégeante. Une charge à la baïonnette porta la panique au comble. Les soldats français, sourds à la voix de leurs officiers, qui firent tous les efforts pour rallier leurs hommes, méconnaissant l'autorité d'Astruc qui se jeta au milieu des fuyards pour les ramener au combat, s'enfuirent du champ de bataille. Morari-Rao et ses Mahrattes couvrirent la retraite. « Ces célèbres cavaliers s'acquittèrent de ce soin avec leur bravoure habituelle. Ils cherchèrent même à disputer le champ de bataille aux Anglais, lorsque Lawrence reprit sa position avec les trophées de la journée, deux canons qu'il avait capturés. Mais le petit corps anglais, formé en carré mouvant, repoussa toute attaque, puis, faisant halte, dirigea un feu si soutenu sur les Mahrattes, qu'ils se débandèrent enfin [1]. »

Quelques jours après, Astruc partit pour Pondichéry, laissant à Brenier le commandement et le soin de réorganiser les troupes. Brenier, intimidé par la défaite, prit la résolution de ne risquer aucune action générale et de s'en tenir à un blocus étroit. C'était d'une tactique facile, avec la nombreuse cavalerie qu'il avait sous ses ordres. Il lança des partis sur toutes les routes et excita si bien l'ardeur de ses Mahrattes, qu'aucun convoi ne put entrer dans la ville, qui fut bientôt réduite à une cruelle famine.

Lawrence, qui n'avait qu'une centaine de chevaux, ne pouvait pas, avec ses fantassins, s'opposer aux courses des Mahrattes. Il résolut de recommencer l'opération dont il s'était déjà tiré deux fois avec tant de bonheur, le ravitaillement de la place. Il annonça son dessein à Dalton, qu'il laissait à la garde de Trichinapaly, lui ordonna de ne pas rendre la place, quoi qu'il advînt, lui promit de revenir promptement à son secours, et, à la tête de sa petite armée, il se dirigea sur Tanjore, passant fièrement devant Brenier, qui ne chercha point à lui disputer le passage. Le commandant français se réjouissait du départ de Lawrence ; il croyait que celui-ci abandonnait la ville, et que dans tous les cas il ne serait pas de retour assez à temps pour la sauver. Il sut bientôt à quoi s'en tenir.

[1] MALLESON, *les Français dans l'Inde.*

Brenier avait deux partis à prendre, tenter l'assaut de Trichinapaly, — le succès de ce coup d'audace était à peu près certain, — ou se porter au-devant du convoi que Lawrence ramenait avec lui. Il pouvait, à l'aide de sa cavalerie, couper en trois ou quatre tronçons la multitude de bêtes de sommes, de voitures, de coolies, qui s'allongeaient à perte de vue sur la route de Tanjore à Trichinapaly, pendant que son infanterie attaquerait l'escorte anglaise. Il avait toutes les chances pour battre l'ennemi, tout au moins pour détruire la plus grosse partie du convoi. Dupleix lui remontrait la nécessité de se décider sur-le-champ pour l'une ou pour l'autre de ces deux alternatives, et l'exhortait, le choix fait, à agir avec énergie et rapidité. Mais Brenier, comme autrefois Law, hésitait, ne savait à quoi se résoudre. Attendant aujourd'hui tout des intelligences qu'il entretenait dans la place, il penchait pour l'assaut; le lendemain, voyant des obstacles imprévus, il se reprenait au projet d'attaquer le convoi. Il tarda tant qu'il fut obligé de recevoir l'attaque de Lawrence dans ses lignes, et elles avaient un développement considérable. Elles s'étendaient depuis Sheringam, en passant par Veiconda, le Pain de Sucre, le Rocher Français, jusqu'au Cauveri. Il lui fallait garder toutes ces positions à la fois.

Lawrence, après une reconnaissance rapide, laissant le convoi en arrière, s'avança avec son armée, renforcée de cent soixante-dix Anglais et de cinq mille Tanjoriens. D'abord il fit mine de choisir pour point d'attaque le Pain de Sucre. Brenier, inquiet, dégarnit le Rocher d'Or. Profitant de cette faute, Lawrence lança à l'attaque de cette position une colonne de grenadiers, qui s'y installa sans grandes difficultés. La ligne française était coupée. Brenier résolut de tenter un retour offensif sur le Rocher d'Or et de le reprendre. Le corps qu'il détacha échoua dans son attaque. Il revenait bravement à la charge, quand Lawrence, voyant ces troupes en l'air et Brenier immobile sur le Pain de Sucre, conçut le projet d'anéantir le petit détachement. Il le faisait prendre à revers par cinq cents Anglais, au moment même où Dalton, qui avait observé les phases du combat du haut du rocher de Trichinapaly et était sorti de la ville, le fusillait et le canonnait en flanc. Les compagnies françaises ne furent point écrasées. Décimées, mais gardant une fière contenance, elles parvinrent à se retirer sur Veiconda, après avoir infligé des pertes cruelles à l'ennemi. Brenier, qui aurait pu changer la défaite en victoire s'il avait agi plus tôt, se décida à attaquer; mais au premier coup de feu, ses troupes, découragées par l'incapacité de leur commandant, se débandèrent et gagnèrent les Cinq Rocs et Veiconda.

Brenier songeait à s'abriter dans l'île de Sheringam, quand Dupleix lui envoya un renfort de quatre cents soldats français, deux mille cipayes, six canons et trois mille Mahrattes, sous les ordres d'Astruc, qui reprit le commandement de l'armée.

La défaite des Anglais, très-inférieurs en nombre, paraissait certaine, si on les attaquait avec ensemble et vigueur. Dupleix exhortait Astruc à agir; il avait beau lui représenter la faiblesse de Lawrence, il ne réussissait pas à lui inspirer l'énergie. Astruc restait inactif dans son camp et se contentait d'occuper les positions des Cinq Rocs et du Rocher d'Or, pour reprendre le blocus.

Lawrence fut sur ces entrefaites rejoint par cent quatre-vingt-sept Européens et trois cents cipayes. L'équilibre numérique entre les deux armées étant ainsi rétabli, il résolut de reprendre l'offensive et de chasser l'ennemi de ses lignes. Le 27 septembre, à trois heures du matin, il se jeta avec toutes ses forces sur les quartiers de Naude-Rajah, qui ne firent aucune résistance, se replièrent sur les bataillons français postés au Rocher d'Or et au Pain de Sucre, et y mirent la confusion et la panique. On se tirait l'un sur l'autre. Lawrence chargea les Français, les tourna et les repoussa jusqu'au Cauveri, qu'ils traversèrent en désordre, laissant sur le champ de bataille onze canons et deux cents tués ou blessés. Les Anglais firent cent onze prisonniers !

Dupleix n'était pas dompté. Devant cette succession de défaites, il s'écriait seulement : « Je n'ai pas un homme de tête pour conduire la moindre opération. Que n'ai-je eu un Bussy à la tête de l'armée de Trichinapaly ! que de choses n'eût-elle pas faites ! » Cependant, comme il lui fallait réparer ces revers et réorganiser ses troupes, avant de reprendre le siége de la ville, qu'il se jurait de réduire, il résolut d'entrer en négociation avec les Anglais, pour gagner du temps. Il y eut de longs pourparlers préliminaires. Selon l'expression de Dupleix, les Anglais, eux aussi, croyant que le fruit n'était pas encore mûr, cherchaient à tirer les affaires en longueur ; on n'aboutissait pas.

Cependant Dupleix avait réussi à réorganiser l'armée de Trichinapaly ; il lui avait donné un nouveau chef, Mainville, « dont il avait lieu d'être content », et tous deux, d'un commun accord, avaient décidé qu'il n'y avait pas d'autre parti à prendre que d'escalader la place. Dans la nuit du 27 au 28 novembre, Mainville, à la tête de six cents grenadiers, passa le Cauveri et enleva l'ouvrage qui couvrait la porte de la ville. Il n'y avait qu'à agir rapidement, à faire sauter la porte à l'aide d'un pétard, ou à escalader les murs, pour rester maître de Trichinapaly. Malheureusement on perdit du temps, et l'on fit des décharges qui donnèrent l'éveil à la garnison anglaise. On ne put enlever la porte. On dressa alors des échelles contre les murs, et tout le monde se mit à grimper. « Arrivés sur le bastion, les soldats voulurent s'étendre le long des courtines pour faciliter l'escalade du second mur ; mais le rempart n'avait pas de terre-plein ; il n'y avait qu'un escalier fort étroit qui conduisait au pied du rempart de la seconde enceinte. Nos officiers firent des efforts inutiles, et le jour, qui les surprit dans ce poste, ne leur laissa d'autre ressource que de se retirer dans le plus grand désordre. Huit d'entre eux y périrent, et il y eut quatre cent vingt soldats tués ou faits prisonniers. »

Dupleix avait échafaudé bien des espérances sur cette tentative suprême. Un moment même, il crut tenir la victoire ; dès qu'on s'était vu maître de la première enceinte, on lui avait dépêché un courrier pour lui annoncer la prise de la place. Celui qui portait la nouvelle du désastre arriva quelques heures après. Il ressentit donc dans la même journée l'ivresse du triomphe et l'amertume de la défaite; mais, quoique en proie à la douleur, il n'éprouva point d'abattement. Il se roidit encore une fois contre le sort, et, fidèle à la tactique qui lui avait fait heureusement traverser tant de moments critiques, il reprit les négociations avec les Anglais pour les empêcher de recueillir les fruits de leur succès. Il écrivit à Saunders et lui proposa de nommer des plénipotentiaires et de désigner, d'un commun accord, une ville où se réuniraient les députés chargés de trouver les bases d'une entente pacifique. Au fond, pas plus alors qu'après ses revers précédents, il ne désirait la paix.

« J'attends, — écrivait-il à Bussy le 31 décembre 1753, — une réponse des Anglais pour faire partir des députés, afin d'entrer en conférence; mais je crois, si vous voulez que je vous dise vrai, qu'elles n'aboutiront à rien, à moins que nous ne prenions le parti de nous déshonorer, ce que vous ne me conseillerez jamais de faire. J'ai proposé à Saunders de laisser la décision des affaires d'ici (du Carnate) à Salabet-Singue, qui dans le vrai est le parti le plus juste et le plus convenable.

« C'est sur quoi j'attends la réponse de Saunders; mais je pense qu'il n'y acquiescera pas. Cependant *vis-à-vis de sa cour,* il se met dans son tort, s'il n'accepte pas cette proposition... Ne croyez pas que les Anglais soient gens sur la probité desquels on peut compter. Vous pensez que de finir avec eux serait une bonne affaire. *Je pense que non. Tandis qu'ils seront ici occupés, ils ne porteront pas leur attention dans le Nord,* où il convient que nous nous établissions tout doucement avec le moins de difficultés possible. Ils nous en susciteraient sûrement, s'ils n'étaient pas occupés ici. Croyez-vous que ce gouverneur (Saunders) traitait de chimère votre armée, et qu'il voulait persuader qu'elle ne subsistait que dans mon idée ! Faites-lui connaître le contraire, et vous ne pouvez le mieux faire qu'en pendant ce coquin de Saïd-Laskerkan, qui donne encore des espérances aux émissaires de Méhémet-Ali et des Anglais. »

Saunders ne s'opposa pas à la réunion d'une conférence. Les députés s'assemblèrent le 22 janvier 1754 à Sadras. Chaque nation émit des prétentions impossibles à concilier. Les Anglais proposèrent comme préliminaire indispensable la reconnaissance de Méhémet-Ali comme nabab du Carnate ; les Français, celle de Dupleix comme souverain de tout le pays compris entre la Chichena et le cap Comorin. Toute la discussion porta là-dessus. Au fond, c'était le vrai débat. On n'examina même pas les autres articles du projet de traité élaboré par Dupleix. Peu importait que Madras fût affranchi du tribut dû au nabab du Carnate, que les deux Compagnies se donnassent des sûretés mutuelles pour la liberté de leur commerce, qu'un gouvernement dans le Dékan fût offert à Méhémet-Ali. La question, c'était de savoir à qui serait l'Inde.

Les plénipotentiaires français, le Père Lavaur, Kerjean et du Beausset, montrèrent de l'habileté et embarrassèrent les Anglais, en représentant que l'emploi de nabab n'était pas héréditaire, que le père de Méhémet-Ali avait été élevé au poste de gouverneur du Carnate par Nizam-el-Molouk, que la mort d'Anaverdikan avait obligé Mousafer-Singue, le successeur du Nizam, à nommer un autre légat pour administrer la province; qu'en toute liberté il avait fait son choix et désigné Dupleix; qu'à l'appui de leurs prétentions, ils pouvaient fournir les titres les plus authentiques. Aussitôt ils étalèrent sur la table les paravanas octroyés par Mousafer-Singue, Salabet-Singue et l'empereur de Delhy.

Les Anglais n'avaient aucun parchemin à opposer à ceux qu'on leur montrait. Ils répondirent que Méhémet-Ali avait reçu sa nomination de Naser-Singue et de Gazendi-Kan, mais que les lettres patentes étaient à Trichinapaly. Lavaur repartit que ces deux personnages, ayant été dénoncés comme rebelles par le Grand Mogol lui-même, n'avaient jamais eu le droit de donner l'investiture d'aucune région à qui que ce fût. Vansittart et Palk, les deux commissaires britanniques, s'écrièrent alors que toutes les pièces étalées devant eux étaient fausses, comme les paravanas de l'empereur. On se sépara sans rien conclure.

Au fond, tout cela avait été une comédie artistement composée par Dupleix, très-bien jouée par ses diplomates. La lettre qu'il écrivait à Bussy pour l'informer de la rupture des conférences ne peut laisser aucun doute à cet égard :

« Il semble que le gouvernement anglais n'ait souhaité cette assemblée que pour nous faire chanter pouille par ses députés, qui étaient un ministre et un enfant sans nom et sans emploi. Nos messieurs ont tout souffert et n'ont riposté que par des écrits extrêmement modérés et tels que le P. Lavaur est capable d'en faire. La difficulté d'y répondre et le dessein où l'on était de nous faire porter le joug tout entier, auquel nous ne voulions nous prêter que par un partage convenable, firent tout rompre. N'ayant pu réussir, ces députés décampèrent un beau matin, et les nôtres, après être restés encore deux jours de plus, sont aussi revenus. Tout ce que nous avons présenté, firmans, paravanas et autres pièces, tout avait été forgé par nous; mais on n'a pas daigné nous en exhiber aucune ni fausse ni vraie, et l'on se contentait de nous dire qu'on voulait que nous en passions par ce qu'ils nous disaient, sans autre formalité de leur part. »

Pendant ces pourparlers, Dupleix n'avait pas perdu son temps. Il avait secrètement organisé et armé de nouvelles compagnies et les avait envoyées à marches forcées au secours de Mainville. Ces renforts permirent à celui-ci de sortir de Sheringam, où il avait cherché un refuge après son désastre, et de reprendre l'offensive.

Trichinapaly souffrait toujours de la famine, car les Mahrattes coupaient toutes les routes. Les Anglais étaient dans l'obligation de ravitailler fréquemment la place. Dupleix apprit, pendant les conférences de Sadras, la formation et le départ d'un convoi pour Trichinapaly. Il prévint donc Mainville et lui donna l'ordre de le disperser et de le détruire. Mainville envoya alors Morari-Rao, avec tous ses Mahrattes, s'embusquer dans la djungle qui bordait le chemin suivi par les Anglais. Lui-même, avec ses grenadiers, se posta à quelque distance en arrière, à l'entrée d'un village appelé Coutapara. Morari-Rao, voyant les

Anglais marcher en désordre, lança sur eux ses escadrons, dont les charges impétueuses mirent la confusion dans l'escorte. L'arrivée de Mainville et de ses troupes décida la perte des Anglais, qui se rendirent au nombre de cent trente-huit. Ceux-ci regrettèrent alors de ne pas s'être prêtés à la conciliation, lors des conférences de Sadras. « Dieu les a punis, et j'espère, écrit Dupleix à Bussy, qu'il les obligera d'accepter partie des propositions que nous faisions alors. Rien de plus complet que notre victoire ; on peut la regarder comme unique, puisqu'il n'est pas réchappé un soldat ni une voiture. »

C'est le moment où l'activité de Dupleix atteint sa plus haute expression ; au milieu des péripéties de la guerre, il revient sur un projet d'alliance avec le Portugal, il étudie à nouveau les moyens d'annexer aux possessions de la Compagnie Macao, au sujet de laquelle il écrivait deux ans auparavant à M. de Montaran :

« ...Je fais part à la Compagnie d'un projet d'alliance perpétuelle avec le Portugal. On en fera ce qu'on voudra ; mais je suis persuadé que cette alliance ne peut que bien faire et prouvera par la suite des avantages assez considérables pour attirer l'attention du ministère. Je ne lui parle pas d'un autre projet que je réserve pour vous seul. Il s'agit de Macao. Cette ville, dont vous devez être parfaitement informé de la situation, court le risque de tomber au pouvoir des Chinois par l'abandon où elle se trouve et de la part de Goa et de l'Europe.

« La ville est si triste qu'elle députa il y a deux ans

son évêque pour faire des représentations au Roi. J'apprends que ces représentations n'ont abouti à autre chose qu'à l'envoi d'un envoyé avec quelques présents auprès de l'empereur de Chine. Ce moyen dont la nation a fait usage plusieurs fois inutilement n'aura pas d'autre effet que par le passé. Cette place, réduite à la plus grande misère, ne peut que tomber au pouvoir des Chinois qui tyrannisent cruellement le peu d'habitants qui se soutiennent avec bien de la peine. Il est certain que cet endroit est à charge aux Portugais, qui n'en savent pas tirer tout l'avantage dont une autre nation profiterait. Les Hollandais, connaissant la situation, ont fait pendant la guerre avec l'Espagne diverses tentatives pour s'en rendre maîtres, et toujours inutilement. Les Anglais ont offert des sommes considérables à la cour de Portugal, qui, par rapport à la différence de religion, n'a jamais voulu s'y prêter. Cet inconvénient ne se trouve pas chez nous, et la cour de Portugal, embarrassée de ces établissements, pourra se prêter à cette cession.

« Je crois qu'un million ou deux feraient l'affaire, à la condition de permettre aux religieux portugais d'y conserver leurs maisons pour faciliter l'entrée de leurs missionnaires dans la Chine. On pourrait prendre quelques arrangements pour la nomination de l'évêque et du clergé de la cathédrale. On sent mieux en Europe que nous dans l'Inde les règlements nécessaires pour ces sortes d'affaires ; mais je crois qu'on pourrait laisser au roi de Portugal le patronage en nommant à chaque mutation. Le point essentiel est la libre entrée à tous les missionnaires ; on ne peut s'en écarter, et le roi de Portugal, sûr de celui-là, passera aisément sur tous les autres. Maîtresse de cette ville, la nation serait maîtresse du commerce de Chine. Le domaine de Macao serait d'un revenu considérable. Cinq ou six cents hommes de garnison assureront bientôt cette possession; on y trouvera la plus belle artillerie du monde et en abondance. Il s'agira seulement d'en faire meilleur usage que les misérables habitants de cette ville. Duvelaer a habité longtemps cette place et pourrait vous donner des connaissances meilleures que les miennes. »

Alors Dupleix mène la guerre avec une énergie terrible. Afin de frapper l'imagination des Indiens et de leur montrer que, comme un Dieu, il dispose des éléments pour châtier ses ennemis, il conçoit le projet de jeter le fléau de l'inondation sur les États du rajah de Tanjore, le seul, le dernier allié des Anglais. Il donne l'ordre à Mainville de reprendre Coilady et de rompre aussitôt la digue du Cauveri. Mainville exécuta adroitement l'opération commandée. Ce fut un déluge. Les eaux s'abattirent sur les plaines du Tanjore, emportant les récoltes et les villages, ne laissant que des cadavres et des ruines derrière elles. Épouvanté, le rajah se demanda s'il devait rester fidèle à l'alliance anglaise, qui l'exposait à tant de dangers. Il lui sembla qu'aucune puissance humaine ne triompherait de l'homme à qui les fleuves eux-mêmes obéissaient. Il reçut les agents secrets de Dupleix, il écouta leurs propositions et laissa voir qu'il méditait de faire défection aux Anglais, à la première occasion favorable. Évidemment il n'était retenu que par la présence de Lawrence, qui occupait la capitale avec ses troupes.

Ces dernières étaient bien amoindries. Elles avaient

fondu au feu des batailles. L'élite des admirables grenadiers de Lawrence était morte devant Trichinapaly. Leur ardent général, condamné, par la faiblesse de ses effectifs, à l'inaction, surveillait d'un œil inquiet le rajah et voyait avec désespoir son rival ressaisir la domination. Il ne pouvait pas se douter que la France elle-même allait briser Dupleix.

CHAPITRE XI

DISGRACE ET MORT DE DUPLEIX.

Alarmes des actionnaires à la nouvelle du désastre de Trichinapaly. — Le ministère partage les craintes du comité des directeurs. — L'ambassade de d'Autheuil échoue. — Négociations pour la paix à Londres entre les deux Compagnies. — Les Anglais demandent le rappel de Dupleix; la France l'accorde. — Godeheu désigné pour faire exécuter dans l'Inde les décisions de la Compagnie. — Il emporte l'ordre d'arrestation de Dupleix. — Conduite cauteleuse de Godeheu. — Ses lettres à Dupleix, qui n'a aucune méfiance. — Débarquement de Godeheu. — Ses procédés envers Dupleix. — Godeheu annonce au conseil le rappel de ce dernier. — Godeheu gouverneur. — Ses instructions. — Départ de Dupleix. — Godeheu veut la paix à tout prix. — Les Français abandonnés par leurs alliés. — Levée du siége de Trichinapaly. — Conclusion d'une suspension d'armes avec Saunders. — Négociations pour la paix. — Le traité. — Dupleix à Paris. — Sa lutte contre la Compagnie. — Sa misère. — Sa mort. — Conclusion.

L'opinion, à Paris, on le sait, se montrait hostile à Dupleix ; elle se laissait guider, comme cela lui arrive parfois, par le sentiment. La Bourdonnais, toujours prisonnier à la Bastille, avait su exciter la pitié de la foule. Il était à la mode ; on le regardait comme un héros, on croyait en lui. Dans ses pamphlets, au ton âpre, passionné, dramatique, il représentait l'homme d'État qui voulait donner à son pays l'empire de l'Inde, comme un proconsul avide, comme un tyran, comme un fou. Les mémoires de Dupleix, ses lettres, n'avaient pu ramener les esprits. Dupleix s'adressait à la raison, non au cœur; on ne le lisait guère. Et quand, par aventure, on entendait dire qu'il voulait étendre les possessions de la Compagnie jusqu'aux portes de Delhy et faire, au seul nom français, trembler l'Hindoustan et le Grand Mogol lui-même, un tel langage semblait l'effet du délire. On riait du projet de vaincre, avec huit cents Européens, des armées dont le nombre seul eût étouffé cette poignée d'hommes.

Les actionnaires avaient suivi avec inquiétude le développement des plans de Dupleix. A la nouvelle du désastre de Trichinapaly, croyant leurs actions dépréciées à tout jamais, ils conçurent les plus vives alarmes. Puis ils espérèrent que la défaite aurait pour conséquence la paix. Quand ils virent la guerre continuer, ils éclatèrent en plaintes contre l'orgueil et l'ambition de Dupleix, qui, selon leurs dires, les ruinait. Aucune protestation ne se faisait entendre, personne ne voyait que Dupleix avait du génie, que l'œuvre était réalisable au prix de quelques efforts, de quelques sacrifices, de quelques secours. La Compagnie ne voulait pas risquer un liard pour récolter des millions. Le ministère, aussi borné que le conseil des directeurs, uniquement préoccupé de se maintenir au pouvoir, n'avait que du dédain pour tout ce qui se passait aux colonies; il était prêt à appuyer la Compagnie dans les négociations qu'elle voulait entamer à Londres pour la conclusion de la paix.

D'Autheuil, envoyé à Paris, comme on sait, pour représenter la situation de l'Inde sous son vrai jour, arriva juste à temps pour se heurter contre cette émeute des actionnaires. Il eut beau s'évertuer, raconter ce qu'il avait vu, peindre la lâcheté des armées indiennes, rappeler ses victoires et celles de Bussy, l'ascendant de Dupleix sur les indigènes, déclarer facile la réalisation des projets du gouverneur, en montrer les conséquences, la fortune et l'immense puissance qui en rejaillissaient sur la Compagnie et sur la France, il dépensa en pure perte son éloquence. Son ambassade fut plus nuisible qu'utile aux intérêts de Dupleix; on y vit comme une preuve irréfragable de l'endurcissement de ce dernier; on commença à dire qu'avec cet orgueilleux à la tête des affaires, on n'aurait jamais la paix. On envoya Duvelaer à Londres, pour, de concert avec l'ambassadeur de France, s'entendre avec le cabinet de Saint-James, au sujet d'une base à adopter afin de régler les affaires de l'Hindoustan.

Les Anglais accueillirent favorablement les ouvertures de la cour de Versailles, et les pourparlers commencèrent bientôt. L'Angleterre ne voulait de la paix qu'autant que celle-ci lui permettrait de conquérir la suprématie dans l'Inde. Les diplomates de la Grande-Bretagne redoutaient le génie de Dupleix et savaient bien que, aussi longtemps que le pouvoir serait aux mains de cet homme, leur pays ne s'établirait pas dans l'Inde. Ayant ces vues très-nettes sur la situation, ils manœuvrèrent pour obtenir le rappel du politique qui leur inspirait tant d'alarmes. Leur tactique fut habile. Ils soutinrent que la guerre qui avait éclaté entre les deux Compagnies avait pour unique cause l'ambition personnelle et l'orgueil de Dupleix. La preuve en était, disaient-ils, précisément dans les conférences actuelles où les représentants des deux Compagnies cherchaient les moyens d'arrêter des hostilités engagées sans leur ordre. Duvelaer rétorqua contre Saunders les accusations qu'on accumulait sur la tête du gouverneur. Les Anglais déclarèrent alors qu'ils désiraient la paix et qu'ils étaient prêts à tout pour l'obtenir ; qu'ils ne feraient aucune difficulté pour rappeler Saunders, si la France voyait dans la personne de celui-ci un obstacle au rétablissement de bonnes relations entre les deux Sociétés, mais qu'ils demandaient en retour qu'on relevât Dupleix de son poste. C'était là, ajoutaient-ils, le seul moyen de mettre fin aux troubles, que le maintien de Dupleix rendrait éternels.

Ni Duvelaer, ni l'incapable Mirepoix, l'ambassadeur de France, ne soupçonnèrent le piége. Oubliant que le conseil d'un ennemi n'est jamais désintéressé, ils crurent à la sincérité des Anglais. Ils en référèrent à Machault, alors garde des sceaux. Le ministre[1], « qui cachait sous un extérieur froid et une contenance assez grave le petit fond de ses connaissances, voilé par le prestige d'un langage laconique, clair et exact », était la plus despotique des médiocrités. Il était affamé de paix et persuadé que, si l'on ne sacrifiait pas Dupleix, il faudrait soutenir la guerre contre l'Angleterre, sans s'apercevoir que les hostilités duraient depuis longtemps et que tout ce qu'on pourrait faire n'y apporterait que des répits de courte durée.

Il ne se douta pas que son devoir était de favoriser

---

[1] *Mémoires de Bernis.*

l'expansion de la race française en Asie. Il ne vit pas que le moment était décisif ; il n'eut pas même l'idée de la puissance que la possession de l'Hindoustan donnerait à notre pays. Il n'avait qu'une préoccupation : écarter tout ce qui pouvait amener des complications et compromettre sa place de garde des sceaux. Le croirat-on? Il écrivait à Mirepoix : « Vous pouvez déclarer, Monsieur, que l'on ne projette ici, ni d'avoir dans l'Inde des possessions plus vastes que celles de l'Angleterre, ni de s'y faire neuf millions de rente, ni de se conserver la faculté exclusive du commerce de Golconde, encore moins celui de toute la côte du Coromandel. Nous envisagons nous-mêmes ces projets comme des chimères et des visions. » En même temps il donnait à Mirepoix l'ordre d'en finir.

On conclut alors avec l'Angleterre une convention, dont les termes impliquaient le rappel des deux gouverneurs français et anglais et la nomination de deux commissaires, « un pour chaque nation, chargés d'établir les affaires sur un pied qui rendît la guerre impossible entre les deux Compagnies, tant que les gouvernements des deux pays seraient en paix ». C'en était fait, Dupleix était condamné. Il tombait comme une victime. Le pays dont il était une imcarnation vivante n'était pas responsable de la disgrâce qui frappait l'homme d'État. Dupleix avait suffisamment démontré ce que pouvait le génie de notre race. Il tombait sous la décrépitude du pouvoir. Sa chute, c'était la preuve d'une décadence officielle arrivée à son apogée, c'était la faillite de tout un ordre de choses.

Le gouvernement de Louis XV désigna Godeheu pour exercer les fonctions de commissaire de la Compagnie. Celui-là aussi était un esprit étroit, qui cachait la fausseté sous des dehors austères. C'était un envieux, sans intelligence, porté par nature à se prosterner devant les hommes au pouvoir, quitte à les insulter après leur chute; avec cela l'allure doucereuse d'un félin. Dupleix, quoique lié avec lui, n'avait jamais soupçonné la bassesse de ce caractère.

Godeheu accepta, avec un empressement masqué sous l'attitude de la résignation au devoir, la mission de déposer, d'arrêter même son ami, enfin de prendre la place de celui-ci ! Il avait ces deux ordres en poche, au départ : « Il est ordonné au sieur Godeheu, commissaire de Sa Majesté et commandant général des établissements français aux Indes orientales, et en cas de décès au chevalier Godeheu, de faire arrêter le sieur Dupleix et de le faire constituer sous bonne et sûre garde, dans tel lieu qu'il jugera convenable, et de le faire embarquer sur le premier vaisseau qui partira pour France. Fait à Fontainebleau, le 22 octobre 1753. *Signé* Louis, *contre-signé* Rouillé. »

« Si le sieur Dupleix obéit à l'ordre de reconnaître le sieur Godeheu et de lui remettre le commandement, il sera inutile de faire usage du premier ; mais s'il en était autrement et qu'il se prévalût de la modération avec laquelle on en use à son égard, le sieur Godeheu lui ferait alors remettre la lettre qui porte son interdiction et en ferait publier l'ordonnance. Si, contre toute apparence, le sieur Dupleix ne déférait pas à cette interdiction, le sieur Godeheu le ferait arrêter. Si le

sieur Godeheu se trouvait obligé de faire arrêter le sieur Dupleix, il s'assurerait en même temps de la personne de la dame et de la demoiselle Dupleix, par le danger qu'il y aurait à laisser en liberté des personnes aussi immensément riches, qui pourraient tout tenter pour remettre en liberté le sieur Dupleix, et il observerait que les dames et sieur Dupleix n'eussent aucune communication les uns avec les autres. *Signé* MACHAULT. »
(Instructions secrètes et supplémentaires à Godeheu.)

Godeheu emmenait avec lui deux mille hommes de troupes, cette force que Dupleix avait sollicitée vainement pour conquérir l'Inde !

Le gouvernement de Louis XV n'avait pas mal placé sa confiance : Godeheu était l'homme qu'il fallait pour remplir convenablement la tâche d'un sbire. Il craignait une résistance de Dupleix. Il s'arrangea de façon que celui-ci n'eût aucun soupçon de sa disgrâce et demeurât persuadé que les pouvoirs dont le commissaire était revêtu avaient trait à une enquête et à des négociations ultérieures pour la paix. Pour le mieux tromper, Godeheu lui faisait écrire par les directeurs, le 15 octobre 1753 : « L'état d'incertitude où vous nous laissez sur les moyens de terminer une guerre onéreuse depuis longtemps et toujours fatale à la prospérité du commerce, et l'ignorance où nous sommes de l'existence des fonds considérables que nous avons envoyés dans l'Inde depuis la paix faite en Europe, et qui n'ont pas été épuisés à beaucoup près par l'achat des retours, nous ont engagés à avoir recours à M. le garde des sceaux pour diriger notre conduite. La nomination d'un commissaire a paru à ce ministre le seul moyen de dissiper toute incertitude et d'apaiser tous les troubles.

« Le choix est tombé sur M. Godeheu. Nous ne doutons pas que vous ne l'aidiez autant qu'il sera en vous dans l'exécution de sa commission, et nous comptons que vous prouverez par cette conduite que vous avez toujours tourné vos vues et dirigé vos démarches sur ce que vous avez pensé être le bien et le véritable intérêt de la Compagnie. »

Et comme si cela n'eût pas été suffisant pour anéantir tout sentiment de défiance dans l'esprit de Dupleix, Godeheu poussa l'hypocrisie jusqu'à lui écrire, le 31 mai 1754, de l'île de France où il relâchait : « Avec une santé assez délicate et fixé depuis longtemps comme je l'étais au port de Lorient, dont je me faisais un plaisir et mon unique occupation, je ne m'attendais pas à me voir chargé d'une mission dont je sens plus qu'un autre tout le poids et à être obligé d'entreprendre un voyage pénible que l'on a enfin exigé de mon obéissance, après trois mois d'une résistance qu'il ne m'a pas été possible de prolonger plus longtemps.

« Presque étranger dans les affaires des Indes et uniquement occupé de celles de la marine, j'aurais plus eu lieu de craindre de me voir revêtu du titre de commissaire du Roi et de la Compagnie, que d'en être flatté, quelque honneur qu'il me fasse, si je ne l'avais enfin regardé comme une occasion de m'instruire et de profiter de vos lumières pour me mettre à portée de répondre avec satisfaction aux vues du ministre et de la Compagnie. Ces vues d'ailleurs ne regardent pas les affaires de Pondichéry particulièrement, mais tous les autres comptoirs que je dois parcourir; et peut-être cet exemple que je donne pourra-t-il être quelquefois continué dans la suite. Au reste, Monsieur, j'aime à me flatter que le choix n'est tombé sur moi que parce qu'on connaît mes sentiments et ceux que vous m'avez témoignés jusqu'à présent; que nous ne les démentirons pas, et qu'aidé de connaissances aussi étendues que les vôtres, nous ne donnerons en cette occasion que des preuves de l'amour pour le bien public, qui doit seul nous animer..... Je vais hâter notre relâche pour avoir plus tôt le plaisir de vous voir, ainsi que madame Dupleix et mademoiselle sa fille, à qui j'ai l'honneur de présenter mon respect, etc. »

Dupleix, en lisant cette lettre, n'éprouva qu'un sentiment la joie d'apprendre le retour d'un ami dont l'aide lui serait précieuse. Il ne se douta pas que son rappel était décidé, qu'il allait être contraint d'abandonner son œuvre au moment où il entrevoyait le triomphe définitif; il ne devina aucun des calculs de Godeheu et ne vit pas le ton de persiflage, d'envieuse ironie, dissimulé dans la lettre sous les protestations amicales. Au reste, comment eût-il pu concevoir le moindre soupçon? Personne, sauf Machault, les directeurs et Godeheu, ne connaissait les décisions prises contre le conquérant de l'Inde. Et puis Dupleix croyait en Godeheu. N'écrivait-il pas aux gouverneurs des comptoirs de la Compagnie : « Le ministre et la Compagnie ont pris la résolution de faire passer dans l'Inde Godeheu, pour y prendre connaissance exacte de tous les établissements et en faire son rapport en France.....

« N'allez pas regarder cette résolution de la Compagnie

comme une marque de son ingratitude à mon égard. Je
la regarde, au contraire, comme un service essentiel
qu'elle me rend, et surtout d'avoir fait le choix de
Godeheu, qui est le plus cher de mes amis. Je l'attends
avec impatience. » C'était la naïveté du génie. Il devait
être, six semaines plus tard, cruellement détrompé.

Le 1ᵉʳ août, le *Duc de Bourgogne*, le vaisseau qui
portait Godeheu, arriva en rade de Pondichéry. Au
moment où l'on signalait la terre indienne, Godeheu
achevait une lettre qu'immédiatement il envoyait à
Dupleix par une *chélingue*. Le sentiment qui lui avait
dicté ce dernier billet, c'était toujours la crainte de voir
échapper l'homme qu'il avait pour mandat de déposer.
Il redoutait quelque pressentiment, quelque accès
de fureur de cet esprit « si dangereux », et il cherchait
à l'endormir par des épithètes caressantes et des protestations amicales. « J'ai l'honneur, disait-il, de vous
informer de mon arrivée en cette rade, et de celle de
l'arrivée de mon frère en très-bonne santé. Je souhaite
qu'il en soit de même de la vôtre, et que votre incom-
modité n'ait aucune suite. Je céderais dès à présent à
l'impatience que j'ai de vous embrasser et de faire ma
cour à madame Dupleix et à mademoiselle sa fille, si je
n'étais retenu ici jusqu'à ce que j'aie le logement que je
vous ai demandé. Peut-être trouverez-vous cette résolution assez extraordinaire. Je suis pourtant pénétré de
reconnaissance pour l'offre que vous voulez bien me
faire. Clouet vous en dira de bouche les raisons. »
Quoique décidé à rester fidèle à sa tactique hypocrite,
il ne pouvait s'empêcher de laisser percer comme une
menace dans la dernière phrase : « D'ailleurs, Monsieur,

ajoutait-il, les titres dont j'ai l'honneur d'être revêtu exigent une décence qui entraîne un logement particulier. »

Le 2 août, tout paraissant calme, sûr de surprendre Dupleix en pleine quiétude, la situation lui sembla à la hauteur de son courage. Il débarqua, entouré de gardes et d'un appareil militaire capable d'en imposer, selon lui. Dupleix, prévenu, sortit aussitôt du palais du gouvernement et vint sur la grève pour recevoir le délégué de la France. Naïvement, il tendait les mains au commissaire qu'il croyait son ami; l'air compassé de celui-ci le déconcerta. Godeheu s'inclina sèchement, et après quelques formules de politesse, tira d'abord de sa poche une lettre de lui-même, non signée, et pria le gouverneur d'en prendre immédiatement connaissance. Le papier déplié, Dupleix lut avec étonnement ces mots :

« En vous rappelant, avec toute votre famille, l'intention du Roi n'est que de *mettre la Compagnie plus à portée de vos lumières*. Cependant, comme un rappel semble faire naître des soupçons dans l'esprit du public, presque toujours aveugle dans ses jugements, je peux aider à les détruire, en m'accordant avec vous pour répandre partout que vous prenez de vous-même le parti de retourner en France, suivant la permission que vous en avez demandée ci-devant, et que vous attendiez quelqu'un pour vous remplacer, quoique vous n'en eussiez rien témoigné. Je m'y prêterai très-volontiers, pour vous marquer jusqu'où va ma parfaite considération pour vous. C'est même une espèce de dédommagement de la peine que j'ai ressentie en me voyant chargé de cette commission, et de ce que le choix est tombé sur moi plus que sur tout autre, puisque je me trouve par là en état de vous rendre un service qui ne serait pas venu dans l'esprit de bien d'autres. »

Dupleix se redressait pour interroger Godeheu, quand celui-ci, brusquement, sans lui laisser le temps de réfléchir, lui mit dans la main deux autres papiers. Le premier, c'était l'ordre du roi qui révoquait le conquérant de l'Inde de ses fonctions de gouverneur; le second, signé du commissaire, était une demande d'un rapport détaillé sur l'état des affaires.

Dupleix fut assez maître de lui pour ne manifester aucune émotion à cette lecture; on le vit seulement pâlir. Il répondit « qu'il ne savait qu'obéir au roi et se soumettre à tout ». Puis, après un très-court silence, il pria Godeheu « de lui remettre d'autres ordres, s'il en avait encore à lui intimer, en l'assurant qu'il les recevrait avec la même constance que les premiers ». Il fixa le commissaire un instant, il eut « un geste d'étonnement », puis un regard de mépris pour le faux ami, et ce fut tout. Avec un soupir il se redressa, prêt à marcher.

Godeheu alors, doucereusement, le pria de faire assembler le conseil, pour y faire lire et enregistrer la commission dont il était porteur. Les ordres de convocation donnés aussitôt, Dupleix, marchant aux côtés de Godeheu, se rendit au palais du gouvernement et traversa de son pas ordinaire les galeries qui conduisaient à la salle du conseil, vaste pièce « exposée à tous les vents, où circulait un air frais au travers d'une colonnade plus blanche que l'albâtre », entourée de verandahs remplies d une foule anxieuse, car la nouvelle de la disgrâce de Dupleix avait déjà transpiré dans la ville.

Cependant le conseil s'était réuni. Quoique Godeheu ne fût encore revêtu d'aucun caractère officiel, il se croyait le maître. D'un geste et d'un ton impérieux, il donna l'ordre à ses gardes, qui l'avaient suivi, d'écarter la foule qui entourait la salle. Puis prenant place dans un fauteuil, il invita Dupleix à s'asseoir à sa droite, et étalant sur la table une liasse de papiers, il se mit à lire, au milieu d'un silence gênant, les ordres de la Compagnie et de la cour. Pendant que Godeheu en scandait les phrases, chacun retenait son souffle et regardait autour de lui d'un air consterné. Les yeux de tous se reportaient obstinément sur Dupleix, qui, toujours assis, écoutait, impassible en apparence. On ne devinait l'agitation de son âme qu'à quelques mouvements fébriles, mais peu marqués, des mains. Godeheu pourtant acheva sa lecture. Il s'était tu depuis un moment déjà et n'avait pas encore entendu un mot d'approbation ou de blâme. Le silence, glacial et sinistre, régnait toujours ; rien ne semblait devoir le rompre. Dupleix avait courbé légèrement la tête. Tout d'un coup il se releva, et, debout, le bras tendu, d'une voix vibrante, il cria : « Vive le Roi ! » Comme un écho, on répondit au cri du patriote. Dupleix alors sortit de la salle ; on le suivit en hâte.

Il avait un dernier devoir à remplir, c'était d'informer Bussy de l'elévation de Godeheu au poste de gouverneur. Il le faisait dignement, en termes empreints d'une tristesse stoïque. Cette nouvelle alla au cœur de Bussy, qui répondit immédiatement :

« Votre départ pour l'Europe est un coup de foudre qui m'a atterré et consterné. Vous m'exhortez, en partant, de continuer à servir la nation et à soutenir un ouvrage qui est sur le penchant de sa ruine. Croyez-vous sincèrement que je ne serai pas enveloppé dans la même disgrâce que vous? Le coup n'est peut-être différé ou suspendu que pour être frappé avec plus d'éclat.

« Quoi qu'il en soit, je me suis toujours fait un devoir de déférer à vos conseils et de suivre vos lumières. Je ne me départirai en aucune conjoncture de ce respectueux et inviolable attachement qui a fait jusqu'ici mon bonheur et ma gloire et la fera toujours. J'attends les réponses de M. Godeheu pour me déterminer, quoique je sois persuadé comme vous qu'il est à propos que j'attende dans l'Inde les réponses de M. de Conflans. Si cependant je n'ai pas, dans le poste que j'occupe, la liberté d'agir et qu'on veuille me gouverner par les idées de gens ignorants et sans expérience, mon propre ouvrage dépérira entre mes mains, et l'on en conclura ou que je l'ai détruit moi-même par pique, ou qu'il n'était ni si beau ni si bien établi que vous et moi l'avions fait entendre. D'un autre côté, si la confiance dont vous m'avez honoré est la même dans M. Godeheu, j'avoue que je ne puis me dispenser de me prêter encore aux besoins de la nation et de la Compagnie; ce n'est pas que j'attende que mes services seront récompensés, ni même avoués; mais j'aurai comme vous l'avantage d'avoir servi la patrie, sans autres émoluments que la gloire de lui avoir été utile et la consolation de n'attribuer ses mépris et son ingratitude qu'à la faction des envieux, trop dépourvus eux-mêmes de mérites, pour ne pas chercher à obscurcir celui des autres... Faites-moi part, s'il vous plaît, de ce que vous aurez découvert des vues et des dispositions de Godeheu par rapport aux affaires du Dékan. Je roule toujours le projet de tout abandonner et de passer en France. J'attends vos réponses et vos avis. »

Le 3 août 1754 fut pour Dupleix le dernier jour de son autorité à Pondichéry, en qualité de commandant de la nation française. Godeheu se fit reconnaître des troupes comme gouverneur ; le soir, on lui porta les clefs de la forteresse, et il donna le mot d'ordre.

Le froid accueil du conseil avait humilié Godeheu ; il en rendait Dupleix responsable. La grande situation de ce dernier le gênait ; il le sentait plus maître que lui dans l'Inde. On commençait déjà à éprouver le vide causé par la disgrâce. « La confiance a peine à se rétablir à Pondichéry, disait Godeheu dans son journal le 10 août, par le bruit que le sieur Dupleix fait courir qu'il reviendra dans dix-huit mois. Tout le monde se tait, personne n'ose se livrer, et je sens mieux que jamais qu'un coup d'autorité aurait remédié à tout ; mais j'ai les mains liées, parce qu'il ne paraît se refuser à rien ouvertement, que je ne peux exiger de lui que ce qu'il veut faire paraître, et qu'enfin, s'il a des menées sourdes contre mes opérations, je ne puis l'en convaincre. Si le ministre avait été convaincu de l'embarras dans lequel l'ordre mitigé devait me jeter, je suis persuadé qu'il l'aurait laissé subsister tel qu'il était. C'était le moyen de découvrir tout et de me mettre en état d'agir avec fruit. » Ainsi il enrageait. Il lui fallait un coupable,

— son honneur y était intéressé, — et il n'en trouvait pas ! Le souvenir de la grandeur d'âme de Dupleix se soumettant avec simplicité aux injonctions du roi lui était odieux. Il eût préféré le voir en révolte ouverte contre le cabinet de Versailles ; c'eût été une occasion pour le commissaire de la Compagnie de déployer de l'énergie et de se faire une réputation ; mais l'attitude de Dupleix ne permettait pas l'emploi de la force ; Godeheu chercha alors s'il n'y avait pas autour de l'ex-gouverneur quelque homme de confiance, qu'on pourrait intimider et faire parler.

« Je n'ai point d'ordre de le punir de son imprudence, disait-il dans son journal, et je ne puis, après qu'il m'a assuré de son impuissance, attribuer l'état dans lequel je me trouve à sa mauvaise volonté..... Je tirerai peut-être meilleur parti de Papiapoulé, dont je suis le maître. » Papiapoulé était le receveur des taxes du Carnate ; c'était une sorte de ministre des finances de Dupleix. Il devait savoir bien des choses. Godeheu le fit arrêter, malgré les protestations de l'ex-gouverneur. Les réponses de l'indigène, ses comptes, justifiaient son administration et Dupleix. On le laissa pourrir en prison.

Godeheu, impuissant à ternir la réputation de Dupleix, fit tous ses efforts pour ruiner celui-ci, et il y parvint. Dupleix, on le sait, avait maintes fois avancé de sa bourse propre à Mousafer-Singue et Salabet-Singue de fortes sommes, dont le total présentait un chiffre de treize millions. Le soubab, ne pouvant rendre cet argent, avait donné un gage à son « oncle protecteur » ; il avait affecté les revenus de la province d'Arcate au remboursement de ces avances. C'était Papiapoulé qui en avait la perception. Godeheu feignit de croire que c'était la caisse de la Compagnie, et non celle de Dupleix, qui avait fourni les fonds. Avec une ignorance profonde des choses de l'Inde, ou une effronterie rare, il soutint que du moment « où il avait été nommé gouverneur, il avait pris en même temps la nababie, qu'on lui devait le compte des contributions d'Arcate », et s'empara des revenus des provinces hypothéqués, comme s'ils eussent été propriété engagée à la Compagnie. Lorsque les réclamations de Dupleix se produisirent, Godeheu s'arrangea pour que les comptes de Dupleix ne reçussent l'approbation d'aucun agent ayant droit.

Ainsi « à peine Papiapoulé[1] fut-il arrêté, que Dupleix m'envoya, dit Godeheu, un compte en français des recettes et dépenses de ce receveur, avec prière de le parafer. Je refusai, en répondant qu'il fallait que ce compte fût examiné sur les originaux que le percepteur devait avoir tenus en *malabare*. Un quart d'heure après, Dupleix me fit faire la même demande, qui fut suivie de la même réponse. Son secrétaire revint encore pour me persuader que je devais parafer le compte, afin de constater ce dont M. Dupleix était en avance avec la Compagnie. Je répondit que c'était le compte de Papiapoulé que je voulais; que si Dupleix était créancier de la Compagnie, il devait en fournir un certifié de lui et non de moi, et que je n'aurais garde de mêler le sien avec celui de Papiapoulé. Dupleix me fit alors prier de

---

[1] Réfutation des faits imputés au sieur Godeheu par le sieur Dupleix.

permettre au moins que Papiapoulé signât ce compte ; je le refusai encore. »

Dupleix voulut alors remettre ses réclamations à Godeheu, qui répondit qu'il n'avait pas qualité pour les recevoir ni les viser; que c'était l'affaire de la direction de Paris; qu'au reste, ayant si peu de temps, il ne serait pas possible de se débrouiller dans ce chaos de chiffres. Dupleix lui fit dire alors « qu'il ne demandait autre chose que la nomination de quelqu'un pour certifier que les pièces justificatives, en toute sorte de langues, avaient réellement rapport aux articles énoncés dans le compte, que cela n'engageait en rien le gouverneur. Godeheu, qui se doutait bien que la Compagnie ne s'en tiendrait pas là pour adopter ces pièces et la validité, nomma M. M. Guillard et Bourguenoud pour certifier l'existence seulement de ces pièces au rapport des interprètes. » Dupleix ne put donc rien obtenir [1].

Sans argent, pressé par des dettes criardes, il fut réduit à demander à Godeheu, sur la caisse de la Compagnie, en s'autorisant de ses avances, en excipant un billet de 420,600 francs, souscrit par la Compagnie elle-même à son profit, la somme de 100,000 roupies. Il n'obtint qu'un refus dédaigneux.

Godeheu alla jusqu'à ouvrir un paquet de lettres adressées par Dupleix au Père Lavaur, et loin de tenir secret un tel acte, plus digne d'un agent de police que d'un représentant du roi et de la France, il s'en glorifia près du ministre comme d'une victoire diplomatique.

[1] Journal de Godeheu.

Si sa conduite fut odieuse envers Dupleix, elle fut sotte en politique. Il se montra, dans les négociations et dans la guerre, le plus médiocre des incapables, reflétant toutes les étroitesses, les pusillanimités, les routines du conseil des directeurs. Il n'avait qu'une ambition, bouleverser l'œuvre de son prédécesseur, à laquelle il ne comprenait rien et qui lui apparaissait comme un entassement de chimères. Ses intructions étaient à la hauteur de son intelligence. Elles méritent d'être citées comme un monument d'aveuglement politique.

« Un des principaux objets de la mission de M. Godeheu, disaient le ministre et le comité secret de la Compagnie, est la pacification des troubles de l'Inde et l'arrangement des concessions et établissements tant anciens que nouveaux. Le comité est intimement convaincu de deux vérités : la première est que la Compagnie ne doit point devenir puissance de terre, par des possessions trop étendues et trop difficiles à garder et à défendre; la deuxième est que la guerre est toujours un mal, qu'on ne doit s'y livrer que pour en éviter un plus grand, et que la paix, en général, est l'âme du commerce.

« L'intérêt de la Compagnie est de se faire respecter, mais non pas de se faire redouter, ni d'intervenir dans toutes les querelles du pays; ce serait le moyen de la rendre odieuse et de la constituer dans des dépenses capables de ruiner son commerce : son but doit être de pouvoir solidement à la sûreté de ses établissements, de ne les multiplier ni de les étendre qu'autant que la sûreté de ses comptoirs et l'extension de son commerce pourront l'exiger.....

« On suppose toujours le cas où M. Godeheu, ne pouvant parvenir à faire la paix, serait obligé de continuer la guerre, pour tirer de ce *cas malheureux* tous les avantages qu'il lui serait possible.....

« En indiquant à M. Godeheu ce qu'il pourra faire, on n'entend point lui rien prescrire de positif à cet égard ; les circonstances doivent décider des partis qu'il aura à prendre pour remplir, soit plus tôt, soit plus tard, l'intention où l'on est de ne point exposer des troupes dans le centre de l'Inde, de ne point prendre part aux guerres des indigènes et d'éviter de les aguerrir par la jonction des troupes françaises aux leurs.

« Au milieu des plus grands succès, M. Godeheu ne doit jamais perdre de vue l'idée et le désir de se concilier avec les Anglais.

« M. Godeheu, en arrivant dans l'Inde, donnera nouvelle de son arrivée au gouverneur anglais, des ordres qu'il a de pacifier les troubles, et du désir qu'il aurait de voir la tranquillité rétablie entre les deux nations sur un pied stable et solide..... Il leur proposera une trêve et suspension générale d'hostilité pendant deux mois, afin d'entrer en pourparlers, sauf à la prolonger ; cependant, si la *Compagnie se trouvait avoir une supériorité décidée dans l'Inde,* il ne proposerait point de trêve ; mais il n'en écrirait pas moins au gouverneur anglais pour l'exciter à entrer en négociation de paix, car on ne la fait jamais plus avantageuse que dans les temps de succès ; pour s'en préparer les voies et commencer à ramener les esprits, M. Godeheu, dès son arrivée, renverra au gouverneur de Madras les quatre-vingt et tant de Suisses qui ont été arrêtés par M. Dupleix sur des chelingues anglaises. La crainte, qui serait même fondée, que le renvoi de ces hommes ne fasse aucune impression sur l'esprit des Anglais, ou qu'ils ne l'interprètent mal, n'empêchera pas M. Godeheu d'user de ce procédé envers eux. La différence de quatre-vingts hommes dans les forces des Anglais ne saurait balancer l'avantage qu'il y a en général de prévenir son ennemi par des procédés généreux; il aura même l'attention de faire bien traiter ces soldats avant leur départ et dans leur route ou passage, afin qu'ils puissent se louer de la nation à leur retour chez les Anglais.....

« M. Godeheu exécutera ou suspendra l'exécution du traité, suivant la nature des stipulations qu'il renfermera; ce qu'il ne pourra cependant faire qu'en cas de conventions déshonorantes, auxquelles la Compagnie est déterminée à ne point adhérer.

« Le traité sera exécuté, 1° si la disproportion entre l'étendue des concessions de la Compagnie et de celles de la Compagnie d'Angleterre n'est pas telle qu'il en puisse résulter un danger éminent pour la sûreté des établissements que conserverait la Compagnie; 2° si la conservation de Karikal et d'une partie au moins des aldées qui l'environnent est assurée à la Compagnie; 3° si la concession de Villenour et de Valdaour est confirmée à la Compagnie ; 4° si l'on conserve un établissement dans le Nord et le droit d'avoir des loges à Mazulipatam et à Divy, qui doivent au moins rester neutres.....

« On ne doit pas se faire une difficulté de renoncer en général aux concessions soit de Nizampantam, de Divy, de Mazulipatam ou de Narzapour, sauf celui de ces endroits qu'on choisira pour en faire un point d'appui dans cette partie septentrionale de la côte.

« Si M. Godeheu pouvait terminer la guerre dans l'Inde en consentant à rendre la plus grande partie de ces concessions et n'en conservant que le lieu qui serait le plus convenable à former un point d'appui, avec un territoire de deux ou trois lieues d'étendue aux environs, dans ce cas la Compagnie se rapporte aux choix qu'il en ferait.

« Il serait contre les principes qu'on a établis de conserver à l'établissement du Nord une étendue qui rendrait la Compagnie puissance de terre, qui exciterait la jalousie des autres nations de l'Europe et les regrets des indigènes sur la concession qui en aurait été faite ; il faut à la Compagnie, non des États, mais un point d'appui avec un territoire circonscrit, d'environ deux ou trois lieues d'étendue.....

« S'il était possible de conserver Gingi, M. Godeheu n'en doit pas manquer l'occasion ; mais il ne doit pas cependant s'opiniâtrer à la poursuite de la guerre dans l'unique voie de faire concéder cette place à la Compagnie.....

« M. Godeheu pourra regarder comme une paix convenable celle qu'il pourrait faire en obtenant Villenour, Valdaour, le point d'appui dans le Nord et des loges à Divy et à Mazulipatam. On estimerait très-glorieux si les succès permettaient à M. Godeheu de garder toutes les concessions faites à la Compagnie à Gingy, encore que les Anglais dussent garder Tiravady, avec un territoire assez étendu pour rester en proportion avec celui qui est de Pondichéry à Gingy. »

Ces instructions détestables, Godeheu était décidé à les exécuter à la lettre, sans tenir compte des circonstances, sans même s'apercevoir qu'elles avaient été écrites sous l'impression du désastre de Trichinapaly. Il en fit connaître à Dupleix les principes et l'ensemble ; les ordres de la Compagnie l'obligeaient à cette démarche qui ne pouvait avoir de résultat, « car on n'entend nullement prescrire à M. Godeheu un concert nécessaire avec M. Dupleix, encore moins adopter son système et ses vues, dont on n'éprouve que trop les fâcheuses conséquences. Le vœu suffisamment connu de la direction et ce que l'on a pu apercevoir des sentiments des actionnaires dans les deux dernières assemblées générales, doivent faire apercevoir à M. Godeheu combien l'on craint que les principes de M. Dupleix ne prédominent et combien il doit être attentif à se garantir de leur illusion. »

En vain Dupleix remontra au délégué du conseil de Paris que traiter sur de telles bases, c'était funeste et déshonorant. En vain il dit que pour l'amour de la tranquillité, on perdait l'Inde ; qu'au lendemain du désastre de Trichinapaly, on eût subi de telles conditions, cela se comprenait encore. Mais aujourd'hui, alors que les affaires étaient relevées, cela passait l'imagination. Quoi ! la France offrait légèrement, sans y être contrainte, de renoncer au rôle de puissance politique dans la Péninsule, de se reléguer dans une occupation purement commerciale, de paraître enfin comme une esclave de l'Angleterre, sur ce sol où elle avait exercé sa domination ! Jamais les Anglais, après les plus grandes victoires, n'auraient osé tant espérer, et ces propositions, on les leur faisait au moment même où ils venaient d'être défaits, au moment même où un renfort de deux mille soldats arrivait à Pondichéry ! On n'y gagnerait même pas la prospérité du commerce. Pourrions-nous trafiquer alors que les Anglais seraient les maîtres de l'Inde ? On ne comprenait donc pas en France la puissance que la possession de l'Inde donnerait à la nation ? La ténacité des Anglais, leur ardeur à nous disputer l empire de ces vastes contrées n'éclaireraient donc pas le ministère et les directeurs ?

Ces plaintes, ces avertissements étaient insupportables à Godeheu. A tout prix il fallait faire partir Dupleix. Plus de deux mois et demi ne s'étaient-ils déjà pas écoulés depuis le jour où celui-ci avait reçu ses lettres de rappel ? « Quel répit, disait Godeheu, devais-je donc lui donner ? D'ailleurs puis-je contrevenir aux ordres du ministre, qui portent : Le sieur Godeheu fixera un délai à Dupleix pour embarquer ses effets, et ce délai sera le moins long qu'il sera posible. »

Godeheu reprit l'air doucereux et écrivit à madame Dupleix : « La saison qui s'avance, Madame, et la crainte des révolutions ordinaires, m'obligent de presser le départ des vaisseaux *le Duc d'Orléans, le Duc de Bourgogne, le Centaure.* Je compte que les deux premiers seront prêts à appareiller du 8 au 10, et j'ai chargé M. Lobry de vous en parler, ainsi qu'à M. Dupleix : si j'en juge par moi, je crois allier votre inclination au bien du service, car il est bien doux d'aller en France et de n'être point exposé aux accidents qui, retardant un départ, empêcheraient de rendre une traversée aussi agréable que j'ai envie de vous la procurer, par des relâches commodes qui rendent le voyage moins pénible.

« Je vous demande donc, Madame, d'être de moitié dans mes bonnes intentions, et je vous prie de faire vos efforts et d'engager M. Dupleix à faire les siens pour que rien ne puisse retarder le départ des vaisseaux au jour indiqué. Je voudrais bien que le poids des affaires que j'ai ici ne fût pas augmenté par celles que me donnerait un accident imprévu et irréparable. J'en ai même assez de mon inquiétude à ce sujet. »

Dupleix ne chercha pas à prolonger son séjour. Il s'embarqua avec sa femme à bord du navire *le Duc d'Orléans*. Ils partaient avec le chevalier de Kerjean, — réduit à un tel dénûment qu'il avait été obligé d'emprunter six mille roupies à Godeheu, — M. de Saint-Paul, son beau-frère, atteints tous les deux par l'ordre de proscription qui frappait leur parent et ami. « Quoique désappointé dans ses plus chères espérances, quoique ruiné par les manœuvres de Godeheu, quoique en butte à l'hostilité déclarée de ce puissant personnage, il fut accompagné sur le port par les principaux officiers et les employés de le Compagnie, et suivi par tout le peuple. » Le 12 octobre 1754, Dupleix dit pour toujours adieu à ce sol qu'il avait voulu faire français et que la sottise du gouvernement de Louis XV allait livrer sans combat à l'Angleterre.

La nouvelle de la disgrâce de Dupleix impressionna vivement l'Inde et ruina notre autorité. « A quoi pensent les Français ? disaient les nababs ; ils perdent par là leur honneur et leur bien ; nous ne pouvons pas traiter avec le nouveau gouverneur, qui n'entend pas nos affaires comme Dupleix Bahadour. Sans doute que les Français ne sont ni si puissants ni si généreux qu'ils voulaient nous le faire entendre, et que les Anglais ont absolument le dessus sur eux. Il n'y a donc plus qu'à s'arranger avec ces derniers et Méhémet-Ali. »

Salabet-Singue était atterré : « La nation française, écrivait-il, m'a soutenu et secouru jusqu'à présent. J'ai donné à *mon oncle Zafer-Singue* le gouvernement du Carnate ; j'ai toujours eu espérance que mon oncle aurait le dessus. C'est avec le dernier chagrin que j'apprends sa révocation. Des messagers envoyés par moi pour lui porter des lettres ont été conduits devant le gouverneur, qui leur a dit : « Déclarez au soubab, « votre maître, que je suis envoyé de la part de mon roi, « qui m'a défendu de me mêler du gouvernement « mongol, qu'il peut se pourvoir comme il plaira. Tout « cela prouve que les Anglais ont le dessus. »

Les Anglais l'emportent, c'était le cri de l'Inde entière.

Nos alliés, en véritables Asiatiques adorateurs de la force, nous abandonnèrent l'un après l'autre. Morari-Rao quitta le premier les lignes de blocus établies devant Trichinapaly et partit en hâte sous prétexte d'aller secourir ses possessions ravagées par l'ennemi. Mortiz-Ali, le nabab de Vellore, à qui Dupleix avait donné la lieutenance du Carnate, se renferma dans la ville capitale de son gouvernement, où il attendit les propositions de Méhémet-Ali et des Anglais. Naud-Rajah restait le dernier, avec nos soldats, devant Trichinapaly ; mais il était évident qu'il méditait de faire défection. Il ne cachait pas le désarroi où l'avait jeté la disgrâce de Dupleix.

Godeheu ne fit rien pour empêcher ces désertions. Il ne chercha même pas à profiter de la supériorité numérique que ses effectifs avaient sur ceux des Anglais, pour rétablir par quelque succès le prestige de nos armes. Avec trois mille hommes de troupes européennes, il resta dans l'inaction ! Lui-même l'a avoué, il n'avait qu'une préoccupation, faire le contraire de ce qu'avait fait Dupleix. Il déclarait que son ouvrage était nécessairement la critique de celui de son prédécesseur. Godeheu, ce sot plein de morgue, ne croyait pas si bien dire. En vérité, sa politique était bien la négation de celle de Dupleix. Celui-ci avait voulu assurer à la France la possession de l'Inde, Godeheu allait la donner à l'Angleterre.

Au lieu de saisir l'occasion, d'envoyer à l'armée de Trichinapaly tous les soldats disponibles, afin d'écraser Lawrence sous le poids de la masse, il déclara que le siége de Trichinapaly était la plus grossière des erreurs stratégiques, que la prise de cette ville n'avait aucune importance puisqu'on voulait la paix, qu'enfin il fallait aguerrir les troupes avant de tenter quelque mouvement, et que pour cela, le moyen le meilleur, c'était, comme disaient les instructions de la cour, d'enfermer dans un camp les bataillons nouvellement débarqués ! Il révoqua de son commandement Mainville, dont l'énergie le gênait, et le remplaça par Maissin, qui lui semblait devoir être plus souple. Il l'enchaîna par des ordres pusillanimes ; il lui enjoignait de ne combattre que contraint, absolument forcé.

Une telle tactique ne pouvait amener que la défaite. On apprit bientôt que l'infatigable Lawrence avait formé un nouveau convoi pour ravitailler la ville, réduite encore une fois aux dernières extrémités. Maissin, qui sentait la nécessité de s'opposer à ce suprême effort de l'ennemi, garnit fortement les versants de la colline appelée le Pain de Sucre, et avec le reste de ses troupes s'avança à la rencontre de Lawrence. Ce général, fidèle à sa stratégie ordinaire, fit contourner au convoi les positions françaises, et s'arrêta, avec ses grenadiers, derrière le ruisseau qui coule parallèlement à la ville vers le Cauveri. Maissin, montrant le convoi aux cavaliers du Maïssour, leur ordonna de charger; ils refusèrent. Le chef des troupes françaises pensa alors à sa responsabilité; il crut [1] « devoir suivre les ordres qu'il avait reçus et ne point combattre, puisqu'il n'y était pas forcé ». Il se replia en bon ordre. Quelques heures après, la garnison de Trichinapaly avait des vivres en abondance.

Cet échec ne troubla pas Godeheu. Au fond, il n'était pas fâché que Lawrence eût réussi à secourir la ville. Godeheu venait d'écrire à Saunders pour lui proposer une suspension d'armes. Qui sait? une victoire des Français aurait pu, en irritant leur ennemi, compromettre entièrement le succès de la négociation. Il ne fallait pas humilier les Anglais, et c'était d'une bonne diplomatie de leur donner des gages palpables de notre modération. Il écrivit à Maissin pour lui enjoindre

---

[1] Maissin à Godeheu.

d'avoir immédiatement à évacuer toutes les positions offensives que l'armée occupait devant Trichinapaly et de se réfugier dans l'île de Sheringam. Quelques jours plus tard Godeheu apprit que « Saunders ne sortait plus de son cabinet. Il se persuada que l'Anglais cherchait à l'amuser par l'espérance d'une trêve. » Son imagination se monta. Il vit Maissin bloqué, obligé de capituler comme Law, et ne s'aperçut pas que c'était là un danger chimérique, puisqu'il avait à Pondichéry des forces considérables, et que si quelqu'un avait à redouter d'être enveloppé, c'était Lawrence. Aussitôt il envoya à Maissin l'ordre de se replier sur Pondichéry en toute hâte. Maissin obéit froidement, comme un militaire à une consigne. Le siége de Trichinapaly était levé! Saunders, enchanté, souscrivit avec empressement à la trêve proposée. On décida que celle-ci aurait une durée de deux mois.

Godeheu se montrait fier de ce qu'il appelait un premier succès dans l'œuvre de pacification. Il voulait remporter d'autres victoires du même genre, et pour y arriver, il s'appliquait, comme il le dit, à se *nourrir de ses instructions ;* il ne pouvait pas y trouver des incitations à l'héroïsme. Il était prêt à céder nos établissements du Nord, Mazulipatam et Divy. Il paraissait disposé même à rappeler Bussy et à abandonner le Dékan et Salabet-Singue.

Saunders proposait la réunion d'une conférence à Sadras. Godeheu estimait que ce serait là une cause de nombreux retards et la source de discussions inutiles. Il valait bien mieux, selon lui, supprimer les intermédiaires ; il demandait donc à Saunders de traiter directement avec lui et par correspondance tous les points en litige. Ainsi on tirerait tout au clair, on ne perdrait pas de temps en vaines récriminations, on arriverait plus tôt à faire jouir l'Inde du repos auquel elle aspirait. Saunders, un peu étonné, mais charmé au fond d'une précipitation qui servait tant les intérêts de son pays, accepta tout de suite la procédure indiquée par Godeheu et envoya à celui-ci un projet de traité que le gouverneur de Pondichéry se préparait à signer, quand il reçut de nouvelles instructions de France.

Écrites sous l'impression des dernières victoires de Dupleix, ces instructions étaient plus fières que celles emportées par Godeheu à son départ. On lui recommandait de garder Mazulipatam et Divy. On insistait fortement sur « la nécessité de cultiver avec soin les alliances avec les princes indigènes et de ne rien omettre pour les attacher de plus en plus à la Compagnie » ; on lui déclarait « qu'il était essentiel d'entretenir les liaisons les plus intimes avec le soubab du Dékan ». On lui promettait des secours. On lui annonçait le départ d'une escadre anglaise chargée de troupes ; on lui faisait enfin pressentir l'imminence d'une attaque.

La déception et l'affolement de Godeheu à cette lecture furent vraiment comiques. Il n'était pas venu dans l'Inde pour faire la guerre ! Il résolut « de se laisser guider par le vrai bien, dans l'intention de soumettre plus tard sa façon de penser au jugement de la Compagnie » ; — il attendait tout de la pusillanimité des actionnaires et des directeurs, — et, avec une fiévreuse impatience, supplia Saunders d'en finir.

Celui-ci transmit alors ses conditions, rédigées sous la forme d'un traité, qu'habilement il déclarait conditionnel. Le premier article établissait que « les deux Compagnies renonceraient à jamais à toutes dignités indigènes et ne se mêleraient jamais dans les différends qui pourraient survenir entre les princes du pays. Toutes les places, excepté celles nommées dans le traité définitif, seraient rendues aux princes indigènes. » Cette clause était toute à l'avantage des Anglais; elle ruinait l'œuvre de Dupleix. N'avait-il pas fait des titres indiens et des prérogatives qui y étaient attachées la base même de sa puissance? En les répudiant, nous perdions tout droit sur le Carnate. Les Anglais, eux, ne cédaient rien, puisqu'ils n'avaient aucune dignité indigène ; ils gagnaient au contraire le gouvernement du Carnate pour leur protégé, Méhémet-Ali.

Le deuxième article portait que les Anglais posséderaient le fort Saint-David, le fort Saint-Georges et Devicotta ; le troisième, que les Français garderaient Pondichéry et un établissement limité entre Nizampatnam et la rivière Gondecama, pour compenser l'infériorité de Karikal à l'égard de Devicotta, ou que les districts de Pondichéry seraient rendus égaux à ceux du fort Saint-Georges et du fort Saint-David, et en ce cas les Français abandonneraient le pays aux environs de Nizampatnam.

« C'étaient là, dit Malleson, des conditions non-seulement désavantageuses aux intérêts français, mais encore dégradantes pour l'honneur de la France. La troisième clause, qui prétendait donner à chaque nation des possessions équivalentes sur la côte de Coromandel, était loin de remplir ce but. Karikal n'était pas l'équivalent de Devicotta, comme ville commerçante. Mais ce qui était pire, ce qui était même insultant, les Anglais, pour étendre cette prétendue égalité sur une autre partie de la côte, proposaient de prendre un district qui appartenait alors à la France, à qui ils laisseraient une petite portion et dont ils rendraient le reste aux indigènes; et les Français y consentaient. Nous voulons parler de la convention de former un établissement, qui serait confiné strictement entre Nizampatnam et la rivière Gondecama, à une époque où toute la côte de Nizampatnam à Jaggernaut était française. L'alternative proposée d'égaliser les districts de Pondichéry à ceux du fort Saint-Georges et du fort Saint-David était encore plus déshonorante et plus insidieuse, car elle avait pour effet d'abandonner à tout jamais et sans en faire aucune mention spéciale, les *Circars,* ces provinces que le génie de Bussy et de Dupleix avait fait gagner à la France.

« Mais de toutes ces clauses, la quatrième était la plus injurieuse pour les Français ; elle proposait que les villes de Mazulipatam et de Divy, appartenant l'une et l'autre aux Français, fussent indivises entre les deux puissances rivales. La réalisation de cette seule proposition entraînait, de la part de la France, le sacrifice d'un revenu annuel fixe de quatre millions de francs.

« Dans les articles relatifs aux alliés des deux puissances, la balance penchait toujours du même côté. Les Anglais n'avaient qu'un allié, le rajah de Tanjore, car Méhémet-Ali n'était qu'un instrument, qu'un prétexte. Les Français, au contraire, avaient les Maïscouriens, les Mahrattes et le soubab du Dékan. Ceux-ci n'avaient aucune connaissance du traité, et il aurait pourtant pour résultat d'imposer la loi anglaise, nonseulement aux Français, mais encore aux princes indiens indépendants ; de forcer Salabet-Singue à accepter pour nabab du Carnate Méhémet-Ali, qu'il avait déclaré rebelle et mis hors la loi ; de contraindre le Maïssour et les Mahrattes à se désister de leurs prétentions sur Trichinapaly. Et ce traité, les Français acceptaient l'obligation de le faire exécuter. »

Le 26 décembre 1754, Godeheu apposa sa signature au bas de la convention et se félicita. Il en avait le droit, puisqu'il avait atteint son but, puisque l'œuvre de Dupleix était renversée !

Pendant que ces événements s'accomplissaient dans l'Inde, Dupleix arrivait en France et débarquait à Lorient. Il y recevait du peuple un accueil qui le touchait. On ne connaissait pas encore tous ses exploits, mais à la veillée, dans le clair-obscur de la chaumière, on avait entendu tomber de la bouche de quelque matelot, de quelque soldat, revenant de l'Inde, des récits de guerre et de conquêtes où Dupleix écrasait les Anglais et asservissait les rois.

L'imagination populaire s'était prise à tout ce merveilleux et ne considérait plus Dupleix qu'à travers le prisme de la légende. Celui-ci était attendri, non grisé de ce triomphe.

« Croiriez-vous que sur la route de Lorient à Paris j'étais obligé de fermer les stores de ma chaise de poste, pour pouvoir m'échapper de la foule? Dans tous les endroits où nous changions de chevaux, j'entendais des propos qui auraient lieu de flatter le plus présomptueux, mais dont, grâce à Dieu, je me suis garanti autant qu'il a dépendu de moi. Ma femme a été dans le même cas. Elle et moi nous n'osions paraître dans Lorient par l'affluence du peuple qui voulait nous voir et nous bénir. Ce sont de vraies satisfactions pour ceux qui savent tout reporter à Dieu[1]. » Ainsi la justice du peuple vengeait Dupleix des crimes de son gouvernement.

Pendant plusieurs jours Dupleix conserva l'espoir de retourner bientôt dans l'Inde et d'y rétablir l'influence française. « Je n'ai, écrivait-il, qu'à me louer du contrôleur général; il nous accable d'attentions toutes les fois que moi et ma femme nous nous y présentons. Il nous donne à tous deux l'assurance d'une prompte expédition. La marquise de Pompadour ne sait comment marquer ses bontés à ma femme; elle a eu déjà avec elle plusieurs conférences particulières, dont ma femme est toujours sortie avec la plus grande satisfaction[2]. »

Dupleix allait bientôt reconnaître que tout cela, ce n'était que de l'eau bénite de cour. Ses ennemis rassemblaient leurs forces pour se dresser contre lui. Les neuf années que Dupleix avait encore à vivre devaient être un long martyre.

« En arrivant à Paris, il avait présenté l'état de ses réclamations, qui se montaient à treize millions de

---

[1] CARTWRIGHT.
[2] CARTWRIGHT.

francs ; le tout, moins une petite somme, ayant été avancé par lui sur le gage des revenus séquestrés par Godeheu. Jamais revendication ne fut plus juste; jamais comptes ne furent plus clairs. Aussi ne songea-t-on pas à en discuter les différents articles. Les directeurs, avec une audace incroyable, refusèrent tout simplement de les reconnaître, parce qu'ils n'avaient pas été au préalable apurés par le conseil de Pondichéry, omission due uniquement au refus de Godeheu. Pendant quelque temps, Dupleix continua à se fier aux assurances ministérielles que les directeurs seraient forcés de lui faire justice. »

Rien ne venait pourtant ; on opposait à toutes ses demandes des fins de non-recevoir, comme si on eût voulu le lasser. Il se décida alors à intenter un procès à la Compagnie. Le débat s'agrandit bientôt ; tout en conservant la forme judiciaire, il devint au fond politique. On déchaîna contre lui les libellistes les plus venimeux. On attaqua avec fureur l'administration de Dupleix ; on tourna ses plans en ridicule ; on l'insulta ; on lui reprocha comme un crime personnel la capitulation de Law ; on appela sa constance de l'entêtement, sa fermeté de l'aveuglement. On le représenta comme le plus avide des traitants, et, par une étrange inconséquence, on lui reprocha ses dépenses. On trouva comique sa prétention de dominer l'Inde ; on le traita de rebelle ; on l'accusa presque de trahison.

Au milieu de ce débordement d'injures, en présence de ce déni de justice, Dupleix, s'il sentait l'amertume et la colère lui envahir le cœur, n'était pas découragé. Il luttait avec sa ténacité habituelle pour ramener l'opinion. Dans des mémoires énergiques, éloquents, animés du souffle du génie, il défendait ses actes et ses plans. Il en démontrait la grandeur. Il ne se lassait pas d'opposer aux déclamations de ses ennemis la rapidité et l'étendue de ses conquêtes. Ainsi pendant neuf années il usa dans cette lutte stérile une intelligence et une énergie que le gouvernement eût pu utiliser si précieusement pour le service de la France.

La vie devenait de plus en plus dure pour Dupleix. Il perdait sa femme en novembre 1756. C'était son meilleur ami qui partait, l'ami des heures de doute et de tristesse, la compagne de la conquête et des jours de gloire, la confidente précieuse, la vraie moitié de lui-même. Elle le suppliait en mourant de ne pas abandonner la lutte, tant que justice ne lui serait pas rendue. Elle morte, Dupleix sentit la solitude.

Les embarras d'argent vinrent alors. Dupleix, si économe des deniers publics qu'il allait jusqu'à défendre de tirer dans le port le coup de canon qui le matin et le soir salue le pavillon, dépensait libéralement sa fortune pour soutenir ses amis calonmiés comme lui. On le raillait de sa gêne ; on avait la bassesse de lui reprocher sa conduite. Cela le navrait. « On ne se contente pas, écrivait-il, de me jeter dans les plus cruels embarras, en différant l'examen de mon compte et en retenant ce qui m'est dû ; on a la dureté de me les imputer à moi-même, en exagérant les dépenses d'une maison nombreuse ! Qu'il est triste d'avoir à se justifier des maux mêmes qu'on nous cause ! Les personnes logées et nourries dans ma maison sont ou des parents ou des alliés, ou des amis revenus avec moi de l'Inde, et qui, en me confiant toute leur fortune, m'ont aidé à faire une partie des avances dont je demande aujourd'hui le remboursement. L'impossibilité où je suis de payer ces personnes, qui n'ont d'autre bien que celui qu'elles m'ont confié et qui partagent mes malheurs sans me reprocher ce qu'elles souffrent à mon occasion, me met dans la nécessité de les loger et de les nourrir. Pourrais-je sans la plus noire ingratitude me séparer d'elles[1]? »

Dupleix se remaria à la fin de 1758. Il épousa mademoiselle de Chastenay-Lanty, personne de bonne naissance. Dupleix trouva dans sa nouvelle femme une compagne dévouée; mais cette union, que la raison avait conseillée, ne rétablit pas la fortune de Dupleix, car mademoiselle de Chastenay-Lanty n'avait eu qu'une dot fort mince. Le procès continuait avec la Compagnie, suivant tous les détours d'une procédure de chicane, seule ressource des directeurs. Dupleix n'avait pu toucher un liard des sommes qu'on lui devait. Il arrivait au dénûment. *Bussy lui-même,* qui devait être son gendre, le délaissa dans cette extrémité et ajouta son nom à la liste de ceux qui le poursuivaient.

« Mes créanciers m'écrasent dans l'Inde et à Paris. Je meurs de faim au milieu d'une fortune considérable acquise par un patrimoine honnête et augmentée par trente-quatre ans des services les plus brillants, fortune que j'ai sacrifiée avec la plus grande générosité pour faire des acquisitions immenses à la Compagnie, qui peuvent, si l'on sait suivre mes idées et ce que j'avais

---

[1] CARTWRIGHT.

commencé, mettre dans l'Inde la Compagnie en état de
subsister par elle-même [1]. »

Trois mois avant la mort de Dupleix, Kerjean se
voyait contraint d'écrire à une personne influente la
supplique que voici :

« Je puis sans doute, Monsieur, vous ouvrir mon
cœur avec l'assurance que vous partagerez mes sentiments, parce que vous êtes un galant homme, que les
malheureux ont de véritables droits sur vous et qu'on
peut vous proposer le bien avec sûreté... M. Dupleix
est, comme vous le savez, dans la position la plus
affreuse. Les gens qui ont mis sa maison à bail judiciaire
et auxquels elle a été adjugée pour douze cents francs
viennent de lui signifier par le défaut de payement,
ainsi qu'à sa femme, de vider la maison. On a fait les
mêmes démarches vis-à-vis de M. de Montlezunt; sans
doute que lundi nous aurons notre tour. M. Chandelier,
de Paris, fournisseur de sa maison, peut et doit faire
vendre les meubles. Nous avons garnison chez nous
pour la capitation, si bien, Monsieur, que par le défaut
de mille francs, nous sommes tous au moment de
crouler. M. et madame Dupleix sont bien véritablement
sans la première ressource, et cela dans le moment où
il a besoin de toute sa tête pour repousser les injures et
les assertions captieuses que la Compagnie lui fait si
indécemment dans son mémoire et dont nous pouvons
dire à l'avance qu'il triomphera. »

Cette réplique de Dupleix, à laquelle Kerjean faisait
allusion dans sa lettre, fut la dernière. Il la terminait,

---

[1] CARTWRIGHT.

atteint déjà par la maladie qui l'emporta. Il n'en put lire toutes les épreuves. « J'ai sacrifié, disait-il dans ce mémoire, ma jeunesse, ma fortune, ma vie, pour enrichir ma nation en Asie. D'infortunés amis, de trop faibles parents consacrèrent leurs biens au succès de mes projets. Ils sont maintenant dans la misère et le besoin. Je me suis soumis à toutes les formes judiciaires ; j'ai demandé comme le dernier des créanciers ce qui m'est dû. Mes services sont traités de fables; ma demande est dénoncée comme ridicule ; je suis traité comme l'être le plus vil du genre humain. Je suis dans la plus déplorable indigence ; la petite propriété qui me restait vient d'être saisie; je suis contraint de demander une sentence de délai pour éviter d'être traîné en prison. » Quelques jours après la publication de cette plainte suprême, Dupleix entra en agonie. Il mourut dans la nuit du 10 au 11 novembre 1763.

Sa veuve, pour sauvegarder les droits de sa fille et recueillir quelques débris de la succession, était obligée de requérir l'assistance d'un commissaire au Châtelet afin de procéder à un récolement. L'homme de loi se transportait rue Neuve-des-Capucines dans la maison occupée par Dupleix, et là, après les déclarations et les formalités d'usage, il entra « dans une salle du rez-de-chaussée, ayant vue sur une cour, qui était la chambre à coucher dudit sieur Dupleix », pour emprunter les termes mêmes de l'acte, et il aperçut « étendu sur son lit à bas piliers, un corps mort, masculin, que l'on lui dit être celui de Dupleix ».

Le commissaire du Châtelet passa ensuite à la « description des meubles et effets étant en évidence dans la chambre ». Il en dressait froidement l'inventaire, sans se douter qu'à quelques pas de lui, sur ce lit à bas piliers, dormait du sommeil éternel un des plus grands génies du dix-huitième siècle. Cette indifférence, la cour et la ville la partagèrent ; la mort de Dupleix n'eut aucun retentissement. On l'enregistra à peine d'un mot banal dans les gazettes et dans les mémoires. Seuls, ses quelques amis, comprenant l'immense perte, le pleurèrent.

Ainsi s'éteignit dans la gêne et dans la tristesse le grand politique qui avait voulu donner à son pays le plus vaste empire colonial que nation européenne eût possédé jusque-là. Un haut essor interrompu par la sottise d'un gouvernement, de grandes vues habilement poursuivies, un génie tenace et fertile en ressources, une seule erreur, la confiance dans l'appui du cabinet de Versailles, voilà le résumé du rôle de Dupleix. L'œuvre à laquelle il se dévoua, — faut-il encore le répéter, alors qu'on a sous les yeux le succès des Anglais dans l'Inde ? — était la plus pratique et la plus réalisable. Elle aurait eu pour la France et pour la monarchie peut-être d'incalculables conséquences. L'Inde devenait comme un débouché ouvert à toutes les énergies, à toutes les intelligences qui s'étiolaient dans la métropole.

Il n'est pas douteux que la possession de la Péninsule eût exercé une influence singulière sur l'évolution politique et historique de la France et des nations ses voisines. Peut-être n'aurions-nous pas subi nos derniers désastres ; en tout cas, nous aurions plus de force pour les réparer..... Mais tout cela, ce sont des hypothèses et de l'histoire prospective.

Ce qui reste à l'état de donnée certaine, c'est que Dupleix fut le représentant d'une idée toujours vraie : c'est que la France doit être une puissance maritime et coloniale, sans cesser un instant de vouloir être une des premières parmi les nations de l'Europe. Le rôle de notre pays n'est pas d'oublier les *idées de derrière la tête et les revendications légitimes et nécessaires*. Il ne faut pas considérer le développement des colonies comme un aliment suffisant à l'activité de notre race, mais bien comme le moyen le plus efficace de fortifier la patrie. Ce ne sont ni les occasions, ni les pays à occuper qui manquent; on a l'Afrique, on a la Cochinchine, il faut avoir le Tonquin, qui, avec une *organisation autonome*, deviendrait rapidement prospère. Il n'y a qu'un Dupleix qui fasse défaut; mais on peut au moins espérer en retrouver la monnaie, car, quoi qu'on en dise, le cœur de la France bat toujours, et son sang n'a pas dégénéré !

FIN

TABLE

CHAPITRE PREMIER.

LA JEUNESSE ET LES PROJETS DE CONQUÊTE.

Pages.

Jeunesse et éducation de Dupleix. — Son caractère. — On l'embarque pour les Indes. — Il entre au service de la Compagnie. — Il fait fortune. — Dupleix gouverneur de Chandernagor. — Il relève la colonie. — Mariage de Dupleix. — Portrait de sa femme. — Dupleix gouverneur de Pondichéry. — Situation des deux compagnies, anglaise et française. — Décadence de l'empire mogol. — Dupleix conçoit le projet de dominer l'Inde. — Ses moyens d'action. — La guerre entre la France et l'Angleterre. — Dupleix reste sans défense. — Il sauve Pondichéry.................................... 1

CHAPITRE II.

DUPLEIX ET LA BOURDONNAIS.

La Bourdonnais gouverneur de l'île de France. — Il crée une flotte pour aller au secours de Pondichéry. — Il est assailli par une tempête et obligé de se réparer à Madagascar. — Bataille navale à Negapatam. — La victoire est indécise. — Les Anglais se replient. — Union de La Bourdonnais et de Dupleix. — Leurs portraits. — Dupleix veut détruire l'escadre anglaise. — Irrésolution de La Bourdonnais. — Ses sentiments d'aigreur et de jalousie contre le gouverneur. — Il prend Madras. — Il refuse l'obéissance au gouverneur et consent à recevoir une rançon pour Madras. — Il résiste aux ordres du conseil. — Il prend l'attitude d'un révolté. — Il colore sa conduite de prétextes d'honneur.

— Ses vrais sentiments. — Dupleix réduit à dissimuler. — La Bourdonnais s'adoucit à la lecture d'instructions nouvelles reçues de France. — Une tempête disperse sa flotte. — Il négocie une transaction avec le conseil. — Il quitte l'Inde, laissant Dupleix sans défense... 28

CHAPITRE III.

LA DÉFAITE D'ANAVERDIKAN ET LE SIÉGE DE PONDICHÉRY.

Dupleix, abandonné, ne désespère pas. Il prend le parti de rompre la coalition en attaquant les alliés l'un après l'autre. — Anaverdikan entreprend le siége de Madras. — Défaite de ses troupes sous cette ville. — Victoire de Paradis à Saint-Thomé. — Gloire de Dupleix. — Expédition contre Saint-David. — Bury est battu. — Paix avec Anaverdikan. — Nouvelle attaque de Saint-David. — On échoue. — La flotte de Dordelin. — Échec des Français sous Gondelour. — Arrivée de Boscawen. — Description de Pondichéry. — Le siége. — La tactique et la stratégie de Dupleix. — Énergie de la défense. — Le siége est levé. — L'Inde éblouie.......... 70

CHAPITRE IV.

L'INTERVENTION.

Dupleix attend l'occasion de prendre parti dans les révolutions de l'Inde. — Chanda-Saïb. — Son ambition d'être nabab d'Arcate. — Mort de Nizam el Molouck. — Deux prétendants à sa succession. — Mousafer-Singue et Naser-Singue. — Alliance de Chanda-Saïb et de Mousafer-Singue. — Ils sollicitent l'appui des Français. — Raisons de Dupleix pour l'accorder. — Victoire d'Ambour. — Importance de Trichinapaly. — Expédition contre cette ville et revers. — Les Anglais prêtent secours à Naser-Singue, qui envahit le Carnate. — Inquiétude à Pondichéry. — Fermeté de Dupleix. — Il tient la campagne et marche contre Naser-Singue. — Négociations. — Mutinerie des officiers. — Retraite de d'Autheuil. — Mousafer-Singue prisonnier. — Inquiétude de Dupleix. — Sa décision. — Il continue la guerre. — Défaite de Mousafer-Singue........... 96

CHAPITRE V.

LA CONQUÊTE DU CARNATE.

Dupleix se retourne contre Méhémet-Ali. — Occupation de Tiravadi. — Les Anglais attaquent cette place. — Il sont repoussés. — Mésintelligences dans le parti de Méhémet-Ali. — Bataille de

Tiravadi. — Ses conséquences. — Prise de Gingi. — Les craintes et la colère de Naser-Singue. — Il mécontente les grands. — Dupleix veut marcher sur Arcate. — Lenteurs de d'Autheuil. — Les plénipotentiaires de Naser-Singue à Pondichéry. — Les négociations traînent. — Complot des nababs de Canoul et de Cadapa contre Naser-Singue. — Dupleix l'encourage. — Naser-Singue, qui cède trop tard aux demandes de Dupleix, est défait et tué. — Mousafer-Singue est proclamé soubab du Dékan.............. 123

CHAPITRE VI.

LA CONQUÊTE DU DÉKAN.

Couronnement de Mousafer-Singue à Pondichéry. — Le soubab demande à Dupleix des troupes pour la conquête du Dékan. — Hésitations de ce dernier. — Méhémet-Ali demande la paix. — Dupleix accorde à Mousafer-Singue le secours imploré. — Le soubab part pour la conquête du Dékan. — Révolte des nababs de Canoul et de Cadapa. — Mort de Mousafer-Singue. — Embarras de Bussy. — Le rajah Ragnoldas patronne la candidature au trône de Salabet-Singue. — Salabet-Singue est proclamé soubab du Dékan. — Prise de Canoul. — Négociations avec les Mahrattes. — Entrée à Hyderabad. — Couronnement à Aurungabad. — Politique de Bussy. — Son adresse. — Sa popularité. — Son pouvoir. — Son faste. — Guerre avec les Mahrattes. — Leurs défaites successives. — L'armistice...................................... 140

CHAPITRE VII.

LE DÉSASTRE DE TRICHINAPALY.

Méhémet-Ali refuse d'évacuer Trichinapaly. — Dupleix se décide à entreprendre le siége de cette ville. — Le plan de campagne. — Défaite des Anglais devant Volcondapuram. — Lenteurs de d'Autheuil. — Description de Trichinapaly. — Blocus de cette forteresse. — D'Autheuil remplacé par Law. — Marche de Clive sur Arcate. — Défaite des Français. — Diversion tentée par Dupleix. — Elle échoue. — Les Anglais veulent ravitailler Trichinapaly. — Law laisse passer le convoi. — Son incapacité. — Il se retire à Sheringam malgré Dupleix. — Il y est bloqué. — Il ne fait rien pour s'ouvrir un passage. — Il refuse de quitter Sheringam et de battre en retraite sur Karical. — Capitulation de Law. — Mort de Chanda-Saïb... 173

CHAPITRE VIII.

L'OEUVRE DE RÉPARATION.

Pages.

La situation. — Dupleix ne veut pas faire la paix; ses motifs. — Il refuse d'évacuer le Dékan. — Son plan d'action. — La discorde au camp de Méhémet-Ali et des Anglais. — Madame Dupleix négociateur. — Les pourparlers avec le rajah du Maïssour et Morari-Rao. — Ces deux princes abandonnent l'alliance anglaise. — Ils bloquent Trichinapaly. — Dupleix reçoit des renforts. — Complot et trahison de Saïd Lasker-Kan. — Il veut le renvoi des Français. — Ses machinations. — Dupleix les devine. — Énergie de Bussy, qui soumet le ministre. — Cession des Circars à la France...... 200

CHAPITRE IX.

NOUVEAUX EMBARRAS.

Les Anglais bloqués à Trichinapaly. — Dupleix cherche à entraver les communications de la place avec le fort Saint-David. — Lawrence vaincu et victorieux le même jour. — Gasendi-Kan envahit le Dékan. — Découragement de Bussy. — Les difficultés qu'il rencontre. — Dupleix cherche à raffermir le moral de Bussy. — Dupleix abandonné par la Compagnie. — État de l'opinion en France au sujet de la colonie. — Dupleix, pour éclairer le roi et la nation, envoie d'Autheuil à Versailles. — Bussy découragé de nouveau. — Dupleix le rassure.... 222

CHAPITRE X.

LE SECOND BLOCUS DE TRICHINAPALY.

Dupleix obligé de changer ses dispositions. — Mauvaise qualité des troupes. — Le camp retranché du Pounar. — Lawrence obligé de ravitailler Trichinapaly. — Dupleix renforce l'armée occupée au siége de cette dernière ville. — Les plans d'Astruc et les plans de Lawrence. — Les batailles sous Trichinapaly. — Incapacité des généraux français. — Dupleix refuse de lever le siége. — Mainville et l'escalade. — Nouvelles négociations. — Conférences de Sadras. — Victoire de Mainville à Trichinapaly. — Dupleix fait rompre la digue du Cauveri. — Le rajah de Tanjore prêt à quitter l'alliance anglaise. — Les Anglais menacés...................... 254

CHAPITRE XI.

DISGRACE ET MORT DE DUPLEIX.

Pages.

Alarmes des actionnaires à la nouvelle du désastre de Trichinapaly. — Le ministère partage les craintes du comité des directeurs. — L'ambassade de d'Autheuil échoue. — Négociations pour la paix à Londres entre les deux compagnies. — Les Anglais demandent le rappel de Dupleix; la France l'accorde. — Godeheu désigné pour faire exécuter dans l'Inde les décisions de la Compagnie. — Il emporte l'ordre d'arrestation de Dupleix. — Conduite cauteleuse de Godeheu. — Ses lettres à Dupleix, qui n'a aucune méfiance. — Débarquement de Godeheu. — Ses procédés envers Dupleix. — Godeheu annonce au Conseil le rappel de ce dernier. — Godeheu gouverneur. — Ses instructions. — Départ de Dupleix. — Godeheu veut la paix à tout prix. — Les Français abandonnés par leurs alliés. — Levée du siége de Trichinapaly. — Conclusion d'une suspension d'armes avec Saunders. — Négociations pour la paix. — Le traité. — Dupleix à Paris. — Sa lutte contre la Compagnie. — Sa misère. — Sa mort. — Conclusion.......................... 278

FIN DE LA TABLE.

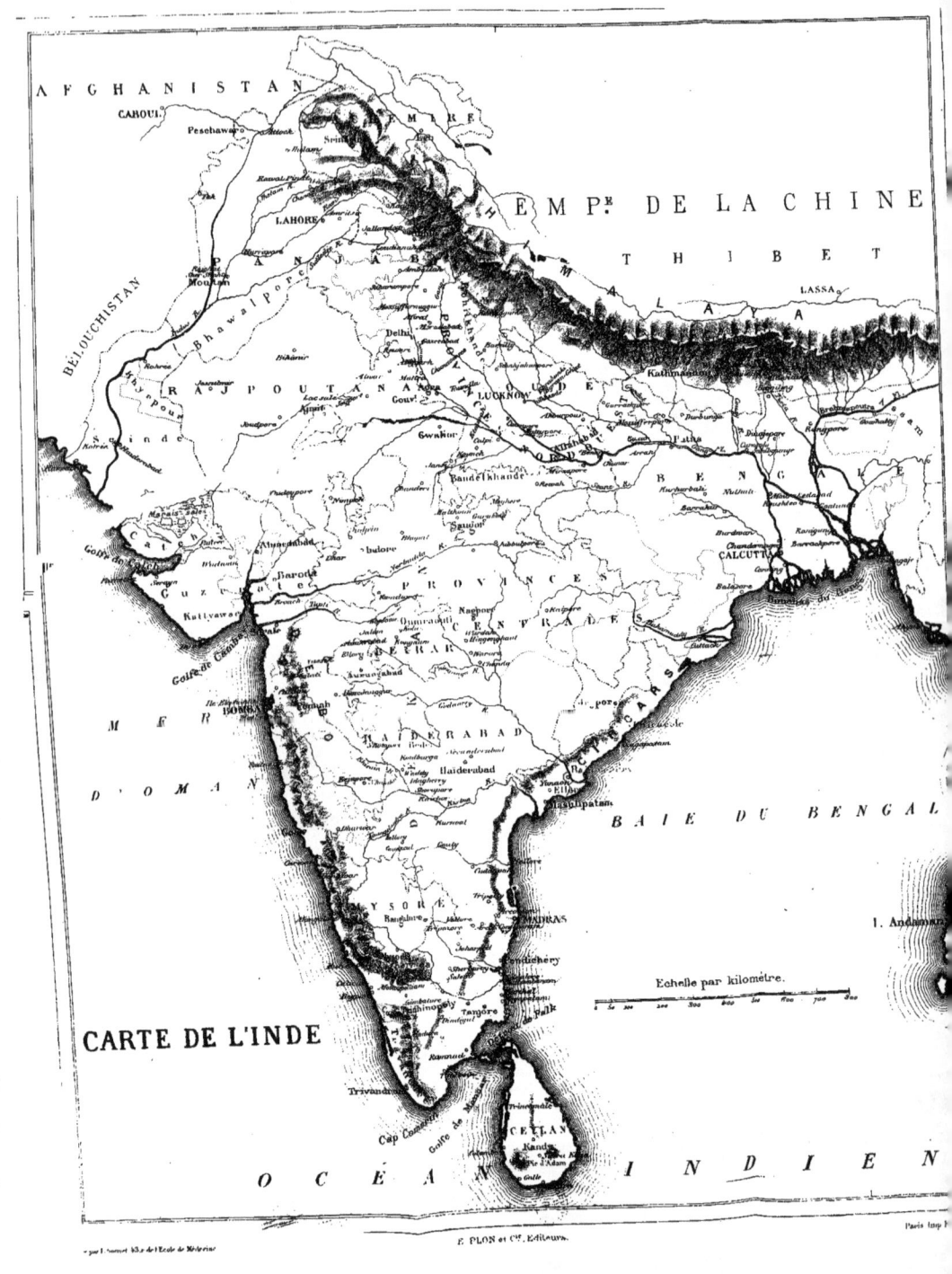

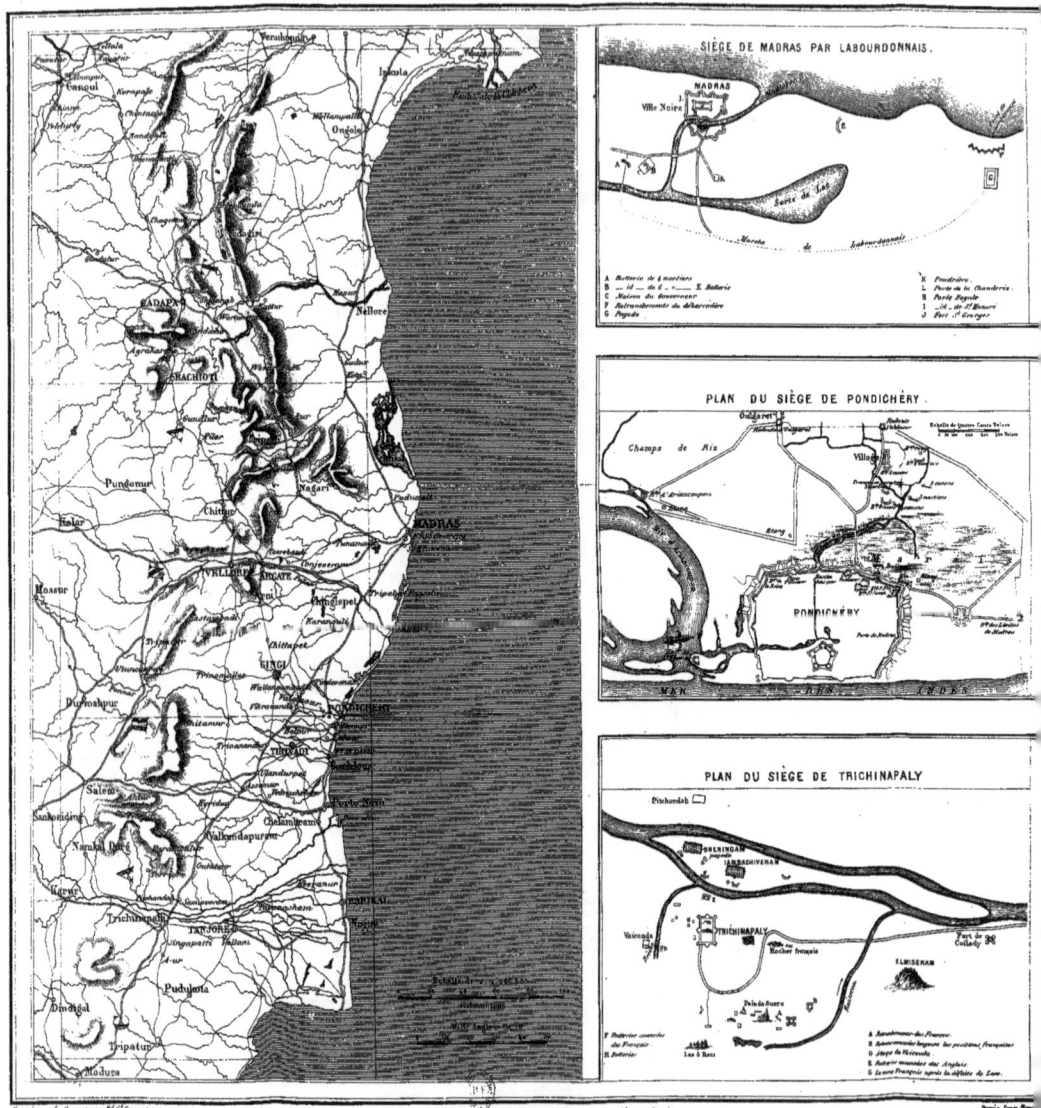

www.ingramcontent.com/pod-product-compliance
Lightning Source LLC
Chambersburg PA
CBHW060058190426
43202CB00030B/2796